GUSTAAF VERSWIJVER

LES KARARAÔ
DU BRÉSIL CENTRAL

Kwỳrỳkrô « Kamaiura », un homme mekranoti devenu le chef des Kararaô Iriri. Photo Luis Carlos da Silva Sampaio, 2014.

GUSTAAF VERSWIJVER

LES KARARAÔ
DU BRÉSIL CENTRAL

FONDATION CULTURELLE
MUSÉE BARBIER-MUELLER
avec le soutien de
F.P.JOURNE
Invenit et Fecit

Pour Luis Carlos da Silva Sampaio,
un véritable ami que j'admire pour la force dont il fait preuve en œuvrant auprès des Kayapo afin de leur permettre de survivre culturellement.

ORTHOGRAPHE

En 1974, les efforts combinés de la Fondation Nationale de l'Indien (FUNAI) et du Summer Institute of Linguistics (SIL) aboutissent à l'établissement d'une orthographe officielle brésilienne, orthographe appliquée dans cet ouvrage aux termes vernaculaires kayapo. En voici les règles :

- « u » se prononce comme le « ou » bref en français.
- « à » se prononce comme le « u » du mot anglais « luck ».
- « y » se prononce comme le « ü » du mot allemand « über », mais toujours bref et légèrement centralisé.
- « ỳ » se prononce comme le « oeu » du mot français « boeuf », mais bref et à l'arrière de la bouche.
- « ê » se prononce comme le « i » du mot hollandais « ik », mais toujours bref.
- « ô » se prononce comme le « ô » du mot français « côte », avec les lèvres fortement arrondies.
- le tilde (~) marque une nasalisation.
- « ng » se prononce comme le « ng » du mot anglais « king ».
- « nh » se prononce comme le « gn » du mot français « compagnon ».
- « j » se prononce comme le « y » du mot anglais « young ».
- l'accent porte systématiquement sur la dernière syllabe : par exemple, *meototi* se prononce *meototí*.
- le trait d'union [-] marque le début d'un suffixe qui n'est pas accentué : par exemple, *mekra-re* se dit *mekrá-re*.
- dans les syllabes finales s'achevant par une voyelle suivie de « r », cette voyelle doit être répétée : par exemple, *gor* se dit *gó-ro* (alors qu'une même syllabe présente à l'intérieur d'un mot se prononce en tant que telle : gorotire).
- un guillemet inversé signale un coup de glotte : par exemple, dans *me'ôkre*, le « ô » est précédé d'un coup de glotte.

Pour améliorer la lisibilité du présent essai, j'ai choisi de recourir à une orthographe simplifiée des noms des groupes kayapo. Ce qui signifie que j'ai renoncé à recourir autant que possible aux signes diacritiques. Kayapó devient ainsi Kayapo, Goroti-re devient Gorotire, Irã'ãmranh-re, Ira'amranh, Djo-re, Djore, Kubenkrãnkên, Kubenkranken, Djydjêtykti, Djudjetukti (le nom de cette société des hommes demeure cependant inchangé), Mekrãgnoti, Mekranoti ...

Table des matières

Un enfant observant le travail de l'infirmière. Kararaô Iriri, 2015. Photo Gustaaf Verswijver.

Introduction

Un recensement publié par Jerozolimski, Ribeiro, De Sousa and Turner (2011, pp. 446-447) montre qu'en 2010, le puissant peuple kayapo du Brésil central compte un peu plus de 9 000 Indiens, lesquels se divisent en six groupes : les Gorotire (2 823 Indiens) ; les Kubenkranken (1 148 Indiens) ; les Kokraimoro (602 Indiens) ; les Mekranoti (2 853 Indiens), les Xikrin (1 818 Indiens) et … les Kararaô (54 Indiens). L'énumération situe d'emblée ces derniers à part puisque leur population est, de loin, la plus faible de tous les groupes kayapo. Et c'est également la moins connue. De fait, nul anthropologue n'a jamais entrepris de travail de terrain prolongé parmi elle. Ce qui peut s'expliquer par le fait que les scientifiques préfèrent s'intéresser à des villages plus grands dont la vie politique et rituelle est florissante, tandis qu'outre sa population réduite, le groupe kararaô ne célèbre plus de cérémonies et ne possède plus de véritable maison des hommes – ces deux aspects composant, comme nous le verrons, des traits essentiels de la société kayapo. Les Kararaô n'ont donc pas véritablement séduit les anthropologues. Ce qui semble être toujours le cas.

Par conséquent, nous en savons fort peu sur ces Indiens. Certes, leur nom est associé à un groupe kayapo, mais rares sont les scientifiques qui peuvent en dire plus. Il existe, cependant, quelques exceptions. Arnaud & Alves (1974) dédient une petite étude à un groupe kararaô quasiment disparu dans les années 1960 – dont les quelques survivants sont aujourd'hui répartis parmi les Xikrin. De même, Terence Turner (1965), moi-même (Verswijver 1985 ; 1992a[1]) et Lux Vidal (1990) fournissons quelques données sur l'histoire des Kararaô. Cette liste fort brève résume malheureusement toute la littérature existante sur eux.

Internet, par ailleurs, se révèle être une source particulièrement pauvre. Si une recherche lancée sur le terme « kararaô » aboutit à un nombre impressionnant de pages web, celles-ci évoquent, en revanche, quasi-exclusivement le barrage hydroélectrique que le gouvernement brésilien prévoyait de construire sur le cours inférieur du Xingu au début des années 1990. Barrage qui devait être baptisé Kararaô, d'après le nom du petit groupe vivant un peu en amont du site prévu pour l'édifice. À la suite des protestations des Kayapo qui obtiennent une couverture internationale, le gouvernement brésilien renonce à la construction, laquelle est de nouveau mise sur la table deux décennies plus tard, sous le nom cette fois de Belo Monte – le barrage est aujourd'hui dans sa première phase opérationnelle.

Les Kayapo eux-mêmes évoquent rarement les Kararaô. Alors que je discutais des premiers temps de l'histoire des Kararaô avec un informateur mekranoti d'un certain âge, son fils (un jeune leader) m'indiqua que je confondais les Kararaô, groupe kayapo ancien, avec quelques Indiens vivant le long du cours inférieur de l'Iriri et qui, selon lui, n'avaient rien à voir avec ces premiers : il se trouvait simplement qu'ils portaient le même nom. Jusqu'à ce que son père le corrige en soulignant que ces deux groupes n'en forment qu'un seul, et sont en effet des Kayapo !

Avec la publication du présent essai, j'espère faire connaître les Kararaô. Je m'y concentre sur leur histoire qui s'avère être extrêmement complexe. Une histoire qui, bien que les Kararaô ne se séparent des autres groupes kayapo qu'au début des années 1930, se compose d'une suite ininterrompue de scissions et de fusions, de déplacements pour échapper aux attaques et aux massacres, de conséquences désastreuses provoquées par le rapprochement avec la société brésilienne, auquel ils consentent. Cette histoire reflète non seulement la lutte pour la survie des Kararaô, mais elle témoigne aussi de l'incapacité de l'État brésilien à leur fournir une aide adéquate avant les années 1970. Elle atteste enfin de l'impunité dont bénéficient les colons brésiliens (et leurs patrons) qui ont entrepris d'éliminer les Indiens.

Cet essai doit être considéré comme un voyage à travers le temps et l'espace, au cours duquel je guide le lecteur dans un labyrinthe complexe marqué par une grande diversité d'événements. De manière générale, je m'efforce de familiariser le lecteur avec les multiples pièces d'un puzzle compliqué qui résulte de trois années de recherches intensives menées sur l'histoire des Kararaô. Souvent, au cours de ces quatre années, j'ai regretté de n'avoir pas commencé plus tôt. Notamment parce que nombre d'informateurs sont morts durant cette période-là, avant que je n'aie la possibilité de les interviewer. Aussi ai-je le sentiment que, privé d'accès à des données cruciales, de vastes pans de l'histoire des Kararaô demeurent dans l'ombre. Toutefois, nul récit ethno-historique n'est jamais complet[2] : malgré les efforts accomplis pour fournir le plus de détails possibles, les lacunes seront toujours présentes. Il arrive aussi que les informateurs fournissent des données contradictoires[3].
Cet essai constitue une première tentative de reconstruction de l'histoire des Kararaô. Toute interprétation erronée des renseignements fournis par les informateurs relève de mon entière responsabilité.

Je tiens à avertir le lecteur : le récit qui relate l'histoire des Kararaô est particulièrement complexe. Je suis toutefois persuadé que ceux à qui le passé des Kayapo est déjà familier, y découvriront de multiples particularités qui les aideront à mieux comprendre le monde de ces Indiens, et les difficultés auxquelles ils ont été confrontés – et continuent à l'être – pour survivre culturellement. Aux lecteurs qui ne disposent pas d'un tel bagage, un univers entièrement nouveau s'ouvrira à eux, à mesure qu'ils découvriront les vicissitudes subies par un petit groupe kayapo dont le souci premier est de survivre aux multiples épreuves qu'il subit.

Je dois à mon bon ami brésilien, Luis Carlos da Silva Sampaio, d'avoir éveillé mon intérêt pour l'histoire des Kararaô, au début de l'année 2015. Depuis lors, pendant quatre années consécutives, j'ai accompli de nombreux travaux de terrain, non seulement dans le village kararaô, mais aussi dans d'autres communautés kayapo, afin d'y interviewer les survivants de factions désormais éteintes et des spécialistes de l'histoire kayapo en général. Je me suis également rendu dans différentes villes pour y rencontrer les témoins brésiliens d'événements spécifiques vécus par les Kararaô et fréquenté assidûment les bibliothèques des musées et les archives en quête de données supplémentaires.

Ces différentes phases de recherches ont été successivement financées par Verthic et Unyleya, deux ONG installées à Altamira (État de Para, Brésil) et qui œuvrent auprès des Indiens affectés par la construction du barrage de Belo Monte ; par le Fonds Léopold III pour l'Exploration et la Conservation de la Nature (Bruxelles) ; et par la Fondation Culturelle Musée Barbier-Mueller (Genève). Je suis redevable à toutes ces institutions et plus particulièrement à la dernière qui a également accepté que le résultat de mon travail soit intégré à sa remarquable collection de monographies évoquant des peuples oubliés dans le monde tels les Kararaô...

Toute ma reconnaissance va à l'équipe extrêmement impliquée de la Fondation Culturelle Musée Barbier-Mueller, notamment à Anne-Joëlle Nardin, et plus spécifiquement, à Laurence Mattet, pour l'intérêt dont elles ont témoigné à l'égard de cette publication.

Je remercie également les nombreuses personnes qui m'ont aidé, que ce soit sur le terrain ou autrement. Parmi celles-ci, dans l'ordre alphabétique : Adriano Amorim dos Santos, Adriano Jerozolimski, Alessandra Traldi Simoni, Elba da Cruz, Fernando de Freitas Vicente, Jackie Van Goethem, James Banner, Junio Esllei Martins de Oliveira, Keiza Oliveira, Laura Camargo, Lourdes Cristina Araujo Coimbra, Patrick Berben, Rodrigo Piquet, Silvia Slene Dinkelmann et Thais Tavares Martins. Que tous reçoivent ici l'expression de ma gratitude pour leur dévouement et leur patience.

Je souhaite exprimer ma reconnaissance aux personnes qui ont très généreusement mis à ma disposition leur précieux matériel photographique : en premier lieu, Yves Billon pour ses photographies prises en 1971 parmi les Kararaô Iriri avec lesquels le contact avait été récemment établi ; Luis Carlos da Silva Sampaio et Daniel Tiberio Luz pour leurs photographies des Kararaô Iriri ; Fatima Marilia de la Collection ethnographique Carlos Estevão de Oliveira (Museu do Estado de Pernambuco) pour son effort pour me permettre d'inclure dans cet ouvrage les importantes photographies d'archives prises en 1939-1940 par Louis Cordelier chez les Kararaô Jaraucu ; et Claudio Aparecido Tavares et Fany Ricardo pour me donner accès aux archives photographiques de l'Instituto Socioambiental (ISA).

En outre, je tiens à remercier plus particulièrement les Brésiliens qui ont accepté de bonne grâce que je les interviewe – notamment, Afonso « Afonsinho » da Cruz (†), Antônio Soares Cotrim, Domingo « Cabo Verde » Nascimento Nastacio, João Rogerio (†) et Júlio « Kamiranga » Reinaldo Morais. Enfin, je ne saurai trop exprimer ma gratitude envers mes principaux informateurs kayapo : Bekwoirê « Junio » Kararaô, Beppôkti « Mauré » Kararaô, Bô-te Mekranoti, Kwỳrỳkrô « Kamaiura » Mekranoti, Māntino Mekranoti, Meiti Kararaô, Nikàiti Mekranoti (†), Pānhkamrêk « Miguel » Kararaô (†), Pàtnhin Mekranoti (†) et Yxyky « Tucum » Kararaô. Kôkôro Mekranoti mérite une mention spéciale pour m'avoir aidé avec une incroyable patience à transcrire d'innombrables heures d'interviews ou déclarations en kayapo – ainsi qu'à Mokuka Xikrin qui m'a secondé à l'occasion. J'ai conscience d'avoir oublié nombre de ceux qui m'ont soutenu, sous une forme ou une autre, et m'en excuse sincèrement auprès d'eux.

Gustaaf Verswijver

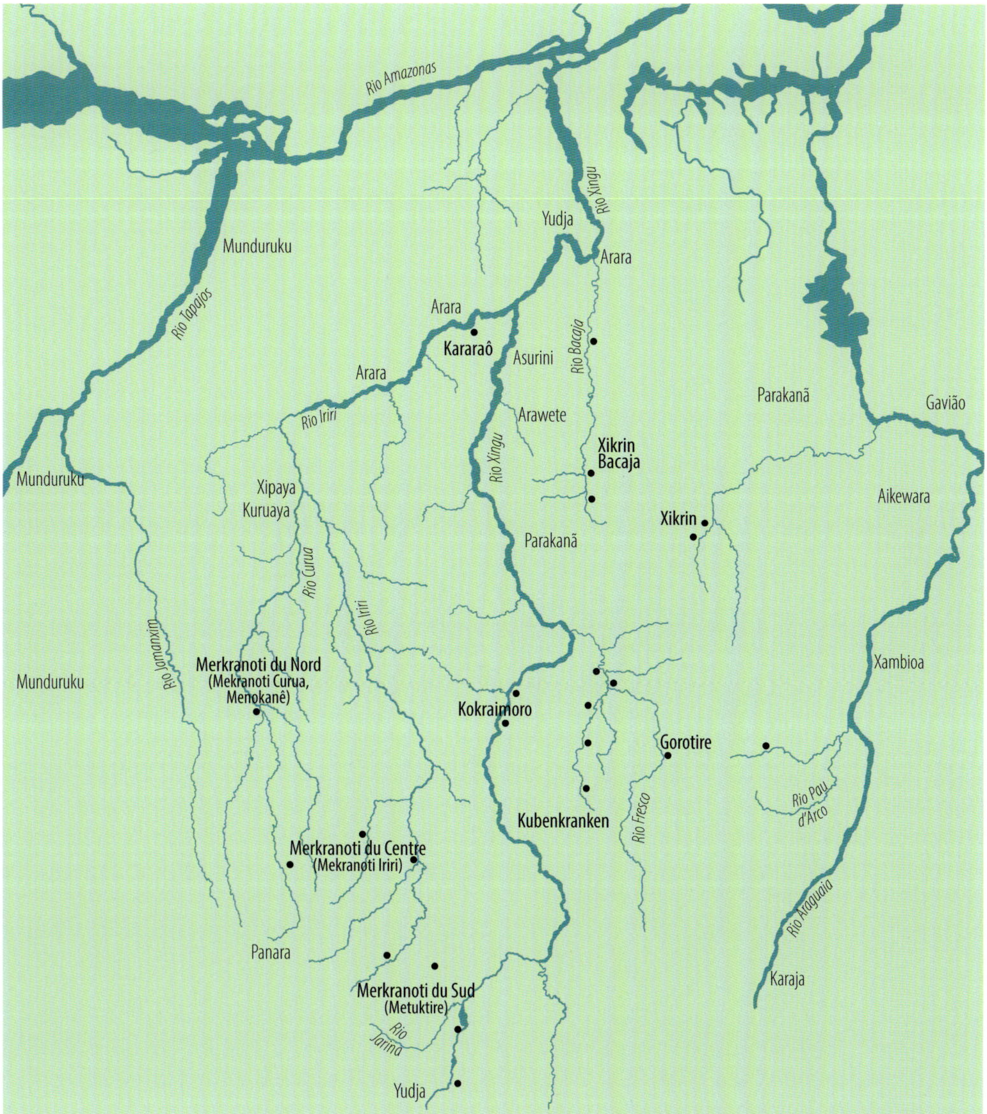

Carte 1. Les Kayapo et leurs voisins. En gras, noms des principaux groupes kayapo et leurs villages (points noirs). En romain, noms d'autres tribus indiennes du Brésil central.

NOTES

1. Publié en 1992 dans sa version originale, le livre a été réédité en 2018. Cette nouvelle édition étant plus aisément accessible, je m'y référerai dans cet essai.

2. De temps en temps, les données présentées dans ce travail contrastent avec celles d'une publication antérieure (Verswijver 2018) : cette différence reflète celle qui apparaît entre diverses versions d'événements historiques fournies par différents informateurs.

3. Dans un ouvrage à venir, (Verswijver, en préparation -1), je fournirai la transcription de plusieurs déclarations faites par différents informateurs kayapo, lesquelles permettront à tout scientifique intéressé de se familiariser avec le type de données qui informent le présent essai, et de comprendre la nature complexe propre à la reconstruction de l'histoire d'un petit groupe dont seuls, quelques informateurs ont survécu.

Jeunes filles kayapo devant la hutte de Wilhelm Kissenberth. Ororógjakamkikre, Kayapo, 1909. VIII E 3028.
Photo Wilhelm G. Kissenberth. Bpk/Ethnologisches Museum, SMB/Wilhelm G. Kissenberth.

Chapitre I Le territoire et son environnement

Fig. 1. Vue aérienne d'un important village kayapo : la maison des hommes se trouve au centre de la grande place. Mekranoti, 2003. Photo Gustaaf Verswijver.

Prélude

Avant de nous intéresser à l'histoire des Kararaô, il importe de dessiner une brève esquisse des Kayapo en général, et de fournir des informations sur la dynamique politique propre à leurs villages.

1.1 Les Kayapo : une introduction[1]

Les Kararaô appartiennent au groupe des Indiens kayapo, groupe qui occupe de vastes régions dans le Brésil Central. Afin de comprendre les premiers, il convient donc de présenter d'abord les seconds.

Les villages kayapo sont répartis le long de la puissante rivière Xingu, ainsi que du cours supérieur de ses principaux affluents que sont l'Iriri, le Bacaja et le Fresco. Leur territoire est presque entièrement dominé par la forêt tropicale humide, à l'exception d'une zone située à l'extrême est, où la forêt alterne avec de vastes étendues de brousse. Brousse que nous retrouvons disséminée çà et là, sur de petites zones, à travers l'ensemble du territoire.

Les Kayapo parlent une langue qui appartient à la famille Gê, laquelle est une branche du groupe linguistique dit Macro Gê. Identifiés par différentes appellations jusqu'à l'apparition du terme Kayapo (parfois orthographié « Kaiapo »,

Fig. 2. Hommes kayapo ornés d'un masque de singe se préparant à une danse rituelle, laquelle est probablement à l'origine de l'appellation « Kayapo ». Mekranoti, 2014. Photo Gustaaf Verswijver.

« Cayapo » ou « Caiapo ») à la fin du XIXe siècle, ces Indiens ne se désignent pas eux-mêmes par ce terme qui leur a été attribué par des groupes voisins et qui signifierait « ceux qui ressemblent aux singes » - nom probablement inspiré d'un rituel au cours duquel, durant plusieurs semaines, les hommes kayapo dansent avec des masques représentant des singes (fig. 2). S'identifiant comme *Mebêngôkre*, autrement dit comme « peuple du lieu de l'eau » ou « peuple de l'espace entre les eaux », ces Indiens acceptent néanmoins l'appellation courante de Kayapo[2].

La cosmologie, la vie rituelle et l'organisation sociale des Kayapo sont extrêmement riches et complexes. Les villages traditionnels s'organisent selon un cercle de maisons érigées autour d'une vaste place centrale vide (fig. 1). Au centre du village se trouve la maison des hommes, où les associations politiques masculines se rencontrent quotidiennement. Réservée aux habitations résidentielles disposées en cercle, la périphérie est le lieu où se déroulent les activités domestiques, ainsi que le développement physique des individus et leur intégration dans les groupes de parenté. Le principe de fonctionnement résidentiel est matrilocal, ce qui signifie qu'un couple marié habite avec la famille de l'épouse. Les Kayapo étant monogames, une femme ne quitte jamais la demeure maternelle et lorsqu'elle se marie, son mari vient habiter sous le toit de son épouse. En théorie, une maison abrite différentes

Fig. 3. Discours d'un chef dans la maison des hommes du village. Mekranoti, 1992. Photo Gustaaf Verswijver.

familles conjugales : une grand-mère et son époux, avec leurs filles, leur mari et leurs enfants. Toutefois, lorsque le nombre d'habitants par maison devient trop élevé (quarante personnes ou plus), le groupe résidentiel peut être amené à se diviser et bâtir une ou plusieurs demeures nouvelles dans le voisinage de la première, donnant ainsi naissance à un ensemble d'unités liées entre elles, et appelé segment résidentiel. La périphérie du village est également associée à un système complexe de droits et de noms propres « appartenant » à chaque segment résidentiel : droits et noms qui constituent le patrimoine d'une Maison considérée en tant qu'être social. Le centre du village se compose de deux parties : la place où se déroulent la plupart des activités publiques, et la maison des hommes.

L'intégration d'un jeune garçon dans la vie de la maison des hommes se fait par le biais de liens amicaux qui ne dépendent en rien des liens de parenté. Aussi cette intégration à l'intérieur des groupes politiques formés par les hommes adultes (sociétés des hommes) constitue-t-elle une affaire distincte de la parenté, contrastant de ce fait fortement avec les relations familiales qui ont cours dans la périphérie. Le centre est donc dévolu aux associations masculines et aux activités typiquement réservées aux hommes – rencontres, discours (fig. 3) et accomplissement de cérémonies ou rituels publiques.

Il n'existe pas, dans la société kayapo, de véritable chef qui coordonne l'ensemble du village. Chaque société des hommes possède son propre chef ou leader – et peut même en compter plusieurs. Les principaux villages abritant plusieurs sociétés des hommes, le nombre de chefs peut être considérable. Acquérir le statut de chef est un long processus. Le candidat suit tout d'abord un apprentissage approfondi auprès d'un chef expérimenté. Les chefs d'un certain âge peuvent éduquer plusieurs jeunes hommes, lesquels ne sont pas nécessairement tous des descendants directs (fils ou petits-fils) puisque des personnes extérieures à la famille peuvent être élues. La formation peut durer plusieurs années, compte tenu de l'immensité du savoir à acquérir. Les chefs, en effet, doivent avoir une parfaite connaissance de la culture kayapo, connaître la mythologie et l'histoire tribale, maîtriser les remèdes spécifiques ou les plantes médicinales liées aux activités guerrières (ils doivent être capables de diriger des combats), et posséder un répertoire particulier de chants et de récitals – lesquels sont des composantes essentielles des différentes cérémonies collectives, ainsi que des activités menées soit par les hommes d'une société des hommes spécifique, soit par tous les hommes actifs du village.

À mesure qu'un chef vieillit, ses apprentis assument progressivement certaines tâches. Au cours de cette période, les membres de la société des hommes vont peu à peu afficher une préférence pour tel ou tel jeune leader. C'est au chef âgé qu'il revient d'annoncer officiellement son successeur, mais il ne s'agit, en pratique, que d'une simple formalité, le nouveau leader ayant déjà pris de facto sa place au sein de la société des hommes. Ceux qui, à ce stade, ont acquis le savoir nécessaire sans avoir été nommés chefs, demeurent à l'écart : l'histoire montre, toutefois, qu'il n'est pas rare que certains d'entre eux deviennent chefs au bout de plusieurs années, soit après le décès d'un leader en exercice, soit parce que l'accroissement de la population villageoise requiert la présence de chefs supplémentaires, par exemple. Traditionnellement, les chefs occupent leur poste à vie, et ne peuvent le perdre que s'ils sont ouvertement réprimandés par un pair, et ce, de façon très spécifique. Ce qui se produit fort rarement.

Récemment, d'importants changements sont intervenus dans le processus de succession des chefs. Tout débute dans les années 1960-1970, lorsque les différents groupes kayapo établissent des relations amicales pérennes avec les Brésiliens[3], lesquels exercent une influence majeure sur la désignation des nouveaux chefs. De fait, les agents du gouvernement travaillant sur le terrain – ou leurs supérieurs – soutiennent couramment les Kayapo parlant le portugais et véhiculant les idées des Brésiliens. Souvent, ces « intermédiaires » gagnent en prestige à l'intérieur de la société et finissent par devenir chefs.

Comparés à ceux des autres Indiens du Brésil Central, les villages des Kayapo sont relativement vastes. Ces derniers préfèrent vivre, non pas au bord des grands fleuves – principales voies de transport dans la forêt amazonienne – mais à l'intérieur des terres, le long du cours supérieur de rivières ou d'affluents mineurs, bien que les fleuves correspondent à des zones plus fertiles. La plupart des autres tribus indiennes vivant dans des conditions similaires tendent à se répartir dans de petites communautés souvent extrêmement mobiles. Optant pour de vastes villages communautaires situés dans des régions « non fertiles », les Kayapo ont dû s'adapter. Le nomadisme ne peut être une solution pour eux : reloger régulièrement une population de mille Indiens ou plus est, en pratique, impossible, et reviendrait à remplacer un manque de protéines par un manque de calories. Le nomadisme ne serait possible qu'en renonçant au mode de vie communautaire propre aux grands villages – perspective inenvisageable pour des questions de défense et/ou de vie sociale et rituelle. Par ailleurs, vivre de façon sédentaire dans des régions peu propices s'avère difficile, particulièrement dans le cas des vastes villages, puisqu'au terme d'une longue occupation, le gibier se fait moins abondant, et qu'il faut implanter de plus en plus loin les jardins. Or, plus ceux-ci sont distants, plus les femmes s'exposent aux attaques ennemies.

Telle est la raison pour laquelle les Kayapo optent pour une vie semi-nomade (fig. 4). Dans

Fig. 4. Famille en expédition dans la forêt. Mekranoti, 1975. Photo Gustaaf Verswijver.

la configuration choisie, un certain nombre de grands villages sont construits à environ trente ou cinquante kilomètres les uns des autres, et vidés de leurs habitants en fonction d'un mouvement de rotation. Après avoir occupé un site près de deux ans, et à la suite de la raréfaction du gibier, les habitants partent vers un autre village. L'avantage de cette circulation constante tient au fait qu'au bout d'un certain nombre d'années, les Kayapo retrouvent l'ancien village où les jardins continuent en partie à produire, cependant que d'autres sont créés. Au cours de cette absence, l'équilibre zoologique a pu également se rétablir dans les régions qui ont fait l'objet d'une chasse intensive pendant deux ans. Ce semi-nomadisme repose sur deux cycles : dans un premier temps, les migrations bisannuelles vers d'autres villages, et dans un second temps, les migrations temporaires correspondant aux longues expéditions de chasse qu'exige la phase finale des principales cérémonies. Les Kayapo ont donc développé un mode de vie où les récoltes agricoles sont régulièrement disponibles et où la chasse constitue une pratique particulièrement productive. En agissant de la sorte, ils parviennent à conserver leurs vastes villages dans des régions considérées comme moins viables écologiquement.

La culture des jardins constitue la principale tâche économique des femmes kayapo. Elles fournissent également l'eau et le bois pour le feu, préparent la nourriture et s'occupent des enfants. Leurs activités sont essentiellement basées sur la famille. Toutefois, à intervalles réguliers, elles entreprennent des actions collectives –

expéditions en forêt pour cueillir des fruits dans certaines zones spécifiques, excursions d'une journée pour prendre les feuilles qui serviront à la construction des maisons ou pour recueillir du miel (fig. 6). Les jardins sont généralement établis dans un rayon de deux à six kilomètres autour du village. Chaque femme possède son propre jardin, et il arrive qu'elle en ait plusieurs. Elle y cultive essentiellement du manioc, des ignames, des patates douces, du maïs, de la canne à sucre, des bananes et quelques fruits tropicaux.

La vie des hommes kayapo se caractérise par une exceptionnelle mobilité. Principalement parce que leurs activités se situent surtout en dehors du foyer : chasse (fig. 5), pêche, excursions ou discussions dans la maison des hommes. La manufacture d'objets ou d'outils se fait également le plus souvent à l'extérieur. Globalement, les hommes passent l'essentiel de leur journée dans la forêt, à chasser ou pêcher. Les Kayapo apprécient les viandes grasses, telle celle du tapir, du pécari ou du cerf – grands mammifères qu'il n'est, à l'évidence, pas possible de rapporter chaque jour. Les singes, agoutis, tortues terrestres, des oiseaux comme le hocco et la pénélope sont également recherchés et constituent une part essentielle du régime des Kayapo. Certains oiseaux sont chassés uniquement pour leurs plumes colorées ; les jaguars, chats sauvages ou pumas ne constituent pas des cibles et ne sont tués que lorsqu'ils croisent le chemin du

Fig. 5. Chasseurs de retour d'une expédition collective, au cours de laquelle de nombreux cochons sauvages ont été tués. Mekranoti, 1980. Photo Gustaaf Verswijver.

Fig. 6. Femmes revenant d'une expédition de deux jours dans un champ situé au loin. Mekranoti, 1977. Photo Gustaaf Verswijver.

chasseur. Les hommes chassent généralement seuls. Leurs armes traditionnelles (massues, lances, arcs et flèches) ont été remplacées par des fusils, et sont aujourd'hui presque exclusivement utilisées pour les cérémonies solennelles.

Le village constitue le centre de l'univers kayapo : c'est l'espace le plus socialisé. La forêt environnante est considérée comme un espace anti-social où les hommes peuvent se transformer en animaux ou en esprits, devenir malades sans raison, voire tuer leurs proches. Des êtres mi-animaux, mi-humains y vivent. Plus on s'éloigne du village, plus la forêt devient anti-sociale, et par conséquent, dangereuse. En raison du risque constant d'un détournement du « social » par le domaine naturel qui échappe au contrôle humain, l'Indien kayapo s'engage dans une appropriation symbolique du naturel et socialise au travers de chants et de cérémonies qui guérissent, établissant un échange permanent entre l'homme et le monde naturel. C'est dans cette perspective que le territoire forestier sur lequel les villageois chassent, pêchent et cultivent, est socialisé au travers de l'attribution de noms de lieu. L'intervention humaine sur le monde naturel s'accompagne également d'actions rituelles. Ainsi, la création d'un jardin est-elle précédée d'une danse offrant de nombreuses similarités structurelles avec le rituel guerrier. Établir un nouveau potager constitue, en effet, une guerre symbolique menée contre un ennemi

Fig. 7. Femme travaillant à son jardin. Mekranoti, 1976. Photo Gustaaf Verswijver.

non plus humain, mais naturel. De même, les hommes qui reviennent de la chasse, chantent-ils en l'honneur de l'esprit du gibier abattu : ceci afin d'apaiser cet esprit et de lui permettre de demeurer dans la forêt.

Les rites kayapo expriment et actualisent les valeurs fondamentales de la société, mais ils reflètent aussi l'image que le groupe a de lui-même, de la société et de l'univers. Traduisant en partie cette vision cosmologique, ils établissent un lien entre l'être humain et la nature, dans lequel le rapport homme-animal est renforcé.

Les rituels kayapo sont nombreux et divers : leur importance et leur durée varient grandement. Ils peuvent se diviser en trois catégories principales : les grandes cérémonies qui confirment le nom ; les rituels de l'agriculture, de la pêche, de la chasse, ainsi que ceux destinés à empêcher les désastres – qui ont lieu, par exemple, lors d'une éclipse solaire ou lunaire ; et les rites de passage. Ces derniers marquent le moment où un individu passe d'une classe d'âge à une autre, et correspondent généralement à des cérémonies solennelles et fort brèves, rarement accompagnées de danses ou de chants.

Désignées par le terme de *mereremex* (« ceux qui déploient leur beauté »), les cérémonies de confirmation du nom comptent parmi les plus raffinées. Elles comportent des pratiques fondées

Fig. 8. Femmes accomplissant la phase finale de la cérémonie de nomination (dans sa version féminine) dite *mebiôk*. Mekranoti, 1991. Photo Gustaaf Verswijver.

sur le groupe, lesquelles visent à socialiser des valeurs « sauvages » ou anti-sociales. Leur motif central est l'attribution de noms empruntés à la nature. Les chamanes entrent en contact avec les esprits naturels qui leur transmettent de nouveaux chants et nouveaux noms. Ces noms et leur chant correspondant sont donc pris au monde « naturel » et intégrés culturellement à l'occasion de ces grandes cérémonies. Par conséquent, la véritable nature de la « beauté » désignée par le terme kayapo de *mereremex* est non seulement liée à la dimension visuelle (autrement dit, au raffinement des ornementations arborées en de telles occasions

– particulièrement par les enfants dont les noms sont confirmés et/ou forgés), mais renvoie également à l'activité du groupe, laquelle correspond à l'effort requis de la part de la communauté prise dans son ensemble pour « socialiser » les noms attribués à quelques personnes (fig. 8).

Les Kayapo distinguent deux catégories de noms : ceux dits « communs » et ceux qui sont considérés comme « beaux » ou « grands ». Les sources d'inspiration des premiers sont multiples et peuvent renvoyer à un élément de l'environnement, une partie du corps, une expérience personnelle, etc. Ils peuvent aussi avoir une connotation moqueuse. Les seconds se caractérisent par deux constituants : un préfixe cérémoniel et un suffixe commun. Il existe huit préfixes cérémoniels, intraduisibles, qui correspondent chacun à une catégorie rituelle[4]. Quelques jours après sa naissance, l'enfant reçoit plusieurs noms, les uns communs, les autres beaux. Si les deux peuvent être employés, il est cependant considéré comme préférable de confirmer les derniers au cours d'une cérémonie de nomination qui aura lieu plus tard – généralement lorsque l'enfant a entre deux et huit ans environ. La plupart des Kayapo possèdent de beaux noms pourvus de différents préfixes cérémoniels, ce qui signifie qu'idéalement, chaque enfant doit être honoré plus d'une fois. En pratique, toutefois, c'est rarement le cas, en raison des dépenses importantes que cela entraîne pour les parents. Ceux-ci sont en effet les commanditaires de la fête et doivent nourrir tous ceux qui chantent et/ou dansent. La cérémonie de nomination pouvant durer plusieurs mois, il faut, par conséquent, réunir et préparer de grandes quantités de nourriture. Les parents de l'enfant honoré cherchent naturellement de l'aide auprès de la famille ou d'amis, mais tout le monde ne veut – ou ne peut – assumer une charge économique aussi lourde. Et les parents ne souhaitent pas tous commanditer plusieurs de telles cérémonies. Ceci explique qu'un tiers seulement des enfants soit honoré par un rituel de nomination ou par d'autres rituels permettant de les intégrer dans la catégorie sociale de « ceux qui sont beaux » *(memex)* – par opposition aux

Fig. 9. Cérémonie de nomination dite *tàkàk* : un homme incarnant un jaguar attaque symboliquement l'enfant honoré, lequel est entouré de deux amis rituels. Incarner le jaguar correspond à un privilège rituel détenu par l'homme. Mekranoti, 2002. Photo Gustaaf Verswijver.

mekakrit (« ceux qui sont communs »), lesquels ne sont pas honorés.

Il existe huit préfixes de beaux noms. À chacun d'eux, sauf un, correspond une cérémonie. Ainsi ceux qui possèdent un nom *bep* voient leur beau nom confirmé lors d'une cérémonie *bep*. Toutefois, outre les sept « cérémonies spécifiques de nomination », il existe également d'autres cérémonies au cours desquelles n'importe quel beau nom peut être confirmé. Ce sont les « cérémonies de nomination complètes » (Verswijver 2018, p. 83). La différence entre ces deux types de rituels tient à ce que, dans le cas des premiers, à l'exemple du *tàkàk* (fig. 9) ou du *kôkô*, différentes familles commanditaires peuvent unir leurs ressources pour en partager la charge économique. Alors que dans le cas des seconds, tels le *kwỳrỳkangô* ou le *kadjàtobôr*, les commanditaires appartiennent invariablement à un unique segment résidentiel (ou Maison). De manière générale, les cérémonies de nomination complètes sont plus populaires, dans la mesure où ce sont celles qui sont le plus souvent accomplies. Ceci tient à la possibilité qu'ont les commanditaires de faire confirmer en une seule fois les noms avec différents préfixes attribués aux enfants[5].

La durée des cérémonies de nomination varie considérablement : les plus courtes occupent quelques semaines seulement, alors que les plus longues peuvent s'étendre sur plusieurs mois. Les grandes cérémonies[6], à l'exemple de celle du *bep* ou de la variante masculine du *mebiôk*, sont très complexes et requièrent la présence de spécialistes ou de personnes détenant une grande diversité de privilèges rituels. Ces cérémonies ne peuvent donc se dérouler que dans les grands villages[7]. De fait, une communauté dépourvue de spécialistes ou de personnes détenant des privilèges rituels, a la possibilité d'organiser ces cérémonies complexes, mais la performance sera jugée faible, voire incorrecte, ce que ne souhaite aucun commanditaire.

Chaque cérémonie de nomination se compose d'une série de danses, de chants et de pratiques rituelles spécifiques. Elle concerne de deux à dix enfants qui sont ainsi « honorés » : ce sont eux qu'on appelle *mereremex* (« ceux qui déploient leur beauté »). Chaque enfant est généralement assisté de deux amis rituels (ou plus) (fig. 9) des deux sexes, qui ne font pas partie de la famille et auront par la suite pour tâche de l'accompagner durant les périodes difficiles à venir. L'attribution du nom fait partie des occasions les plus cruciales où l'aide d'un ami rituel s'avère nécessaire. De fait, sa confirmation cérémonielle est considérée comme une entreprise risquée, ce qui s'explique en partie par l'origine même des noms qui, nous le rappelons, s'inspirent d'éléments naturels – et par conséquent, dangereux. Il existe également une seconde menace : durant l'accomplissement du rite, l'esprit des parents morts peut tenter d'emporter celui de l'enfant honoré.

Les Kayapo croient que les esprits des défunts vivent dans un village distinct, situé quelque part dans les collines. Semblable à celui des vivants, ce village s'en démarque essentiellement par le fait que les morts vivent la nuit et craignent la lumière du jour. Ceci explique que les Kayapo redoutent de demeurer seuls dans la forêt, la nuit, et que les femmes fument la plupart du temps lorsqu'elles travaillent au jardin : les esprits ont peur de la fumée « blanche ».

Fig. 10. Tombe d'une femme récemment décédée : ses gourdes et ses pots en métal les plus usités ont été rassemblés afin qu'elle puisse les emporter dans le village des esprits. Kubenkranken, 1976. Photo Gustaaf Verswijver.

Une personne est enterrée peu après son décès. Si les nouveau-nés n'ont pas de funérailles rituelles, tous les autres défunts, en revanche, ont droit à une cérémonie accomplie avant la mise en terre. Lors de cette cérémonie, certains moments essentiels de la vie rituelle du défunt sont mis en scène. Dans le cas de jeunes enfants, cette mise en scène peut être très brève, ou être longue et durer plus d'une heure dans le cas d'une personne âgée. Idéalement, elle comporte de courtes séquences évoquant l'ensemble des cérémonies accomplies pour le défunt, ainsi que les rituels majeurs dans lesquels ce dernier a joué un rôle-clé au cours de sa vie. Les chants associés à toutes les grandes cérémonies devant être recréés et/ou adaptés à chacune d'entre elles – deux rituels n'étant par conséquent jamais identiques –, la mise en place du rite funéraire peut être précédé de longues discussions au cours desquelles les participants tentent de rassembler leurs souvenirs à propos de célébrations qui ont été organisées plusieurs décennies auparavant. Tout ceci reste plutôt théorique, puisqu'il est souvent presque impossible de se rappeler avec précision les chants associés à des cérémonies qui ont eu lieu durant l'enfance des membres les plus âgés du village. Dans ce cas, toutefois, il y a recherche d'un consensus.

Les Kayapo enterrent leurs morts dans un lieu très précis, situé en dehors du cercle du village. La tombe se compose d'un puits circulaire dans lequel le corps est placé en position assise, le visage systématiquement tourné vers l'est. Quelques objets personnels sont également enterrés, tels des gourdes, des armes, certains ornements (fig. 10). Objets que l'esprit emportera avec lui dans sa nouvelle demeure. Au cours des premières semaines qui suivent le décès, les parents déposent chaque jour une petite quantité de nourriture et de boisson près de la tombe, parce qu'il arrive que l'esprit ne trouve pas immédiatement le chemin conduisant au village des morts. Les esprits finissent par mourir, processus au terme duquel ils deviennent des tourbillons et partent définitivement...

1.2. Kayapo du Xingu, Kayapo de l'Araguaia et Xikrin[8]

Au XVIIIe siècle, les Kayapo vivent dans une région triangulaire située au confluent de la rivière Araguaia et du fleuve Tocantins. Connus sous le nom de Nhyrykwaye (« ceux de leur place assise »), ils occupent vraisemblablement plusieurs villages. Pour des raisons inconnues à ce jour, un groupe important part et se dirige vers l'ouest, franchissant la rivière Araguaia pour s'installer dans la région de la rivière Itacaiunas où ils prennent le nom de Xikrin. Les autres groupes demeurent dans leur habitat jusque vers 1810, date à laquelle ils sont attaqués à plusieurs reprises par des Brésiliens qui recherchent des esclaves pour travailler à leur service, à Belém et São Luis do Maranhão, ou dans les fermes avoisinantes. Quoique plus nombreux que leurs assaillants, les Kayapo ne possèdent que des massues, des lances, des arcs et des flèches pour se défendre face aux mousquets de leurs adversaires. Ce combat inégal marque profondément les Indiens et influence fortement leur comportement par la suite. Bouleversés par leur défaite, les Kayapo cessent de se sentir en sécurité dans leur foyer et décident de partir. Ils se dirigent vers le sud-ouest et franchissent la rivière Araguaia pour s'établir dans une zone de terre quasiment inoccupée, le long de la rivière Pau d'Arco.

Peu après leur installation dans cette nouvelle région, les Brésiliens se manifestent de nouveau, d'abord des cueilleurs de noix, puis des cueilleurs de caoutchouc. Le nombre sans cesse grandissant des Brésiliens qui traversent leurs terres ou s'y établissent insupportent les Kayapo qui souffrent soudain de maladies inconnues jusque-là. Il s'agit vraisemblablement de l'une des toutes premières fois où les Kayapo sont confrontés aux effets dévastateurs des maladies occidentales, à l'exemple de la grippe ou de la rougeole, contre lesquelles les Indiens d'Amazonie ne possèdent aucune immunité. Ces derniers estiment qu'elles sont provoquées par « la sorcellerie de l'homme blanc » (*kuben djudjy*). Alarmés, plusieurs hommes de la tribu font part de leur volonté de partir – requête qui divise la communauté, opposant ceux qui entendent rester et garder le contact avec les Brésiliens afin d'accéder aisément aux produits dont ils disposent à ceux qui souhaitent s'éloigner pour éviter de subir d'autres maladies mortelles inconnues. La tension grandit et finit par provoquer un affrontement majeur à l'intérieur du village. Le groupe s'effondre : la faction dite Ira'amranh demeure, cependant que celle des Gorotire se dirige vers l'ouest pour s'installer dans un territoire situé entre les rivières Fresco et Xingu. Définitive, la scission entre les Ira'amranh et les Gorotire se produit entre 1840 et 1860 (Verswijver 2018, p. 93) : les groupes qui en sont issus, deviennent des ennemis et se combattent fréquemment – tout comme les Gorotire attaquent régulièrement les Xikrin, et inversement. Dans la littérature, les Ira'amranh sont également connus sous le nom de Kayapo de l'Araguaia, alors que les Gorotire sont souvent désignés par l'appellation de Kayapo du Xingu.

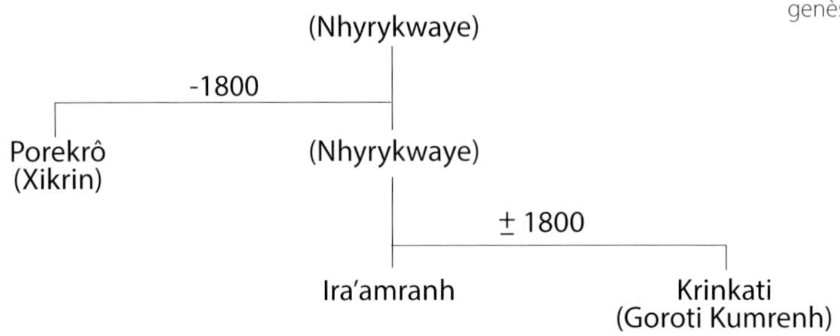

Fig. 11. Scissions des Nhyrykwaye avant 1840 : genèse des différents groupes kayapo. Schéma Gustaaf Verswijver.

La division des Nhyrykwaye en trois groupes principaux (fig. 11) persiste pour l'essentiel durant plusieurs décennies, et vaut toujours quand l'explorateur français Henri Coudreau remonte la rivière Araguaia en 1897 lors d'une expédition de reconnaissance géographique. Le long de la rivière, il rencontre un compatriote, le Père Gil Villeneuve – localement connu sous le nom de Gil de Villanova –, missionnaire dominicain œuvrant parmi les Kayapo de l'Araguaia, dans la région du Pau d'Arco. Villanova (fig. 12) lui apprend que les Kayapo se répartissent en quatre groupes :

1. Les Kayapo (Pau d'Arco et Chicão) ;
2. Les Gorotire, à l'ouest des Kayapo […] ;

Fig. 12. Portrait du Frère Gil de Villanova tiré de H. Coudreau, *Voyage au Tocantins – Araguaya. 31 décembre 1896 – 23 mai 1897*, 1897, p. 199.

3. Les Purukarôt, au nord-ouest des Kayapo, qui ne garderont pas de contact avec ces Indiens [les Gorotire] […] ;
4. Les Xikrin, au nord-est des Kayapo, dans la grande forêt d'Itaipava [...] (Coudreau 1897, pp. 204-205, ma traduction).

Coudreau précise que chacun de ces groupes kayapo compte environ 1 500 Indiens, à l'exception des Xikrin qui ne sont que 500. Ce qui porte la population totale des Kayapo à environ 5 000 Indiens[9].

Lorsque le missionnaire rejoint les Kayapo de l'Araguaia à la fin du XIXe siècle, ceux-ci vivent éparpillés entre plusieurs villages. Ce qui signifie que, même après la séparation d'avec les Gorotire, le processus de fragmentation du groupe des Ira'amranh s'est poursuivi, tout comme chez les Xikrin qui, à l'époque de Villanova, sont divisés en deux groupes principaux, celui des Purukarôt et celui des Porekrô (Djore)[10]. La différence toutefois entre les Kayapo de l'Araguaia et les Xikrin tient à ce que ces derniers se dressent les uns contre les autres, alors qu'aucune hostilité connue n'oppose les villages des Kayapo de l'Araguaia.

Avant de poursuivre, une remarque préliminaire s'avère nécessaire : compte tenu de la situation complexe qui prévaut au sein du groupe gorotire dans les années 1930, il paraît préférable de se conformer à la coutume mekranoti qui consiste

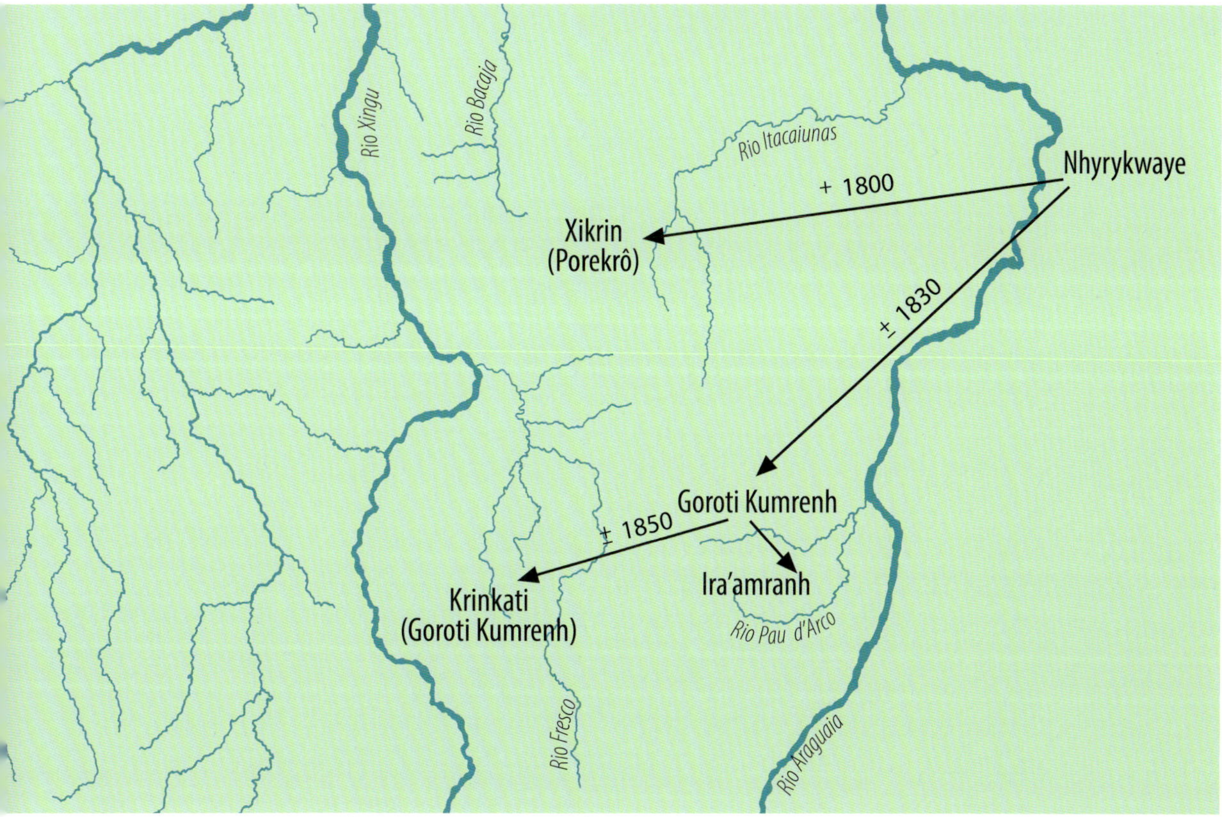

Carte 2. Les premières migrations kayapo (aux XVIIIe et XIXe siècles).

Fig. 13. Population du village yudja (juruna) en 1974, le long des berges du Xingu. Photo Gustaaf Verswijver.

à désigner ce groupe par le nom de krinkati[11] (« ceux du grand village »). Ceci pour la raison que, comme nous le verrons, le terme de gorotire peut (et se trouve) être employé par les Kayapo pour identifier des ensembles constitués correspondant à différents niveaux d'organisation politique : celui-ci peut, en effet, désigner tous les Kayapo du Xingu ; une communauté villageoise (encore appelée ainsi aujourd'hui) ; ou les descendants de la maison des hommes Est du village ancestral de Pukatoti – autrement dit, la faction baptisée djudjetukti[12]. Le recours au terme de krinkati évite d'avoir régulièrement à spécifier de quelle entité précise il est question lorsqu'on emploie le nom de gorotire. Ce dernier servira donc à nommer, non pas les Kayapo du Xingu, mais la faction dite djudjetukti du village ancestral de Pukatoti (voir Chapitre 3.2).

1.3. Pukatoti, le vaste village krinkati

À la fin du XIXe siècle, les Krinkati (Gorotire) constituent le seul principal groupe kayapo resté uni dans un village, appelé Pukatoti[13], situé sur le cours supérieur du Riozinho, un affluent de la rivière Fresco. Posey (1979, p. 55) s'y rend à la fin des années 1970, soit plus de quarante ans après que les lieux ont été abandonnés. D'après sa description, Pukatoti se compose de deux cercles concentriques pour un diamètre de 1050 mètres. Ce devait donc être un village réellement impressionnant qui possédait en son centre deux maisons des hommes mesurant, chacune, cinquante mètres de long. De fait, tout indique qu'au début du XXe siècle, Pukatoti constitue l'un des villages indiens les plus grands – si ce n'est le plus grand – de la forêt amazonienne. Situé sur une vaste prairie dont les rivières et les ruisseaux sont bordés de forêts-galeries, il est à portée de la dense forêt tropicale à pied, ce qui permet à ses habitants d'exploiter deux éco-zones différentes et en fait un lieu idéal pour subvenir aux besoins d'une population nombreuse. Posey (*ibid.*, p. 57) avance qu'à son apogée, Pukatoti a certainement abrité plus de 4 000 Indiens. Compte tenu de la taille des différents groupes issus de la scission de ce grand village, j'estime qu'au moins 2 500 à 3 000 Indiens y ont probablement vécu à la fin du XIXe siècle.

Pukatoti ne forme toutefois pas une entité fortement unie. De fait, le village n'est pas occupé en permanence par la totalité du peuple krinkati. Plus exactement, il l'est à l'époque des grandes cérémonies. Le reste du temps, des groupes vont et viennent constamment. Certains partent pour des excursions saisonnières, vers des jardins distants, des sites où abondent des fruits ou d'autres éléments naturels, tels certains oiseaux ou palmiers, ou encore pour s'installer temporairement dans des régions (éloignées) où le gibier est plus nombreux que dans les alentours du village. D'autres s'aventurent plus loin encore pour attaquer des villages indiens ou, plus probablement, des colonies brésiliennes, et sont parfois absents plusieurs mois d'affilée, voire un an ou plus. La dynamique de ces groupes qui quittent régulièrement le village principal pour plusieurs mois ou plus, permet assurément d'alléger les tensions qui peuvent naître dans un village particulièrement vaste.

À ce stade, il est important de considérer la configuration politique de Pukatoti. Le village possède deux maisons des hommes, Ouest et Est, situées en son centre. Chacune de ces maisons accueille des groupes de jeunes hommes non

Classe d'âge masculine	**Stade du développement**	**Tranche d'âge (approximative)**	**Lieu de résidence**	**Place assise dans la maison des hommes**
meprĩ-re	Petite enfance	0-3 ans	Maison maternelle	
mebôkti-re	Enfance	3-8 ans		
me'ôk-re	Puberté	8-12 ans	Maison des hommes	Place assise du « père adoptif »
menõrõny-re	Adolescence, âge adulte sociologique	12-30 ans		Place assise des jeunes hommes de sa classe d'âge
mekra-re	Les « pères » (hommes mariés pourvus d'enfants issus de leur union)	30-45 ans	Maison de l'épouse	Place assise de la société des hommes choisie par lui (groupe des plus jeunes)
mebêngêt	Vieil homme	45 ans et +		Place assise de la société des hommes choisie par lui (groupe des plus âgés)

Tableau 1. Les classes d'âge chez les hommes, selon leur lieu de résidence et leur place assise dans la maison des hommes. En violet : les classes d'âges des hommes adultes (qui constituent les sociétés des hommes) ; en orange : les groupes d'hommes non-mariés et d'adolescents, classés selon leur âge et appelés *memydjêny-re*, *menõrõny-re* et *menõrõny'ãtum* – les *me'ôk-re* sont répartis selon différents groupes, celui des hommes non-mariés et celui des hommes récemment mariés.

mariés ainsi que différentes sociétés masculines. La société des hommes peut se définir comme « un ensemble institutionnel qui est désigné par un nom, possède un lieu spécifique où s'asseoir dans la maison des hommes, reconnaît un ou plusieurs leaders communs dont la position est officielle, participe à des activités collectives telles que les excursions organisées à la saison sèche, manifeste de la solidarité envers les autres sociétés des hommes auxquelles il apporte un soutien réciproque dans les conflits » (Turner 1965, p. 40).

De la naissance à la mort, la totalité des hommes et des femmes kayapo est répartie dans différentes catégories conceptuelles appelées classes d'âge. Chaque classe d'âge est dotée d'un nom, se distingue par ses rituels, possède un ensemble de règles de comportements spécifiques et se repère visuellement par des ornements, un style de peinture corporelle et des coupes de cheveux distincts. Sur un plan pratique, les Kayapo distinguent six classes d'âge masculines fondamentales (voir Tableau 1 ci-dessus), quoique certaines de ces classes présentent des subdivisions. Ainsi, la classe d'âge des *menõrõny-re* (« ceux qui dorment d'une nouvelle façon ») qui englobe les adolescents et les jeunes hommes non mariés, se subdivise-t-elle en trois sous-catégories appelées *memydjêny-re* (« ceux qui possèdent de nouveaux étuis à pénis »), les *menõrõny-re* à proprement

Fig. 14. Vue aérienne de la Cachoeira da Fumaça (Chute de la Fumée). Photo Adriano Jerozolimski.

Fig. 15. Deux types de massue kayapo : (A) *kop*, épée-massue servant aux duels ; (B) *kô*, gourdin arrondi, essentiellement employé durant les expéditions de chasse ou de guerre. Les deux armes peuvent être utilisées durant les danses. Dessin de G. Verswijver tiré de G. Verswijver, *The Club-Fighters of the Amazon*, 2018, p. 137.

parler, et les *menõrõny'ãtum* (« ceux qui sont *menõrõny-re* depuis longtemps ») – catégorie que l'on peut définir plus explicitement comme celle qui rassemble les hommes mariés et sans descendance issue du mariage. Il importe de souligner que les *menõrõny-re* se définissent socialement comme des hommes mariables. Les Kayapo préfèrent toutefois qu'ils épousent une femme le plus tard possible, autrement dit, qu'ils deviennent *menõrõny'ãtum* et conservent ce statut aussi longtemps que possible. Les *menõrõnyre* tendent à former un collectif masculin étroitement lié : les hommes se peignent habituellement les uns les autres, dansent et chantent ensemble, se baignent fréquemment en groupe et entreprennent de longues expéditions de chasse ou de cueillette, parfois sans être accompagnés par des hommes plus âgés.

Lorsque vient le temps d'engendrer dans le cadre du mariage, le jeune homme rejoint l'une des sociétés des hommes réservées aux hommes matures et emblématiques de la classe d'âge des « pères ». L'homme est libre de choisir la société qu'il entend rejoindre, et son choix est fréquemment motivé par l'existence de relations personnelles (rester proche d'amis intimes, par exemple) ou le désir de suivre un leader en particulier[14].

En résumé, il est rare qu'une maison des hommes soit complètement vide ; c'est l'un des lieux les plus animés d'un village kayapo. Tôt le matin ou tard l'après-midi, elle accueille des rencontres durant lesquelles les anciens du village ou les chefs se livrent à des arts oratoires. Les activités communes aussi bien que les choix politiques y font l'objet de discussions. Durant la journée, elle peut abriter la fabrication d'objets artisanaux ; la nuit, les hommes non mariés, ainsi que les époux dont la femme est enceinte ou pourvue d'un nouveau-né, peuvent y dormir conformément aux restrictions pré -et post-natales. Lors de l'accomplissement des rituels, la maison des hommes fourmille de vie.

Vers la fin des années 1890, les hommes d'une société des hommes, accompagnés de leur famille, quittent temporairement Pukatoti pour ériger un autre village à quelque trente kilomètres au nord, près d'une chute d'eau appelée Ngorarank (« l'eau bruyante[15] »). Leur but est de se rapprocher des Indiens yudja[16] qui occupent cinq villages répartis le long du cours intermédiaire du Xingu. Les Yudja (fig. 13) entretiennent des contacts intermittents avec les Brésiliens qui voyagent sur cette rivière, ainsi qu'avec un nombre sans cesse croissant d'hommes récoltant le caoutchouc qui viennent s'installer et travailler dans la région. De la sorte, ils ont occasionnellement accès à divers biens tels que perles de verre, couteaux, instruments en métal comme pots et casseroles – tous produits convoités par les Kayapo. La faction krinkati établie à Ngorarank porte le nom de mekranoti, qui désigne la société des hommes ayant décidé de s'établir en ces lieux[17]. De nombreuses années durant, les Mekranoti entretiennent des liens réguliers avec les Yudja, dans le but d'obtenir les produits qu'ils désirent. Mais un jour, après que les Yudja ont tué un Mekranoti installé chez eux, la situation se détériore. Craignant des représailles, les Yudja rechignent à maintenir des relations privilégiées avec les Mekranoti (Verswijver 1982 ; Verswijver 2018, pp. 101-102). Après avoir donc vécu séparément cinq ans ou plus, les Mekranoti finissent par revenir au village principal de Pukatoti (Verswijver 1982, p. 312). Cet événement se situe vraisemblablement aux alentours de 1905.

Toutefois, cette unité retrouvée ne dure guère, une discorde interne agitant le village quelques mois plus tard. Mote-re, le principal leader mekranoti, en vient à se battre avec un homme appartenant à une autre société des hommes, à propos d'une relation adultère. Défait, Mote-re part de nouveau avec sa société des hommes. Comptant environ deux cents Indiens, le groupe dissident franchit le Xingu pour s'établir dans la zone située entre les rivières Jarina et Iriri. Cette zone devient le cœur de leur territoire au cours des décennies suivantes (Verswijver 2018, pp. 101-103).

À la suite du départ des Mekranoti, les Krinkati connaissent une période de paix interne relative. Si Pukatoti continue à être le village principal, des associations politiques masculines (sociétés des hommes ou rassemblements d'adolescents) ne cessent en revanche d'aller et venir. Au début des années 1930, Pukatoti possède encore deux maisons des hommes, érigées sur la place circulaire du village. Chacune d'elles abrite plusieurs sociétés des hommes. Le village compte plus de quatre cents hommes, répartis en six sociétés des hommes et un nombre égal de groupes de jeunes hommes (voir Tableau 2).

Maison des hommes Est		Maison des hommes Ouest	
nom(s)	**leader(s)**	**nom(s)**	**leader(s)**
Mebê[1] djydjêtykti	Tàkwỳr, Kiekiek	Mebê kararaô	Kôkôiaumti
Mebê kamngroi-re / Me kaprĩ-re	Bemaiti	Me no kanê	Tàpiêt, Mànma-ri
Me ibê-re	Prinkô-re	Me kukatyk-re	Bepkamati
Mebê kàibêngêt	Tekỳ (Punuti)	Mebê kamrêk-re / Mekaĩ-re	Bepkit, Ôket
Mekruanhipratõ	Tàkàktô	Mekrãnhkê-re	Ngroi-re
Menhàka'ê-re	Tepikôt	Meibumkàkaiê	Kàiêt

Tableau 2. Composition des deux maisons des hommes à Pukatoti au début des années 1930[2]. Les couleurs ont la même signification à travers cette étude : le vert désigne les descendants de la Maison des hommes Ouest, souvent appelés simplement kararaô, alors que le bleu renvoie à ceux de la Maison des hommes Est, souvent simplement nommés djudjetukti. Les sociétés des hommes dont les membres sont adultes apparaissent dans une teinte plus sombre alors que les groupes d'adolescents et d'hommes non mariés dans une teinte plus claire

Quelques remarques sont nécessaires à propos du Tableau 2. Lorsque deux noms sont mentionnés, cela signifie soit que la société des hommes a changé d'appellation après un certain nombre d'années, soit que chacun des noms s'applique à un sous-groupe (par exemple, celui des anciens et celui des jeunes réunis en une même société). Par ailleurs, la première société enregistrée pour une maison est considérée comme la plus importante en ce qui concerne le nombre d'hommes. Autrement dit, la *(mebê) djydjêtykti* constitue la plus grande société des hommes de la maison des hommes Est, et la *(mebê) kararaô* celle de l'Ouest. Ceci n'est pas sans importance puisque la coutume kayapo tend à désigner une maison des hommes considérée dans sa globalité, par le nom de la plus grande société des hommes. Ainsi, la maison des hommes Est est-elle parfois appelée djydjêtykti – orthographiée ici djudjetukti – et celle de l'Ouest, kararaô.

L'attribution du nom à une société des hommes ou à un rassemblement de jeunes hommes repose souvent sur une base parodique, et peut se référer à un objet ou à un événement vécu par un ou plusieurs membres du groupe. Ainsi, celui de *djydjêtykti* (« peuple du long arc noir ») renvoie-t-il à un arc noir allongé que certains de ses membres ont, un jour, fabriqué ; celui de *krãnhkê-re* (« les chauves ») évoque le fait que certains des membres ont perdu leurs cheveux assez jeunes[18] ; les *kukatyk-re* (« ceux dont le front est noir ») se peignent fréquemment le haut du visage dans cette couleur ; les *nokanê* (« ceux qui ont les yeux malades ») car l'un des membres a souffert d'un problème particulier aux yeux ; les *kaĩ-re* (« ceux qui portent la cordelette de coton sous les genoux ») rassemblent les hommes non-mariés qui portent cet ornement ; les *kamrêk-re* (« ceux qui sont rouges ») s'appellent ainsi vraisemblablement en référence à un homme qui se peignait souvent légèrement de rouge[19] ; les *kàibêngêt* (« ceux qui sont presque vieux ») regroupent les hommes non mariés sur le point d'avoir des enfants dans le cadre du mariage, événement à la suite duquel ils rejoindront la société des hommes de leur choix et « prendront de l'âge » … L'appellation *kararaô* est plus difficile à expliquer. Les informateurs kayapo indiquent chaque fois qu'elle correspond à un cri de guerre. De fait, à cette époque,

Fig. 16. Le deuxième homme sur la droite danse avec son *kop*, épée-massue spatulée servant aux duels. Kubenkranken, 1976. Photo Gustaaf Verswijver.

chaque société des hommes possède un cri qu'elle utilise avant un assaut. Les hommes appartenant à cette société des hommes ont inventé le terme de *kararaô*[20] dans ce but : inciter le peuple à attaquer au son de « *Whoo! Whoo! Kam amibêx*[21]*! Kam amibêx! Kararaô! Kararaô! Kam amibêx! Kam amibêx! Kam amibêx! Ga! Ga!* ». La société des hommes qui recourt à ce cri de guerre finit par être nommée d'après ce terme inventé pour l'occasion. Si la plupart des appellations des sociétés repose sur la moquerie, le fait que l'une d'entre elles renvoie à un cri de guerre est, en revanche, significatif : le nom évoque très probablement l'humeur belliqueuse qui caractérise la société en question – idée que confortera la suite de ce chapitre.

1.4. Les Krinkati en quête de biens

Au cours des deux premières décennies du XXe siècle, le nombre de Brésiliens qui s'installent dans la région du cours intermédiaire du Xingu et de ses affluents ne cesse de croître. Des colonies apparaissent : São Felix do Xingu, situé à l'embouchure du Fresco, ainsi que Nova Olinda et Novo Horizonte, établis le long de la rivière (carte 3). Ces Brésiliens vivent essentiellement de la récolte du caoutchouc et, dans une moindre mesure, de celle des noix du Brésil. Les saigneurs d'hévéa s'aventurent assez loin dans la région occupée par les Krinkati, et des routes commerciales s'ouvrent sur les bords est et nord du territoire de ces Indiens. Les affrontements deviennent inévitables. De fait, les factions krinkati itinérantes maintiennent çà et là des contacts amicaux avec les colons, mais au fil du temps, la tension grandit entre les envahisseurs et les Indiens, en raison d'un conflit d'intérêt : ces derniers aspirent uniquement à obtenir des produits d'échange, alors que les Brésiliens cherchent à exploiter la force de travail bon marché que les Indiens représentent. Au début des années 1930, la situation se détériore au point que les Indiens considèrent les colonies brésiliennes uniquement comme la source de biens à prendre, voire de femme ou d'enfant à enlever. Inquiets, les Brésiliens commencent à monter des expéditions punitives, convaincus que « seules les balles peuvent dompter les bêtes[22] » (Nimuendajú 1952, p. 431). Il s'ensuit une escalade de violence poussant les différentes factions krinkati à intensifier leurs pillages, tandis que les Brésiliens s'aventurent dans la forêt, lourdement armés, tirant chaque fois qu'ils pensent apercevoir un Indien dans les alentours, voire organisent de vastes expéditions punitives au cours desquelles des dizaines d'Indiens – ou plus – trouvent la mort, et brûlent des villages entiers où vivent les factions itinérantes de Krinkati. Ces factions sont en quête des biens commerciaux convoités, couvrant une zone immense et se déplacent entre les rivières Araguaia et Jamanxim !

Fig. 17. Constantino Viana, patron d'une importante exploitation de caoutchouc qui se considérait comme un « dompteur de bêtes sauvages », entouré de garçons djudjetukti. Archives Curt Nimuendajú. Avec l'aimable autorisation du Museu Nacional (CELIN).

Bientôt, les Krinkati deviennent dépendants des produits occidentaux, dépendance qui modifie un aspect important de leur vie : le pillage s'institutionnalise. Régulièrement, chaque société des hommes et chaque groupe d'hommes non mariés parcourent de longues distances pour se procurer ces produits. Les outils en métal sont particulièrement appréciés, mais au cours des pillages, tout objet susceptible d'intérêt est pris. Parmi les plus convoités, mentionnons les armes à feu et les munitions. Les Krinkati ont appris à apprécier les armes occidentales, mais aussi, grâce à des informations obtenues auprès de parents des Kayapo de l'Araguaia ou de captifs brésiliens, à les manipuler[23]. À l'origine, le besoin d'armes à feu est motivé par la nécessité de mieux se défendre contre les expéditions punitives montées par les Brésiliens, mais aussi contre les attaques organisées par d'autres groupes Indiens, comme les Xikrin[24]. À l'évidence, l'introduction des armes à feu accroît la dépendance des Krinkati envers les Brésiliens, en raison de leur constant besoin de munitions. Ce qui conduit, de fait, à une augmentation des expéditions montées par les Krinkati pour mettre à sac les colonies brésiliennes[25].

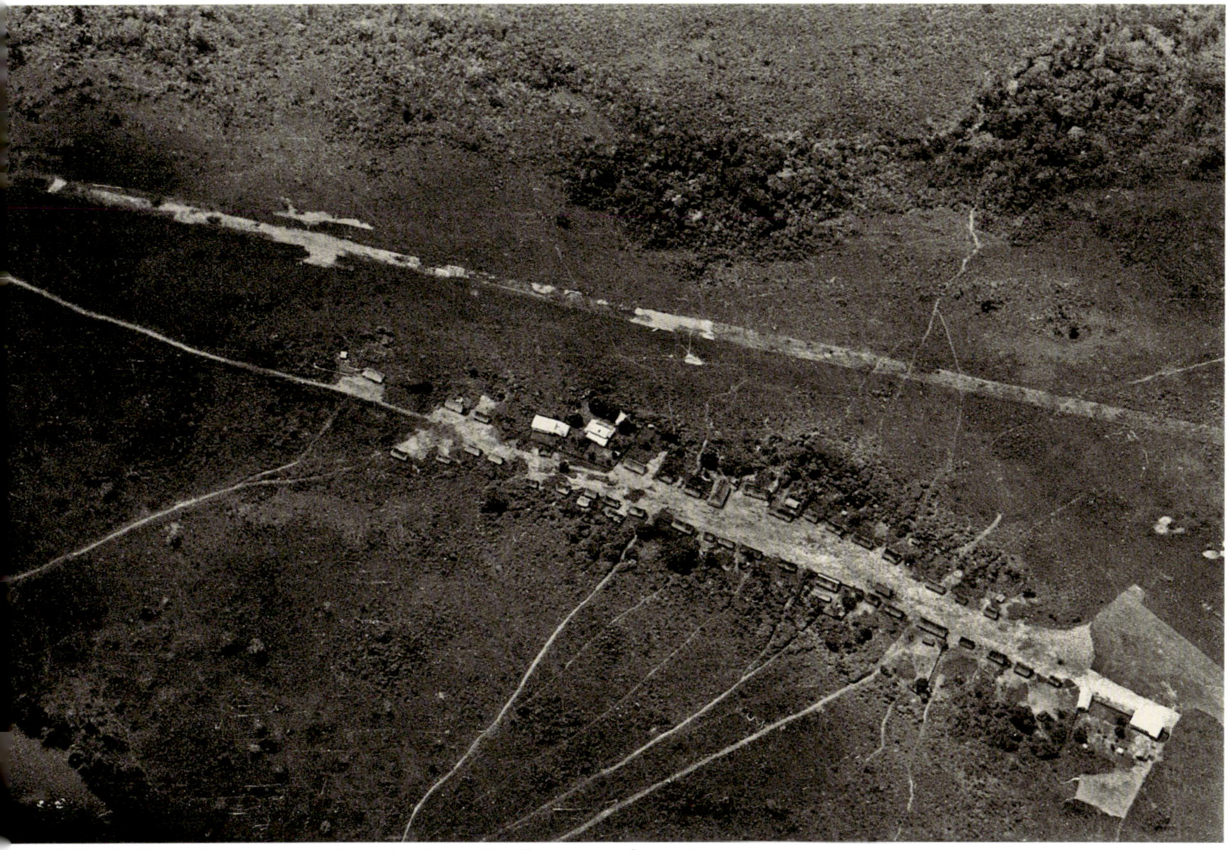

Fig. 18. Vue aérienne du village kubenkranken, 1976. Photo Gustaaf Verswijver. Avec l'aimable autorisation du Museum der Weltkulturen, Francfort.

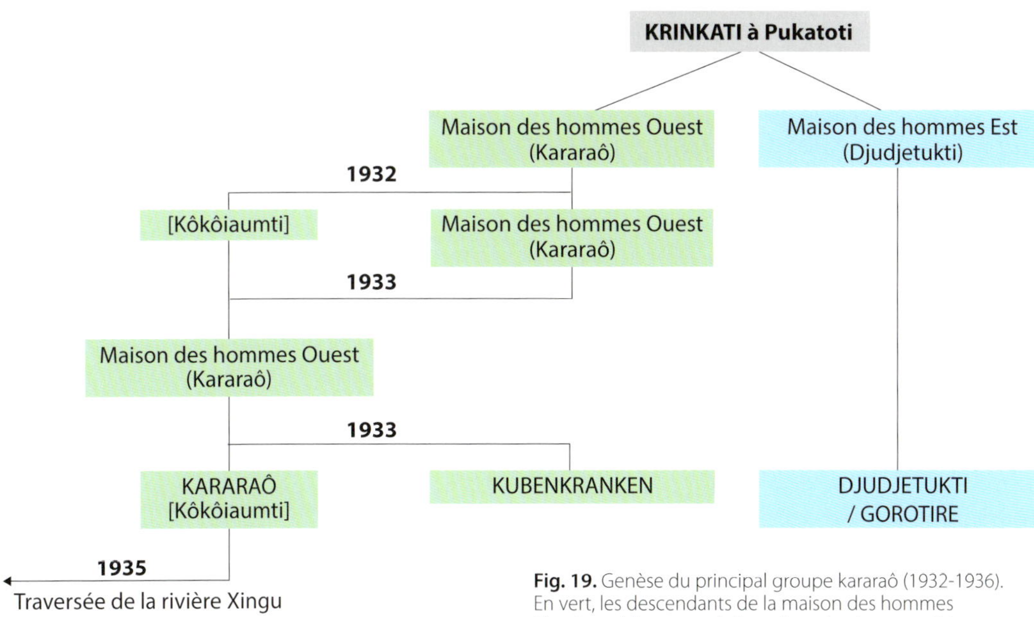

Fig. 19. Genèse du principal groupe kararaô (1932-1936). En vert, les descendants de la maison des hommes Ouest ; en bleu, ceux de la maison des hommes Est. Tableau Gustaaf Verswijver.

NOTES

1. Cette brève introduction sur les Kayapo et leur mode de vie se fonde sur deux ouvrages antérieurs : Verswijver 1992b (chapitre 1) ; 1995. Ouvrages qui ont servi de base à l'élaboration de l'article sur les Kayapo initialement publié par l'Instituto Socioambiental brésilien (https://pib.socioambiental.org/en/Povo:Meb%C3%AAng%C3%B4kre_(Kayap%C3%B3) à la fin des années 1990, et régulièrement mis à jour.

2. Je recours au terme de kayapo plutôt qu'à celui de mebêngôkre (par lequel ces Indiens se désignent), en grande partie parce qu'eux-mêmes l'utilisent souvent : ils ont compris que le mot kayapo était associé à leur passé guerrier et, par conséquent, imposait le respect...

3. Le terme de « Brésiliens », employé tout au long de cet essai, renvoie aux membres de la société nationale brésilienne qui soit vivent dans l'intérieur du territoire, soit y pénètrent temporairement dans un but précis. Autrement dit, le mot fait référence à toutes les personnes non-indigènes qui sont venues ou viennent potentiellement au contact des Kayapo.

4. Les huit préfixes sont : *bep* et *tàkàk* (tous deux exclusivement masculins) ; *kôkô*, *nhàk*, *pãnh*, *bekwoi*, *ire* et *ngrei* (pour les hommes comme pour les femmes).

5. Seul l'essentiel du processus, particulièrement complexe, est présenté ici : pour une présentation plus détaillée qui n'a pas sa place dans cet ouvrage, je renvoie à Verswijver (1983, 2018).

6. La cérémonie du maïs, qui n'est pas une cérémonie de nomination, est la plus complexe de toutes les célébrations kayapo.

7. Elles peuvent avoir lieu dans des communautés plus petites, à condition que des membres issus d'autres communautés se rassemblent pour en partager l'organisation.

8. Pour une présentation précise des tenants et aboutissants des Kayapo entre 1800 et 1930, voir Verswijver 2018, pp. 87-101.

9. Le chiffre est vraisemblablement sous-estimé. En ce qui concerne les Kayapo vivant dans la région du Pau d'Arco, Villanova affirme tout d'abord qu'ils sont au nombre de 1 500, opinion qu'il révise ensuite pour avancer le chiffre de 2 000 à 2 500 Indiens, répartis entre cinq villages (Gallais 1902, pp. 240-241 ; Moreiro Neto 1959, p. 51 ; Ianni 1979, p. 20). Pour ce qui est des Gorotire, Posey propose une estimation de 4 000 Indiens, voire plus (Posey 1979, p. 57).

10. Les Purukarôt et les Porekrô (Djore) se rassemblent vers 1910 (Fisher 2000). Le groupe qui en émerge portera le nom de Xikrin.

11. Les informateurs âgés emploient aussi fréquemment l'expression de Goroti Kumrenh (« ceux du très grand groupe »), laquelle toutefois peut renvoyer aux Kayapo du Xingu (les « Gorotire »), avant que ces derniers ne commencent à se scinder, aussi bien qu'à une association des Kayapo du Xingu avec les Kayapo de l'Araguaia (voir Verswijver 2018, fig. 12). L'emploi de cette expression étant également ambigüe, j'ai opté pour le terme de krinkati. Terme auquel recourt de son côté Lea (2012) pour désigner les habitants de l'ancien village de Pukatoti.

12. Comme indiqué dans le passage sur l'orthographe p. 4, j'ai opté dans cet essai pour une simplification orthographique des mots et noms kayapo : le nom du groupe djydjêtykti sera, par conséquent, écrit djudjetukti (cependant que le même nom qui désigne la société des hommes conservera sa graphie initiale).

13. Le nom exact est Pykatôti, Pukatoti correspondant à une orthographe simplifiée.

14. Voir la note 29 dans laquelle j'explique la différence entre les leaders et les chefs. À ce stade, il suffit de savoir que je désigne par le terme « chef » ceux qui sont officiellement institués en tant que tels, réservant celui de « leader » à tout autre personnage conduisant un groupe d'homme.

15. Les Brésiliens nomment Cachoeira da Fumaça (« Chute de la fumée ») cette cascade d'une hauteur de 60 m – voir pp. 40-41. C'est là que se situe l'actuel village kubenkranken.

16. Jusqu'il y a peu, les Yudja étaient couramment désignés sous le nom de Juruna dans la littérature.

17. La société des hommes mekranoti appartenait à la maison des hommes Ouest.

18. Quelques années plus tard, le nom désignera une communauté entière, appelée kubenkranken (« ceux qui sont chauves »).

19. Les assistants de recherche ne sont pas toujours à même de fournir des explications pour chacune des appellations.

20. Tout indique que le terme *kararaô* dérive d'un mot portugais ; certains informateurs évoquent le mot *camarada* (camarade).

21. « Cours vite ! », cri d'encouragement poussé par les guerriers. Arnaud (1989, p. 438) avance à tort que kararaô correspond au nom d'un leader kayapo.

22. Constantino Viana (voir fig. 17), l'un des exploitants de caoutchouc de la région du cours intermédiaire du Xingu, se considère lui-même comme un « dompteur de bêtes sauvages » (Nimuendajú 1952, p. 432).
23. À cette époque, les Kayapo de l'Araguaia vivent au milieu des colonies brésiliennes et ont appris à utiliser les armes à feu.
24. Quelques factions xikrin entretiennent de bonnes relations économiques avec les Brésiliens et ont donc la possibilité d'obtenir de nombreuses armes à feu et munitions.
25. Les récits indiens, soulignons-le, montrent que les Kayapo s'efforcent constamment d'éviter les conflits ouverts avec les Brésiliens, beaucoup trop périlleux. Ils préfèrent piller les colonies inoccupées dont les habitants travaillent dans la forêt ou aux champs. Le nombre de victimes – des deux côtés – en est par conséquent quelque peu réduit.

NOTES DU TABLEAU 2

1. *Mebê* (*me* — terme collectif indiquant un groupe ou une catégorie sociale ; *bê* — terme indiquant un état d'être) signifie « de », « ceux de » ou « peuple », et peut renvoyer à tout groupe de personnes constitué. Ainsi, l'appellation exacte des Gorotire serait *mebêgorotire*. Par souci de clarté, j'ai renoncé dans cet ouvrage à l'expression collective « *mebê* » (*mebêdjydjêtykti* devient ainsi *djydjêtykti; me bê kararaô, kararaô* ...) pour n'en conserver qu'une version simplifiée (*me*), par exemple, dans Mekranoti, Menokanê...
2. Les comptes-rendus des différents informateurs peuvent diverger. La présentation donnée ici se fonde sur les informations recueillies en 1976 auprès de deux assistants kubenkranken âgés, ainsi que sur la version fournie par Turner (1965, p. 56).

Une barrière infranchissable : la Cachoeira da Fumaça (Chute de la Fumée). Photo Adriano Jerozolimski.

Chapitre II Genèse des Kararaô (1930-1934)

Fig. 20. De nombreux rapides marquent le Riozinho en aval de la Chute de la Fumée. Photo Adriano Jerozolimski.

2. GENÈSE DES KARARAÔ (1930-1934)

Au début des années 1930, la situation à Pukatoti se caractérise par une série de discordes qui génèrent une tension extrême à l'intérieur de la communauté. Rares sont les occasions qui réunissent la totalité des habitants dans le village principal. Aussi, certains groupes partent-ils pour trouver la paix, demeurant au loin un an, voire plus, alors que ceux qui restent à Pukatoti ne cessent de s'affronter[26]. En ces temps particulièrement troublés, plusieurs personnes partent pour ne plus jamais revenir. La crainte d'être tués les fait fuir[27]. C'est le cas d'un homme nommé Biloka (voir Généalogie 2, pp. 194-195) qui s'en va en compagnie de trois jeunes hommes. Le petit groupe se dirige vers le nord, le long du Xingu. Au cours du périple, les trois jeunes hommes meurent l'un après l'autre, laissant Biloka poursuivre seul sa route. Ce dernier finit par atteindre le cours supérieur du Penetecaua, dans la région duquel il s'installe. Au cours du chapitre suivant, nous en apprendrons plus sur le sort du solitaire Biloka.

2.1. Les Kararaô quittent Pukatoti

L'une des sociétés des hommes les plus actives dans le pillage des colonies brésiliennes est celle des Kararaô, dont le chef est un homme nommé Kôkôiaumti[28]. Alors adolescent, celui-ci accompagne un groupe de guerriers adultes partis saccager un camp brésilien. À cette occasion, il tue son premier Brésilien. Compte tenu de son jeune âge à l'époque, cet exploit lui vaut une réputation d'intrépidité. Au cours des années suivantes, il continue à faire preuve d'une bravoure singulière lors des affrontements avec les Brésiliens et les Xikrin. Peu de temps après avoir intégré la société des hommes qui sera, plus tard, baptisée kararaô, il en devient le chef de guerre, avant d'en être rapidement reconnu comme le leader politique[29]. Cette société des hommes est essentiellement composée de guerriers qui apprécient être menés par un homme aussi courageux. Les hommes kararaô s'aventurent fréquemment vers l'ouest, poussant jusqu'aux rivières Curua et Jamanxim, où ils mettent à sac les colonies brésiliennes. Un jour de 1928, Kôkôiaumti et ses gens partent piller des camps établis par les Brésiliens. Le long du cours inférieur du Riozinho, ils en rencontrent qui remontent la rivière, accompagnés par un couple de Kayapo de l'Araguaia – Axy-re (baptisé Jacinto) et sa femme Irekre (baptisée Carolina). Les hommes de Kôkôiaumti parviennent à obtenir quelques produits et contraignent Carolina à les accompagner (Mãntino, KMM17-10). Il s'agit là de la première rencontre pacifique de Kôkôiaumti avec les missionnaires – en l'occurrence avec Ernest Wootton, missionnaire britannique de l'Unevangelized Fields Mission. Je reviendrai sur cette rencontre plus loin dans le chapitre.

L'intensification des hostilités envers les colons brésiliens s'accompagne d'un accroissement des conflits et des combats à l'intérieur du groupe krinkati. Des rivalités émergent fréquemment entre les membres de maisons des hommes adverses, voire parfois entre des sociétés des hommes relevant d'une seule et même maison. Il s'avère que, rapidement, Kôkôiaumti est accusé d'être l'un des principaux instigateurs de ces disputes internes. Ceci non seulement parce qu'il combat avec force les ennemis brésiliens, mais aussi parce qu'il finit par se montrer agressif envers son propre peuple. Telle est la raison pour laquelle Kôkôiaumti acquiert la réputation d'être un *mebindjwỳnh* (« un vrai tueur »), terme péjoratif désignant ceux qui, non seulement, tuent les « autres » – autrement dit, des non-Kayapo – mais aussi régulièrement ceux de leur propre communauté. Les leaders kayapo sont censés incarner l'ensemble des valeurs masculines idéales : le savoir, l'éloquence, le bellicisme, la solidarité, la générosité (Verswijver 2018, pp. 77-81). À l'évidence, cette attitude exemplaire ne laisse nulle place à l'agression envers la communauté elle-même. Le terme de « vrai tueur » est donc généralement réservé aux hommes particulièrement agressifs qui ne sont pas de véritables leaders. Kôkôiaumti fait figure d'exception : s'il est belliqueux, il est aussi le leader politique de la société des hommes à laquelle il appartient. Être leader et combattre, voire tuer régulièrement, ceux qui appartiennent à sa propre communauté, n'est pas admis. Ceci explique que tous les informateurs, quelle que soit leur version des événements qui se sont produits à Pukatoti dans le milieu des années 1930, désignent invariablement Kôkôiaumti comme un mauvais leader, un « vrai tueur » qui, au lieu d'unir le peuple par ses discours et son comportement exemplaire, est devenu une force de division en ceci qu'il va jusqu'à assassiner ses propres compatriotes[30]. Aussi ce dernier est-il souvent désigné comme la source principale des conflits à Pukatoti, devenant ainsi un poids pour la communauté villageoise tout entière.

Nombreux sont donc les Krinkati à désirer se débarrasser de Kôkôiaumti. Nul, pourtant, n'ose réellement l'affronter. Puis, un jour, deux factions kararaô s'en vont chacune de leur côté pour piller des colonies brésiliennes situées en différents lieux, alors que Kôkôiaumti emmène, pour plusieurs jours, le reste des hommes dans une expédition de chasse. Durant son absence, quelques hommes krinkati restés à Pukatoti tuent Pinopa-ri, frère de Kôkôiaumti, et fomentent un plan pour assassiner ce dernier à son retour. C'est alors que Bekà[31] et Nhàkkaêti, frère et sœur de Kôkôiaumti, quittent le village principal, accompagnés d'un groupe de femmes et d'enfants, essentiellement des parents et des partisans de Kôkôiaumti (Nikàiti, KMN17_02). Se dépêchant d'aller à la rencontre des chasseurs dans la forêt, ils informent Kôkôiaumti du complot monté à Pukatoti. Se conformant au conseil donné par ses parents, celui-ci demeure quelque temps dans un camp forestier avec sa faction kararaô.

Quoique situé non loin de Pukatoti, ce camp est jugé encore trop proche du village principal par les Krinkati – et plus particulièrement, par les membres de la maison des hommes Est : cette proximité est dangereuse à leurs yeux. Aussi, le lendemain du jour où Bekà emmène femmes et enfants rejoindre son frère, un groupe de guerriers de Pukatoti attaque les Kararaô, tuant un Brésilien fait prisonnier par Kôkôiaumti quelque temps auparavant, ainsi que l'une de ses tantes. Immédiatement après cette attaque, d'autres hommes envahissent le camp afin de ramener leurs sœurs au village principal. Plusieurs d'entre eux réussissent leur coup parce qu'au même moment, Kôkôiaumti et ses guerriers sont en route vers Pukatoti. En effet, le leader kararaô n'accepte pas d'être chassé de Pukatoti, et son intrépidité le conduit à vouloir affronter ceux qui osent s'opposer à lui. En chemin, les guerriers kararaô rencontrent un groupe de familles qui fuit Pukatoti et les perpétuels affrontements qui s'y déroulent. Kôkôiaumti convainc ce groupe – essentiellement composé de femmes – de rejoindre son clan (Nikàiti, KMN 17_02).

Quelque temps plus tard, les deux factions kararaô parties piller des colonies brésiliennes, reviennent l'une après l'autre. De fait, tous les membres de la maison des hommes Ouest s'unissent pour constituer un seul et même grand village. Ceux de la maison des hommes Est, appelée Djudjetukti, ont également quitté Pukatoti pour migrer vers l'est. Cependant, l'association des Kararaô et des autres membres de la même maison des hommes est de courte durée puisque très vite, Kôkôiaumti se bat avec Kiêkiêk, chef respecté d'une autre société des hommes. De retour d'une expédition guerrière, les hommes de Kiêkiêk entrent dans une colère noire et expulsent Kôkôiaumti et son groupe (Nikàiti, KMN 17_02). Cette fois, la rupture est définitive.

Kiêkiêk revient à Pukatoti avec la majorité des membres de la maison des hommes Ouest. Les Djudjetukti arrivent également quelque temps plus tard, et les deux groupes s'unissent à

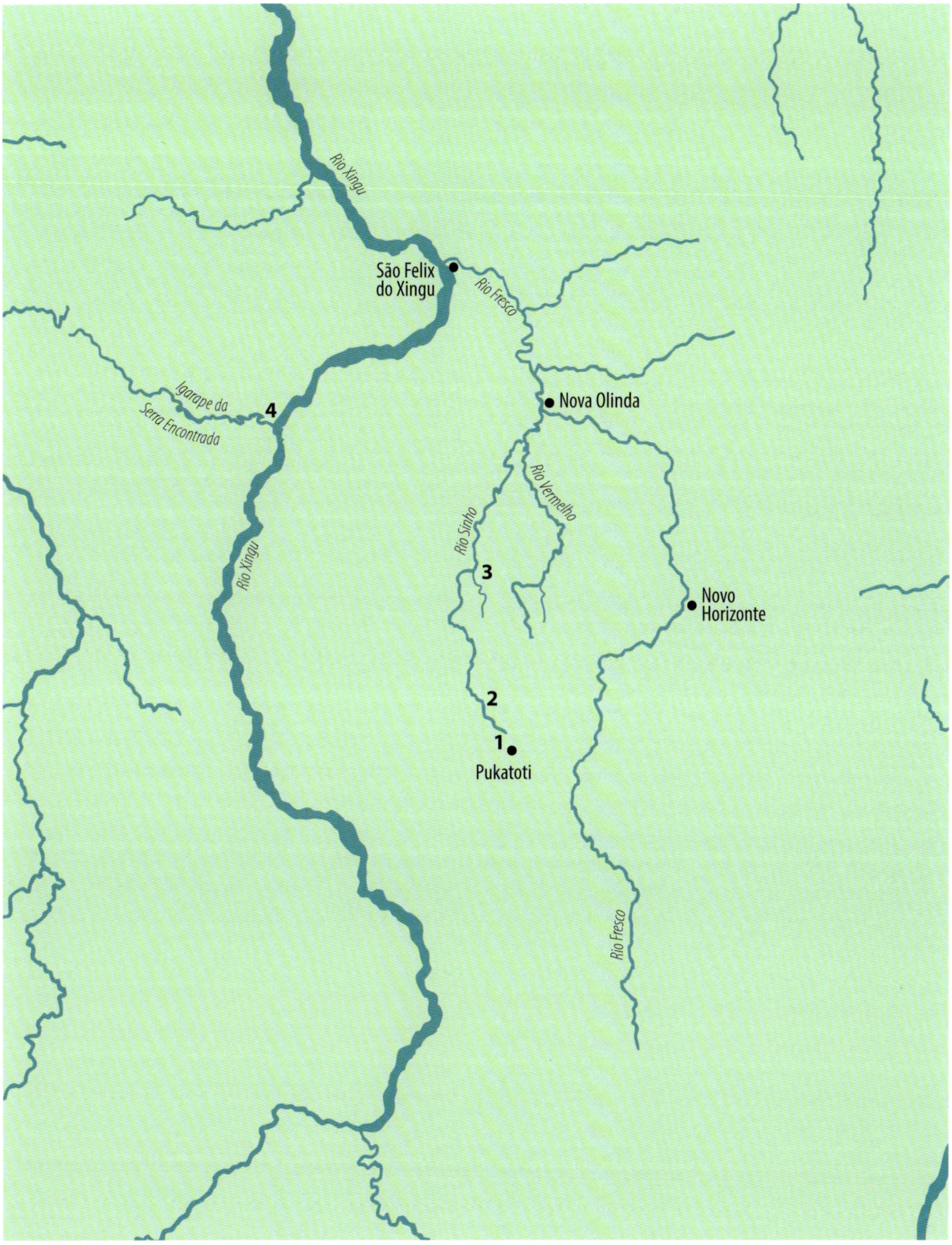

Carte 3. Sites importants dans l'histoire des Kayapo dans les années 1930. **1** Première colonie établie par le groupe de Kôkôiaumti. **2** Seconde colonie établie par le groupe de Kôkôiaumti, près de la Cachoeira da Fumaça, (« Chute de la fumée »), l'emplacement actuel du village kubenkranken. **3** Localisation approximative de Porto da Paz (« Port de la paix ») où le Frère Sebastião Thomas a eu de brefs contacts pacifiques avec le groupe de Kôkôiaumti. **4** Localisation de l'exploitation de caoutchouc de Constantino Viana (dans les années 1930, la colonie brésilienne la plus en amont sur la rivière Xingu).

nouveau dans le village principal. Ainsi tous les Krinkati se réunissent hormis Kôkôiaumti, qui continue à vivre séparément avec les hommes de sa société des hommes (les Kararaô) : ils érigent un village à Ngorarank, près de la Cachoeira da Fumaça (fig. 14, 20 et pp. 40-41), à quelque trente kilomètres au nord de Pukatoti.

Pour des raisons de clarté, j'utiliserai dorénavant le terme de Kararaô pour désigner, non plus la maison des hommes Ouest dans le village de Pukatoti, mais uniquement le groupe dissident.

La tension dans le village kararaô persiste, Kôkôiaumti continuant à harceler son propre peuple[32]. Tous les informateurs rapportent en effet que le chef tue non seulement plusieurs Krinkati pour venger la mort de son frère Pinopa-ri, mais également plusieurs membres de son propre peuple.

Un peu plus tard, un groupe composé de jeunes hommes et de leurs compagnes apparaît près du village kararaô. Partis quelque temps auparavant pour rôder autour de colonies brésiliennes et les piller, ces guerriers krinkati conduits par Nôk-re et Mãnma-re[33], ignorent l'expulsion de Kôkôiaumti par leur peuple. Ils établissent leur camp près de celui des Kararaô, mais n'y demeurent pas longtemps, Kôkôiaumti et son frère s'emparant de la totalité du butin (y compris les précieuses munitions) de l'expédition guerrière. Parallèlement, Nôk-re et Mãnma-re apprennent par certains Kararaô que Kôkôiaumti, qu'ils désignent comme *kubenpymati*[34] (« celui qui est craint par les *kuben*/autres »), a tué de nombreuses personnes. Avec leurs guerriers, ils partent mettre à sac une colonie occupée par des Brésiliens, où ils parviennent à faire main basse sur deux armes à feu et des munitions. Décidés dans un premier temps à revenir vers les Kararaô pour venger la mort de certains de leurs proches, ils décident, après réflexion, de s'en retourner à Pukatoti. Profitant de la situation, certains Kararaô s'échappent avec Nôk-re et Mãnma-re (Mãntino, KMM17_13). Ce ne sont pas les seuls Kararaô à revenir au village principal puisque dans les semaines qui suivent, d'autres fuient également, par crainte d'être tués par Kôkôiaumti.

C'est à peu près à cette époque que le chef kararaô rencontre le Frère Sebastião Thomas, quelque part le long du Riozinho, en aval de la Cachoeira da Fumaça. Les gens de Kôkôiaumti reçoivent nombre de marchandises et Frère Thomas promet de revenir un an plus tard, avec d'autres présents...

2.2. Frère Sebastião Thomas et les Krinkati (Gorotire)

À ce stade, il est important de retracer les événements qui aboutissent à la rencontre de Frère Thomas avec les Kararaô.

En poste à Conceição do Araguaia dans les années 1930, le frère dominicain Sebastião Thomas est, de fait, l'un des successeurs du Frère Gil de Villanova qui, quatre décennies auparavant, a su établir des contacts pacifiques prolongés avec les Kayapo de l'Araguaia. Dès l'époque de ce dernier, les frères d'obédience catholique expriment le désir d'entrer en relation avec d'autres tribus kayapo, et plus particulièrement avec le grand groupe des « Gorotire » (Krinkati). Toutefois, leur travail

Fig. 21. Nikàiti au cours d'une cérémonie rituelle dirigée par lui, à Kororoti, village mekranoti iriri, 2017. Photo Gustaaf Verswijver.

Fig. 22. L'auteur avec Mãntino, leader mekranoti âgé, 2016. Photo prise avec l'appareil de l'auteur.

auprès de la population qui croît rapidement le long de l'Araguaia, absorbe toute leur énergie, aussi remettent-ils sans cesse ce projet de contacts pacifiques avec les Krinkati. La situation évolue à la fin des années 1920, début des années 1930, avec l'arrivée du missionnaire Ernest Wootton (fig. 23) de l'Unevangelized Fields Mission, et de sa femme. Tous deux reçoivent à cette époque l'ordre de se rendre chez les Kayapo de l'Araguaia pour y apprendre leur langue. Selon les missionnaires protestants, dès que les frères catholiques ont vent de ce qui se passe, ils dénoncent les Wootton comme « ennemis de Dieu » et les contraignent à évacuer les villages indiens (Roome 1937, p. 12, 105 ; Poultney 1966, p. 22). Quoiqu'il n'ait pas achevé son étude de la langue kayapo, Ernest Wootton estime en savoir assez pour tenter d'approcher le vaste groupe des « sauvages » krinkati que sont les Kayapo qui continuent à harceler les Brésiliens le long de la rivière Xingu et de ses affluents.

À la fin de 1927, accompagné d'une femme et d'un homme brésiliens, Ernest Wootton part pour Novo Horizonte, colonie autrefois prospère fondée par des préleveurs de caoutchouc au bord de la rivière Fresco. Dans l'espoir de trouver un guide qui l'emmène dans le grand village krinkati, Wootton parcourt la région située entre le Fresco et le Xingu, mais en vain. Toutefois, il apprend par des Brésiliens locaux que leurs compatriotes commettent des « actes malfaisants » envers les Indiens. Lors de l'un de ces incidents, un groupe de saigneurs d'hévéa, accompagné d'une poignée d'Indiens yudja, attaque un campement de « grosses lèvres » (Krinkati) et

Fig. 23. Le missionnaire Ernest Wootton est le premier à établir de brefs contacts pacifiques avec la faction des Krinkati (Goroti Kumrenh). À l'époque, il ignore qu'il est entré en relation avec le groupe qui sera plus tard connu sous le nom de kararaô. Archives Horace Banner. Photo tirée de H. Banner, *The Three Freds and After, Yield Xingu*, 1961.

extermine la totalité du village (Roome 1937, p. 111). Il est donc courant que dans la région du Fresco et du Xingu, les Brésiliens se déplacent systématiquement armés, pour se défendre des Indiens aussi bien que pour les attaquer (Phillips 2004).

Ernest Wootton retourne vers l'Araguaia pour repartir dès 1928 en direction de la rivière Fresco. Il est, cette fois, accompagné par deux Kayapo de l'Araguaia : le couple récemment marié, Jacinto (Axy-re) et Carolina (Irekre). Au cours de leur périple entre Novo Horizonte et Nova Olinda, ils rencontrent quelques Kayapo – ignorant la récente scission des Kararaô, Wootton les prend pour des Gorotire (Krinkati) – qui, comme nous l'avons vu, dupent le groupe de visiteurs et capturent Carolina. Ceci ne décourage ni Wootton ni Jacinto, lesquels s'efforcent de nouer des liens pacifiques avec les Krinkati. En maints endroits, ils repèrent les signes de passages récents d'Indiens, et tombent même sur un camp de pêche, toutefois déserté. Une fois encore, Wootton revient à l'Araguaia les mains vides. Cependant, il a désormais rassemblé suffisamment d'informations pour établir avec certitude que le grand village krinkati se situe au bord du cours supérieur du Riozinho, en aval de la grande Cachoeira da Fumaça (« Chute de la fumée »).

À la suite des deux tentatives infructueuses de Wootton, le prêtre catholique Sebastião Thomas et ses collègues approchent Jacinto[35] afin d'obtenir toutes les informations que ce dernier a recueillies sur les Krinkati. Certain, une fois en possession de ces données, de pouvoir approcher les Indiens, Sebastião Thomas s'aventure jusqu'à la rivière Fresco en 1931. Lors de ce premier essai, il rencontre brièvement un groupe de Krinkati (Audrin 1931, p. 316).

À plusieurs reprises, Thomas se rend en zone krinkati pour les pacifier[36] : en mars-juin 1933 (Dominicanos 1933b, pp. 98-99), en octobre-novembre 1934 et en juin-juillet 1935 (Thomas 1936). C'est au cours de l'expédition d'octobre-novembre 1934 qu'il parvient à rencontrer pacifiquement un groupe de « Gorotire » (Krinkati) grâce à un certain « Kukungrati » qu'il avait rencontré avant. Comprenant que les Indiens s'inquiètent du nombre croissant de Brésiliens qui empiètent sur leur habitat, il leur assure qu'« aucun chrétien ne franchira la Grande Chute (Chute de la fumée), ni ne remontera le Riozinho » (Thomas 1936, p. 33). Au moment de partir, il convient de la date et du lieu[37] de sa prochaine visite, prévue pour début 1935 mais qu'il ne pourra honorer qu'avec plusieurs mois de retard.

Entre-temps, la situation évolue également du côté des missionnaires de l'Unevangelized Fields Mission. En avril 1935, trois de leurs

Fred Wright Fred Roberts Fred Dawson

Fig. 24. Les trois Fred, missionnaires de l'Unevangelized Fields Mission, qui seront tués par les Kubenkranken au début de 1935. Photo tirée de H. Banner, *The Three Freds and After, Yield Xingu*, 1961.

jeunes membres quittent Altamira dans le but d'approcher les Krinkati. Dans la colonie de São Felix, située à l'embouchure du Fresco, les « Trois Fred » (fig. 24), ainsi nommés parce qu'ils portent tous le même prénom – Fred Roberts et Fred Dawson (australiens), ainsi que Fred Wright (irlandais) –, achètent l'unique canoë disponible qu'ils aménagent selon leurs besoins, avant de naviguer jusqu'à Nova Olinda. « Dès que nous quittons la civilisation, écrivent-ils dans leur dernière lettre, il peut s'écouler des mois, voire des années, avant que nous ne soyons à même de récupérer le courrier […]. Pour autant que nous puissions l'affirmer, les Kayapo sont très nombreux. Nous avons parfaitement conscience, humainement parlant, que nous valons autant que des hommes morts [...] » (Banner 1961, p. 22). Et donc, les trois jeunes hommes remontent le Riozinho. Au terme d'une huitaine de jours éreintants passés à pagayer, ils atteignent vraisemblablement la Cachoeira da Fumaça (« Chute de la fumée »). Malheureusement, les Trois Fred ignorent que le prêtre catholique Sebastião Thomas (fig. 25) les y a devancés (Phillips 2004)[38] et qu'il a promis aux Indiens qu'aucun chrétien ne dépasserait la chute.

2.3. Frère Sebastião Thomas et Kôkôiaumti

En juin-juillet 1935, autrement dit deux ou trois mois à peine après la disparition des Trois Fred, et avant qu'une expédition de recherche ne soit lancée par les missionnaires Horace Banner et Will Johnstone, Sebastião Thomas revient à la Cachoeira da Fumaça. Son principal objectif est, cette fois, de persuader les Indiens de l'autoriser à emmener un certain nombre d'enfants à l'école de Conceição do Araguaia. Le 22 juillet 1935, il rencontre de nouveau « Kukungrati », le chef « gorotire » (krinkati) qu'il connaissait depuis sa précédente visite en 1934.

Fig. 25. Frère Sebastião Thomas, qui établit des relations pacifiques avec Kôkôiaumti en 1934 et 1935. Photo tirée de S. Thomas, *Gorotirés*, 1936, p. 3.

Le Tableau 2 donne une liste des principaux chefs et leaders krinkati des années 1930. Le nom de Kukungrati n'y apparaît pas pour la simple raison qu'il s'agit de Kôkôiaumti, le redouté chef kararaô. Plusieurs informateurs, en effet, indiquent que ce sont Kôkôiaumti et ses gens qui ont rencontré le *wajanga-re* (chamane)[39] – terme autrefois utilisé par les Kayapo pour désigner les missionnaires et les frères. Ainsi donc, après avoir croisé l'expédition conduite par Ernest Wootton en 1928, le leader kararaô rencontre par deux fois Frère Thomas : en 1934 et en 1935. Le fait curieux que l'équipe de Frère Thomas soit bien reçue et ne subisse ni pillage, ni attaque, peut s'expliquer par deux facteurs : (1) Kôkôiaumti a déjà eu une entrevue pacifique avec un autre *kuben*[40] blanc « donneur de présents » (en l'occurrence, Ernest Wootton) ; et (2) Kôkôiaumti connaît déjà Jacinto (Axy-re), guide et traducteur tout à la fois d'Ernest Wootton et de Frère Thomas.

Bô-te, un ancien mekranoti (fig. 27), fournit un récit circonstancié de la rencontre entre Frère Thomas et Kôkôiaumti :

« Kôkôiaumti a reçu un fusil de ce *wajanga*[41]. Il voulait se venger. Alors qu'ils quittaient les Krinkati, Kôkôiaumti a rencontré le *wajanga* et dit : "Je suis avec mon peuple ici, en amont". Alors, le *wajanga* a dit à Axy-re : "Demande à Kôkôiaumti de chanter un chant. Pourquoi est-il assis tranquillement comme cela ? Est-il également ainsi dans son village, sans envie de danser ? Ou bien ne sait-il pas chanter le chant du *kutop-'ã mõr*[42] ? N'a-t-il jamais chanté ce chant ? Pourquoi ne chante-t-il pas ce chant ? N'a-t-il jamais participé à la cérémonie du *mebiôk* ? Ce doit être la raison de son silence". Et Kôkôiaumti a répondu : "*Kuben*, tu ne vis pas avec moi là-bas. Là-bas, je suis toujours devant pour danser. Tu ne m'as pas vu danser devant. Tu ne me connais pas. Tu ne vis pas avec moi pour savoir. Je me mets toujours devant quand nous dansons le *no'ôk-'ã mõr*, le *kàiangri-'ã me tor* et le *mebiôk*. Tu n'as rien vu". Puis il s'est levé et a commencé à chanter. Il a chanté le chant du *no'ôk-'ã ba*, du *kutop-'ã ba*, du *kàiangri-'ã bito*, et du *biôk*[43]. Alors, le *wajanga* a dit à Axy-re : "Axy-re, dis au chef de cesser de chanter parce que je vois qu'il est très triste". Axy-re lui a alors demandé d'arrêter de chanter. Kôkôiaumti a demandé à Axy-re : "Qu'a-t-il dit ?" Axy-re a répondu : "Le *kuben* te demande d'arrêter de chanter parce qu'il voit que tu es triste quand tu chantes. Il devient triste en te voyant triste". Et Kôkôiaumti a dit au *wajanga* : "Mais c'est toi qui m'as demandé de chanter. Tu as dit que je ne savais pas chanter. Maintenant que je chante, tu dis ces choses. Pourquoi parles-tu ainsi ?" Alors,

Fig. 26. Le fils du missionnaire Horace Banner, jouant avec le moteur du hors-bord des Trois Fred. Archives Horace Banner. Avec l'aimable autorisation de James Banner.

Fig. 27. Bô-te, homme mekranoti qui a fréquenté Kôkôiaumti avant que ce dernier ne quitte les Krinkati au début des années 1930. Photo Gustaaf Verswijver.

Fig. 28. Trois hommes mekranoti menant la danse finale d'une complexe cérémonie de nomination dite *mebiôk*. Être leader en danse suppose d'être fort et capable de danser une nuit entière sans s'arrêter. C'est une position honorifique attribuée par un ancien. Village mekranoti iriri, 2004. Photo Gustaaf Verswijver.

Kôkôiaumti et son groupe ont accompagné le *kuben* à leur camp. À leur arrivée, le *kuben* leur a offert plein de présents. Le *wajanga* a donné du tabac, des allumettes, des couteaux, des munitions. Les gens ont pris toutes ces choses et ont couru pour les déposer dans la forêt. Kôkôiaumti a pris beaucoup de munitions. En revenant, il a dit à Axy-re : " Maintenant, je veux une arme à feu pour que je puisse me venger de ceux qui me combattent. Ils me combattent et c'est pour cela que je te parle. Ils ont déjà tué mon frère ! " Et Axy-re a répondu : " Dis à Anej[44] que je traduirai. Dis à Anej que tu veux une arme à feu ". Et Anej a répondu : " Tu peux dire au chef qu'il peut choisir une arme pour lui ". Alors, Kôkôiaumti est allé là-bas, a pris plus de munitions qu'il a emportées dans son camp dans la forêt. Il a pris des munitions et les a laissées dans le camp. Il a pris encore d'autres munitions et les a laissées dans le camp. À la troisième reprise, il est venu pour prendre une arme à feu. Il a regardé les différentes armes à feu. Un *kuben* lui en a tendu une mais il ne l'aimait pas. Puis il a vu un fusil et ne l'a pas aimé. Il en a regardé un autre, et un autre. Jusqu'à ce qu'il prenne un fusil flambant neuf. " C'est celui-ci que j'aime ! " Alors, Axy-re a dit au *kuben* : " Il aime ce fusil-là ". Et le *kuben* a répondu : " Il peut l'avoir. Dis-lui qu'il peut avoir ce fusil ". Et Kôkôiaumti : " Maintenant, je vais prendre ce fusil et je serai capable de me venger de ce peuple qui a tué mon frère ". Il a pris le fusil et alors, le *kuben* est parti » (Bô-te, KMB17_08).

Dans son récit, Bô-te mélange les visites de 1934 et 1935 de Frère Thomas parce qu'il poursuit en affirmant qu'après l'épisode du fusil donné à Kôkôiaumti par le prêtre, un groupe de guerriers Kubenkranken a attaqué les Kararaô. Près de la Cachoeira da Fumaça, ils ont rencontré trois *kuben* qu'ils ont tués et entièrement dévalisés. L'informateur ajoute que « « ces *kuben* apportaient beaucoup de choses, machettes, perles, plein d'affaires. Ils ont tué les *kuben* et emporté beaucoup de choses. Chacun a pris beaucoup de choses, allumettes, munitions, machettes. Ils n'ont réussi qu'à en prendre la moitié. Il y en avait trop à porter ! » (Bô-te, KMB17_08). Les trois *kuben* évoqués par l'informateur correspondent aux Trois Fred dont nous avons vu que l'assassinat a lieu quelques mois avant la dernière visite de Frère Thomas aux Kararaô en 1935, lors de laquelle Kôkôiaumti obtient son fusil tant convoité.

Thomas (1936, p. 71) déclare avoir donné à Kôkôiaumti une arme à feu à l'occasion de sa dernière visite en 1935, fait que corroborent nos informateurs Kayapo. Ceci alors que Bekà, jeune frère de Kôkôiaumti, affirme en 1966 à Afonso Da Cruz que les Kararaô ont volé deux fusils aux frères (Afonsinho, BAF17_09). Toutefois, cette divergence entre les versions ne modifie pas fondamentalement notre assertion puisque Frère Thomas ne rencontre pas les Gorotire (Krinkati) proprement dit, mais bien plutôt, une faction dissidente, les Kararaô – ou tout au moins une partie du groupe Kararaô[45].

Fig. 29. Au cours du *no'ôk-'ã mõr*, ou danse finale de la cérémonie du maïs, les hommes se divisent continûment en deux groupes. Chaque groupe élit un meneur qui se produit seul, à intervalles réguliers, devant le groupe opposé qu'il incite à se joindre au sien. C'est une fonction prestigieuse. Mekranoti Iriri, 1979. Photo Gustaaf Verswijver.

Fig. 30. Jeune leader de Pukatoti dans les années 1930, Ôket mène l'attaque qui coûte la vie aux Trois Fred. Il devient l'un des principaux chefs *kubenkranken* dans les années 1940-1950. Archives Horace Banner. Avec l'aimable autorisation de James Banner.

Durant le très bref séjour qu'il effectue au bord du Riozinho en 1935, Frère Thomas met toute son énergie à convaincre Kôkôiaumti de laisser les enfants partir pour l'école de Conceição do Araguaia. Le récit du prêtre témoigne de la réticence des Indiens à accéder à sa requête, quoique ces derniers finissent par lui confier la garde de cinq enfants. Alors que Thomas et son équipe descendent la rivière en direction de Nova Olinda, ces enfants s'enfuient et reviennent vers leurs parents. Le frère rentre les mains vides.

Concernant le meurtre des Trois Fred, Thomas affirme avec raison que les gens de Kôkôiaumti ne sont pas responsables de cet acte. Il déclare également que l'assassinat aurait pu être évité si, avant de s'aventurer dans la région, les trois jeunes missionnaires avaient pris contact avec les frères de Conceição do Araguaia qui, dès lors, auraient pu les avertir de l'accord qu'ils avaient passé avec les Krinkati et selon lequel « aucun chrétien ne franchirait la Grande Chute (Chute de la fumée), ni ne remonterait le Riozinho » (Thomas 1936, p. 33).

Les visites de Frère Thomas, et sans que ce dernier ne s'en doute, ont un impact beaucoup plus important sur les Krinkati qu'il ne l'imagine. Après son premier passage, les événements se succèdent à un rythme accéléré dans le village de Pukatoti. Ainsi que Magdalena – Brésilienne capturée enfant par les Djudjetukti – l'affirme à Horace Banner en 1937 à Nova Olinda : « Ce fut après [la visite du prêtre] que les Indiens commencèrent à se battre entre eux. » (Banner 1961, p. 59).

Mãntino raconte comment Kôkôiaumti, pourvu des nouvelles armes à feu fournies par Frère Thomas, revient à son village kararaô en chantant « son chant[46] », les yeux tournés dans la direction de Pukatoti. Dès son arrivée, le chef rassemble ses guerriers dans le but d'attaquer les Krinkati. Cependant, parvenu à mi-chemin de Pukatoti, il change d'avis et s'écrie vers le village : « Vous pouvez aller. Je voulais me venger. Vous avez tué mon frère et je voulais la vengeance, mais je ne le ferai pas. J'ai réfléchi et j'ai choisi de ne plus poursuivre la vengeance » (Mãntino, KMM17_13). Après quoi, les Kararaô cessent de harceler les Krinkati. Kôkôiaumti quitte

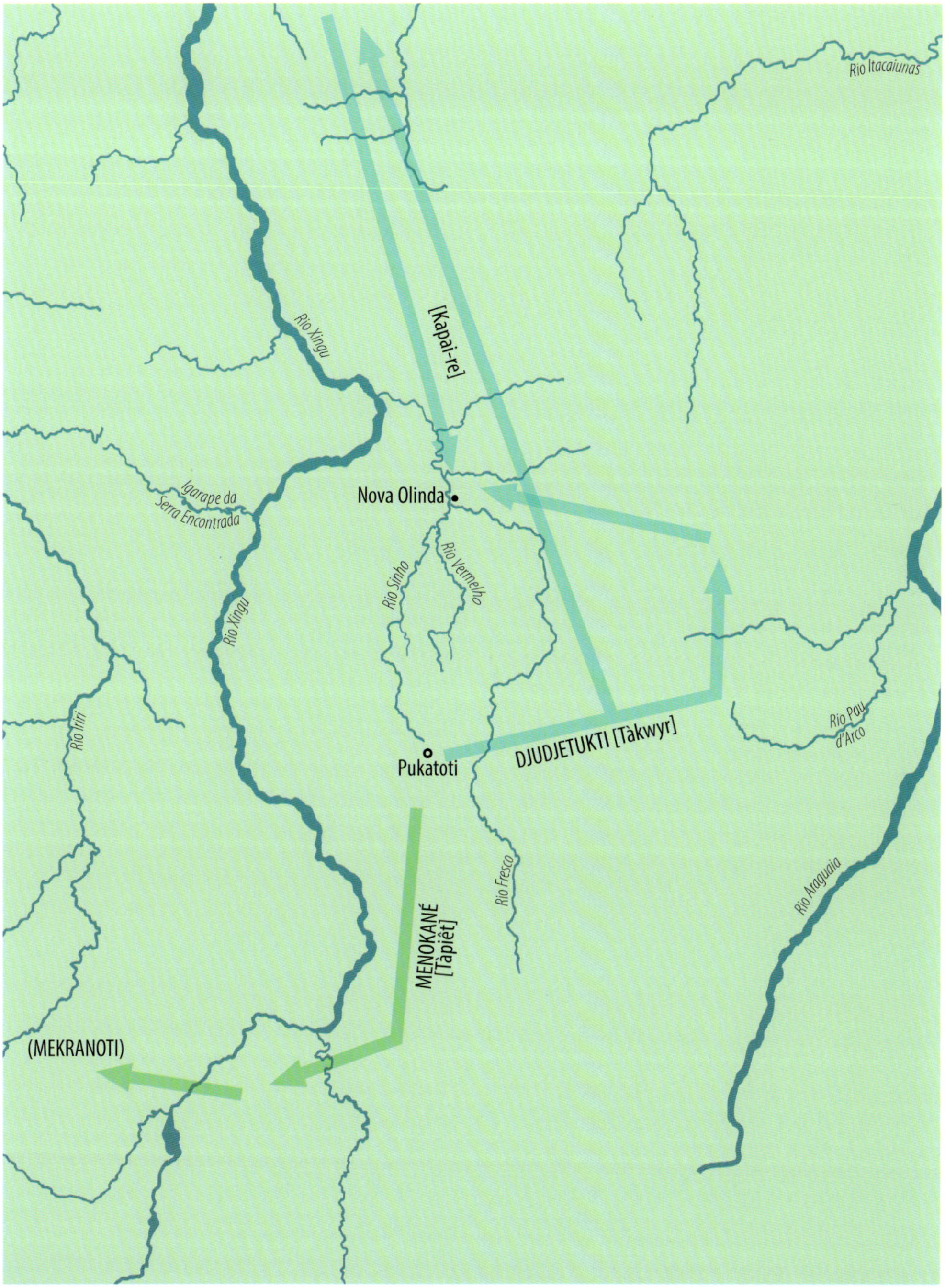

Carte 4. Exode à Pukatoti dans les années 1935-1939, peu après le départ de Kôkôiaumti avec sa faction kararaô. En bleu : les descendants de la maison des hommes Est appelés djudjetukti ; en vert : les descendants de la maison des hommes Ouest appelés kararaô. Les Mekranoti étaient aussi descendants de la maison des hommes Ouest mais ils étaient partis trente ans avant le groupe de Kôkôiaumti. Les noms de chef figurent entre crochets.

définitivement la région et emmène les siens vers l'ouest, au-delà du Xingu, pour ne jamais revenir dans la région du Riozinho. Ces événements se passent encore en 1935 (fig. 19).

2.4. L'effondrement ultérieur de Pukatoti (1935-1937)

Au cours des deux ou trois années que Kôkôiaumti et son groupe kararaô vivent dans un village dissident, à quelque trente kilomètres de Pukatoti, l'influence de Kôkôiaumti reste perceptible dans le village principal. Cela tient tout d'abord à ce trait commun aux Kayapo, qui veut qu'après une scission, des individus se rendent parfois d'un village à l'autre pour y voir des parents, ce qui est le cas lorsque les Kararaô s'établissent près de la Cachoeira da Fumaça. Par ailleurs, les habitants de Pukatoti continuent à craindre Kôkôiaumti. Raison pour laquelle, au début de 1935, les membres de la maison des hommes Ouest – celle, précisément, à laquelle le leader appartenait auparavant – rassemblent des guerriers dans le but de chasser les Kararaô. S'ils ne rencontrent pas leurs adversaires, ils croisent en revanche la route des Trois Fred qu'ils tuent et dépouillent des biens qu'ils apportent. Les données dont nous disposons aujourd'hui nous permettent d'avancer que le meurtre est délibéré, en partie parce que les guerriers krinkati refusent de maintenir des relations amicales avec des *kuben* qui se sont avérés être des amis de Kôkôiaumti, et en partie aussi, parce qu'ils pensent éliminer les *kuben* qui ont fraternisé avec les Kararaô, ceux-là même qui ont fourni à Kôkôiaumti et son groupe nombre de produits occidentaux. Par conséquent, en tuant ces *kuben*, ils cherchent à stopper l'approvisionnement dont bénéficient les Kararaô. Nous pouvons donc dire que les Trois Fred ont eu la malchance de croiser le mauvais groupe kayapo au mauvais moment…

Malgré le départ de Kôkôiaumti, généralement reconnu comme un perturbateur et le principal instigateur des multiples tensions qui divisent les Krinkati, la situation à Pukatoti ne cesse de se détériorer… Les conflits se succèdent et plusieurs factions se séparent provisoirement pour se retirer dans la forêt. Un événement majeur est la décision des hommes de la maison des hommes Est (les Djudjetukti) de partir attaquer leurs ennemis de toujours, les Xikrin – qu'ils appellent Djore. Ce groupe kayapo vit très au nord de Pukatoti, dans la région du Bacaja. Toutefois, les guerriers djudjetukti échouent à trouver la trace des Xikrin Bacaja[47]. Ils décident donc d'attaquer les Asurini, voisins des Xikrin Bacaja. Cette attaque n'est pas prévue, elle se produit spontanément, les guerriers traversant le village asurini et ne voulant pas rentrer les mains vides. Sur le chemin de retour à Pukatoti, quelque part au nord de la ville actuelle de São Felix do Xingu, un désaccord éclate, provoquant le départ d'une vingtaine d'hommes, comprenant Õkwa, Patyk-re, Pukrã, Kôkô'uk et Nêiamrô, lesquels craignent pour leur vie. Accompagnés de leur famille, ces derniers se dirigent vers le nord, le long du Xingu. Par deux fois, ces dissidents sont persécutés par des guerriers djudjetukti qui les poursuivent jusqu'à ce qu'ils franchissent le Xingu, un peu en aval du petit canton appelé Altamira.

De retour à Pukatoti, les Djudjetukti se battent avec Tàpiêt, leader respecté de la maison des hommes Ouest. Vaincu, ce dernier part,

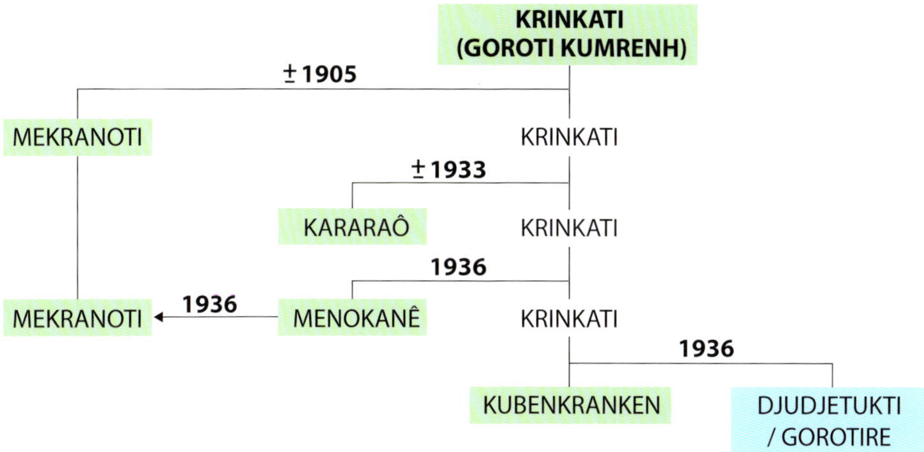

Fig. 31. Schismes chez les Krinkati dans les années 1930.
Tableau Gustaaf Verswijver.

accompagné de ses partisans de la société des hommes des Menokanê (fig. 31). Quelques mois plus tard, les membres de la maison des hommes Ouest demeurés sur place, quoique fort affaiblis en nombre après le départ de Kôkôiaumti, de Tàpiêt et de leurs factions respectives, affrontent la maison des hommes adversaire – celle des Djudjetukti. Défaits, ces derniers quittent Pukatoti et écument la région située entre le Fresco et l'Araguaia, dans le but de se cacher et se protéger des Kubenkranken hostiles. Toutefois, la famine commence à frapper ce groupe de près de mille personnes qu'il devient vraisemblablement difficile de nourrir en l'absence d'accès régulier aux récoltes des jardins. Désespérément en quête de nourriture, les Djudjetukti décident finalement, au terme d'une errance de plusieurs mois, de se présenter pacifiquement à la population brésilienne installée dans la petite colonie de Nova Olinda. Un compte-rendu détaillé de l'événement, qui se produit le 8 mars 1937, et des difficultés qu'il provoque tant du côté des Indiens que de celui des Brésiliens, nous entraînerait trop loin du cadre de cet essai, et sera présenté dans un ouvrage à venir (Verswijver, en préparation-2). Il est toutefois important de noter que les Djudjetukti – appelés Gorotire par les Brésiliens locaux – sont avides d'acquérir des armes à feu et des munitions auprès de leurs nouveaux amis. Armes à feu essentiellement destinées à se protéger des Kubenkranken, mais qui, comme nous le verrons, se révéleront fort utiles pour attaquer d'autres groupes kayapo.

NOTES

26. J'ai déjà abordé cette période spécifique de l'histoire kayapo dans un autre ouvrage (Verswijver 2018), période que j'entends reprendre de façon plus détaillée dans un essai à venir (Verswijver, en préparation-2).

27. Il s'agit souvent de petites unités familiales, dont certaines se présentent pacifiquement aux Brésiliens. Intégrées à l'économie locale, elles vivent parmi ces Brésiliens, avec lesquels se forment des mariages.

28. Son vrai nom est Kôkôiaumti mais dans la littérature il est souvent orthographié par erreur Kôkôiamti.

29. Les Kayapo distinguent différents types de leadership. Les leaders de guerre sont considérés comme des *meobadjwỳnh* (« ceux qui engagent vraiment le combat avec les autres ») et dirigent généralement une faction d'hommes appartenant à une société des hommes. Les *meobadjwỳnh* n'ont pas de fonction officielle et deviennent des leaders en raison de leur capacité à motiver un groupe d'hommes en les incitant à entreprendre telle ou telle action. Ils témoignent le plus souvent d'un comportement exemplaire, savent coordonner une ou plusieurs sortes d'activités collectives dans leur groupe, et à cet égard, voient leurs décisions respectées. Certains *meobadjwỳnh* guident leurs hommes à l'occasion de toute une série d'actions – excursions saisonnières ou entreprises collectives (plantation des jardins communs, par exemple…). Le leader politique général porte le nom de *benjadwỳr* (« celui qui prononce le discours rituel *ben*) — terme que je traduis par « chef ». Pour devenir *benjadwỳr*, il est nécessaire de passer par une longue période de formation, avant d'être officiellement intronisé.

30. La plupart des informateurs décrivent Kôkôiaumti comme un homme particulièrement violent. Certains, en outre, le désignent comme un homme différent, étrange, affirmant notamment qu'il possède beaucoup de longs poils dans la fente de ses fesses. D'autres déclarent qu'il est capable de se battre avec les *wajanga* (chamanes, missionnaires, mais, dans ce cas, l'esprit des missionnaires). Tout ceci établit Kôkôiaumti comme un homme singulier, presque un être inhumain. De telles personnes sont souvent associées à la magie noire : elles sont par conséquent craintes et risquent l'expulsion.

31. Ainsi qu'il est très courant chez les Kayapo, les frères n'appartiennent pas nécessairement au même groupe d'hommes. Ici également, Bekà intègre un groupe différent de celui de son frère, Kôkôiaumti.

32. J'ai recueilli différents récits sur l'assassinat par Kôkôiaumti non seulement de Krinkati, mais aussi de membres de son propre peuple. L'évocation de chacun de ces récits n'ayant pas sa place ici, je m'y emploierai dans une future monographie reprenant la transcription des récits kayapo, et sur laquelle je travaille actuellement (Verswijver, en préparation-1).

33. Leader dans le domaine du chant – fonction cérémonielle fort prestigieuse –, Mānma-re est également, aux côtés de Tàpiêt, le chef politique de la société des hommes *menokanê* appartenant à la maison des hommes Ouest de Pukatoti – maison des hommes qui a été celle, auparavant, de Kôkôiaumti.

34. *Kuben* : non-kayapo ; *(p)yma* : peur ; *ti* : superlatif. Littéralement, le terme *kubenpymati* signifie que tant les Kayapo que les non-Kayapo craignent Kôkôiaumti.

35. En 1933, le même Jacinto Nhunkran est devenu leader des Kayapo vivant près de la rivière Pau d'Arco.

36. La première expédition de Thomas dans la zone de la rivière Fresco date de 1931. Comme il s'agissait d'un voyage de reconnaissance sans contact direct avec les Indiens kayapo, il n'est pas considéré ici comme une véritable tentative d'approche des Krinkati.

37. Thomas (1936, p. 47) appelle ce lieu le long du Riozinho Porto da Paz (« port/havre de paix »).

38. Phillips (2004) rapporte que le prêtre catholique « avertit [les Indiens] que nul autre homme blanc ne doit être traité comme un ami », ce qui est assez cohérent avec la remarque de Thomas (Thomas 1936, p. 33).

39. Lorsqu'en 1965, les Kararaô Jaraucu établissent un contact pacifique avec Afonso Da Cruz et d'autres agents du SPI (Serviço de Proteção aos Indios — Service de Protection des Indiens), Bekà (frère de Kôkôiaumti) affirme à l'équipe SPI avoir rencontré le frère Thomas le long du Riozinho, alors que sa faction s'était déjà séparée du principal groupe krinkati. En 2017, Afonso « Afonsinho » Da Cruz se souvient des propos du vieil Indien, selon lequel « ils ont rencontré un Père le long du Riozinho. C'était le Père Dom Sebastião. Le vieil Indien était là ! […]. Les Kararaô étaient là [...]. Le Père a donné beaucoup de choses, des ciseaux aussi pour qu'ils se coupent les cheveux. Ils ont donné des enfants au Père ». (Afonsinho, BAF17_09)

40. Un non-Kayapo.

41. Le terme *wajanga* désigne ici les prêtres catholiques et, en particulier, Frère Thomas.

42. Partie de la complexe cérémonie du maïs qui dure habituellement plusieurs mois et comprend trois danses élaborées qui s'effectuent toute la nuit.

43. Les deux premières danses font partie de la cérémonie du maïs ; la danse *kàiangri-'ã bito* est exécutée pour raffermir la peau des plus petits enfants (dans l'idée de les renforcer) ; et *biôk* est une référence à l'une des principales cérémonies de dénomination.
44. Anej est le nom donné au Frère Thomas par les Kayapo.
45. Le Frère Thomas (1936, p. 55) déclare que le groupe rencontré rassemblait une centaine de personnes. Compte tenu du fait que la société des hommes kararaô est l'une des plus grandes de la maison des hommes Ouest de Pukatoti — et du village entier, et que Pukatoti compte à cette époque pas moins de deux mille habitants, nous pouvons supposer que cette société ne regroupe pas moins de deux cents personnes, femmes et enfants compris. Ce qui signifie que Thomas ne rencontre qu'une partie du groupe kararaô, l'autre étant soit restée au village, soit partie à l'occasion des migrations saisonnières ou pour piller les colonies brésiliennes. Ce que confirme le fait que Thomas aussi bien que les informateurs kayapo évoquent un camp forestier et non pas un village : n'ayant, par conséquent, jamais vu le véritable village, le Frère n'a rencontré qu'une partie de la population kararaô.
46. Tout comme chaque société des hommes se caractérise par un cri de guerre spécifique, destiné à inciter ses membres à attaquer, chaque guerrier possède son propre chant qu'il entonne chaque fois qu'il veut exprimer sa colère contre un ennemi donné.
47. Un autre groupe xikrin vit plus à l'est, dans la région de la rivière Catete.

Horace Banner avec ses amis gorotire au début des années 1940. Archives Horace Banner. Avec l'aimable autorisation de James Banner.

Chapitre III Les premières années du groupe kararaô (1935-1939)

Fig. 32. Panhtuk Pedro, leader actuel du village kubenkranken, 2019. Photo Daniel Luz.

3. LES PREMIÈRES ANNÉES DU GROUPE KARARAÔ (1935-1939)

3.1. Affrontement entre Kôkôiaumti et les Mekranoti

À la fin de 1935, Kôkôiaumti et ses partisans kararaô quittent la région du Riozinho et se dirigent vers l'ouest, en direction des rivières Curua et Jamanxim (Mãntino, KMM17_13), région que les Kararaô connaissent bien pour s'y être rendus à maintes reprises au cours des années précédentes afin d'attaquer les Brésiliens et d'autres tribus indiennes. Ils savent par conséquent que la rivière Jamanxim regorge de poissons, ce qui constitue d'évidence un argument économique non négligeable pour un vaste groupe itinérant qui ne dispose pas encore de ses propres plantations. De même, la région se situe à proximité de colonies brésiliennes établies le long des rivières Curua et Tapajos, lesquelles leur garantissent de fait l'accès aux produits occidentaux recherchés, et notamment les indispensables munitions et armes à feu.

Toutefois, juste avant d'atteindre la rivière Curua, Kôkôiaumti décide non pas de poursuivre la route, mais d'obliquer en direction du sud, afin de rendre visite à son oncle Pãnhmoti, un leader important de la communauté mekranoti.

Fig. 33. João Batista, qui convainc les Djudjetukti (Gorotire) de s'établir près de Nova Olinda en 1937. Photo Ernesto Cruz. [CARIOCA 31-07-1937].

La plupart des Kararaô, au nombre desquels Bepkamrô, estiment que ce n'est pas une bonne idée : à leurs yeux, il s'agit d'une affaire privée qui concerne Kôkôiaumti et risque de provoquer des conflits avec la communauté beaucoup plus grande des Mekranoti. Aussi Bepkamrô et une partie substantielle des Kararaô choisissent de quitter Kôkôiaumti et de poursuivre leur chemin jusqu'à la rivière Jamanxim, région, selon eux, suffisamment lointaine pour décourager les habitants de Pukatoti et les préserver de leurs attaques. Donc, tandis que le principal groupe kararaô conduit par Bepkamrô se dirige vers l'ouest, avant d'obliquer vers le nord, celui de Kôkôiaumti, plus modeste et constitué d'une soixantaine d'Indiens – essentiellement des parents proches et leur famille par alliance – part vers le sud pour rejoindre les Mekranoti dont le village se situe dans la savane qui s'étend entre les rivières Jarina et Iriri Novo. Les deux groupes

Fig. 34. Les Djudjetukti (Gorotire), un an après les premiers contacts pacifiques établis avec les Brésiliens, à Nova Olinda en 1937. Archives Curt Nimuendajú. Avec l'aimable autorisation du Museu Nacional (CELIN).

Fig. 35. Deux Indiens kayapo récemment contactés, déambulant paisiblement dans une petite colonie brésilienne. Photo Louis Cordelier, 1939 ou 1940. Avec l'aimable autorisation de la Coleção Carlos Estevão de Oliveira do Museu do Estado de Pernambuco.

concluent un accord selon lequel, si Kôkôiaumti change d'avis, ils se retrouveront dans la région du cours inférieur de la rivière Jamanxim.

Le pur hasard veut qu'au moment même où la faction de Kôkôiaumti se met en route vers le sud, un groupe de guerriers mekranoti attaque des Brésiliens au bord de la rivière Curua[48]. Ce groupe se compose de deux guerriers adultes, Bepangàti[49] et Katengy, ainsi que d'une poignée d'adolescents appartenant à la classe d'âge *menõrõny-re*[50]. Parmi eux, se trouve Bemoti-re, Brésilien blanc capturé par les Mekranoti vers 1915 et qui, en tant que jeune guerrier, porte un labret[51]. Les Mekranoti disposent uniquement d'armes traditionnelles ; les Kararaô possèdent quant à eux deux fusils.

Peu après avoir quitté leur village, les guerriers mekranoti croisent la piste du groupe mené par Kôkôiaumti et décident de la suivre pour découvrir qui s'approche si près de chez eux. Au terme de trois jours de marche, ils rattrapent Kôkôiaumti et les siens. Les deux groupes établissent chacun leur camp à une distance suffisamment sûre et choisissent un lieu de rencontre situé à mi-chemin. Bepangàti envoie deux jeunes guerriers mekranoti espionner leurs potentiels adversaires. Ils entendent Kôkôiaumti donner l'ordre à ses hommes de tuer les Mekranoti. Cette information provoque la colère de Bepangàti. Lors de la réunion qui a lieu en toute fin d'après-midi sur le site de rencontre choisi, Kôkôiaumti prend la parole en premier et se vante de tous les Indiens tués par lui à Pukatoti. La liste, hélas, comprend plusieurs parents de Bepangàti (Mãntino KMM17_10). Ce dernier se lève à son tour pour prendre la parole et demande à tenir le fusil de Kôkôiaumti qui, dit-on, accepte de le lui remettre sous l'emprise d'une drogue puissante[52] administrée par son alter ego. À l'instant où Bepangàti entame son discours, Katengy, l'autre guerrier adulte mekranoti, s'assoit près de Bekà, frère de Kôkôiaumti, également

Fig. 36. Homme mekranoti iriri montrant son fusil. Photo Gustaaf Verswijver. Avec l'aimable autorisation du Museum der Weltkulturen, Francfort.

Fig. 37. Groupe d'hommes djudjetukti (gorotire) en 1940, tous « correctement vêtus », trois ans après les premiers contacts pacifiques avec les Brésiliens. Photographe inconnu. Avec l'aimable autorisation du Museu do Índio, Rio de Janeiro.

pourvu d'un fusil. Après une discussion, il convainc celui-ci de lui donner son arme dans le but de tirer dans les arbres. Bekà ayant accepté à contrecœur, Katengy commence à viser des arbres au hasard, sans presser la détente.

De son côté, Bepangàti exprime la colère qu'il éprouve devant le nombre de ses parents tués par Kôkôiaumti et, soudain, il tire sur son adversaire au niveau de l'épaule, près du cœur. Kôkôiaumti tombe mort. Aussitôt, Katengy vise Bekà, mais le fusil ne fonctionne pas. S'ensuit un combat entre les deux hommes jusqu'à ce qu'un jeune guerrier mekranoti appelé Kubenkanhonk[53] frappe Bekà par deux fois avec sa machette. Quoique sérieusement blessé, celui-ci survit et s'enfuit, à l'instar de tous les autres Kararaô qui disparaissent la nuit même, ne laissant aux Mekranoti aucune possibilité de les tuer – ni même de s'emparer de leurs femmes, regret dont font régulièrement état les informateurs mekranoti. Les guerriers, toutefois, rapportent les deux fusils dont l'un est peut-être, celui que Kôkôiaumti a reçu de Frère Thomas quelques mois auparavant...

Même s'il a survécu, Bekà n'ose pas revenir chez les Kubenkranken. Désormais privé de l'appui politique solide de son frère, il décide de rejoindre les autres Kararaô. Aussi fuit-il avec les siens vers le nord afin de retrouver Bepkamrô qui s'est aventuré dans la région de la rivière Jamanxim. Retrouver la piste de la faction de Bepkamrô ne semble pas avoir été facile pour Bekà et son groupe. Les deux factions se seraient mises d'accord sur le fait de « se rencontrer plus loin en aval », mais sans donner de lieu précis. Par conséquent, tandis qu'ils cherchent Bepkamrô, Bekà et les siens ignorent que son groupe s'est scindé en deux factions plus petites :

alors que Bepkamrô et son groupe continuent à se déplacer dans la région de Jamanxim[54], l'autre groupe, légèrement plus nombreux et sans chef véritable, poursuit sa route en direction du nord, passant près de la ville d'Itaituba, située près de la rivière Tapajos que les Indiens longent en aval jusqu'à atteindre le puissant fleuve Amazone. Parvenus non loin de Santarém, ils décident de franchir le fleuve[55]. Leur peur d'être massacrés par les Krinkati (ou les Mekranoti) est, en effet, si forte, qu'il leur paraît plus sûr de s'installer sur l'autre rive. Dans un premier temps, ils tentent, sans succès, de franchir le fleuve à bord de leurs fragiles radeaux. Puis, ils s'efforcent d'attirer l'attention d'un bateau fluvial qui passe par là. Comme le raconte Afonsinho (BAF17_09) : « Les Kararaô se tenaient au bord de l'Amazone, près de Santarém, ils étaient là. À midi, ils ont soufflé dans la corne *poti*[56]. Rontyiarô[57] m'a dit avoir vu la fumée sortir [du bateau] ». Comme nulle réaction ne vient du bateau, déçus, les Kararaô s'en retournent dans la forêt. Se dirigeant vers l'est, ils s'établissent dans la région qui s'étend entre les rivières Guajara et Jaraucu. Pendant ce temps, Bekà continue à chercher ses compagnons kararaô, tandis que Bepkamrô se déplace le long de la rivière Jamanxim.

3.2. Une seconde faction « kararaô »

Dans le chapitre précédent, nous avons vu que les guerriers djudjetukti ont attaqué un village d'Indiens asurini, à la fin de 1936. Alors qu'il s'en

Fig. 38. Pêcher avec des branches de *Paullinia* constitue une activité économique importante pour les groupes itinérants kayapo. Kubenkranken, 1976. Photo Gustaaf Verswijver.

Fig. 39. Fils de Bepangàti, responsable de la mort de Kôkôiaumti en 1935, Ropni est connu dans le monde entier sous le nom de Raoni. Photo Gustaaf Verswijver.

revient dans le sud, le groupe est agité par une querelle, vraisemblablement autour de l'idée de se rapprocher des Brésiliens pour vivre en paix avec eux. À la suite de ce désaccord, un petit groupe part en direction du Xingu et gagne une zone située en aval de la ville actuelle de São Felix do Xingu, où il est persécuté et attaqué à deux reprises par des guerriers djudjetukti. Reprenant la route vers le nord, il franchit finalement le Xingu légèrement en aval d'Altamira.

Quatre de nos informateurs[58] font état de la fuite de ce groupe dont ils précisent qu'il était en effet poursuivi par des guerriers « gorotire » (djudjetukti) qui ne cessaient de les repousser toujours plus loin, les contraignant à franchir le Xingu au niveau de la vaste courbe qu'effectue la rivière entre les villes contemporaines d'Altamira et de Vitoria, et plus précisément à Ngôdjàr, où le Xingu est parsemé d'îles facilitant sa traversée. Parvenu sur l'autre rive, le groupe poursuit

Fig. 40. Mati et Bemoti-re, deux Mekranoti du Centre lors d'un contact avec des agents du SPI en 1961. Photographe inconnu. Avec l'aimable autorisation du Museu do Índio, Rio de Janeiro.

sa route et s'installe d'abord dans la forêt qui s'étend à l'ouest de la ville de Vitoria – qui n'est, à l'époque, qu'une petite colonie constituée de quelques maisons – où il a le sentiment d'être protégé des Djudjetukti. Puis, la tribu reprend son errance et se déplace progressivement vers le nord-ouest, toujours plus éloigné de Pukatoti. Elle rencontre des Indiens Arara, qui la suivent, mais nul accrochage ne se produit (Bekwoirê, KKB_33).

Parmi les hommes de ce groupe dissident se trouvent Pukrã, Patyk-re, Nêiamrô et Kôkô'uk (Meiti, KKE16_18 ; Bô-te, KMB17_08), ainsi qu'un jeune homme nommé Tàjàt. Le désignant comme le « groupe de Tàjàt », Bekwoirê affirme que celui-ci « fut le dernier à se séparer des Gorotire », signifiant par là qu'il s'agit de l'ultime faction « kararaô » à quitter la tribu principale des Krinkati. De fait, mes recherches indiquent que le groupe kararaô se compose de deux factions différentes qui sont, par ordre de scission d'avec les Krinkati : le groupe de Kôkôiaumti, Bekà et Bepkamrô ; puis celui de Pukrã, Patyk-re, Nêiamrô et Kôkô'uk (fig. 41). Ce qui prouve, contrairement à ce qui a toujours été avancé jusque-là, que ce n'est pas un groupe kararaô unique qui quitte le village

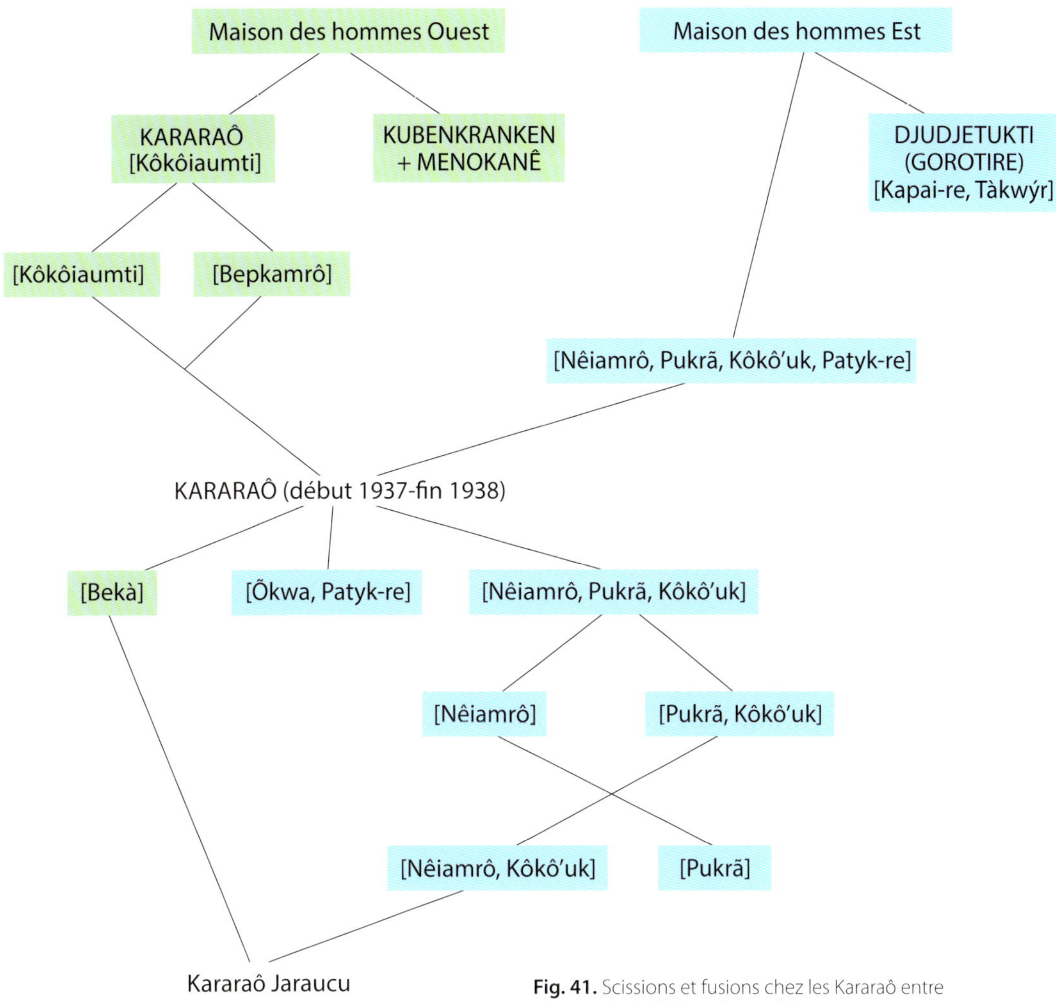

Fig. 41. Scissions et fusions chez les Kararaô entre 1936 et 1939. Tableau Gustaaf Verswijver.

principal, mais deux factions amalgamées et affiliées chacune – il est important de le souligner – à une maison des hommes différente au sein de la vaste communauté de Pukatoti ! Ainsi celle de Kôkôiaumti, Bekà et Bepkamrô relève-t-elle de la maison Ouest ; cependant que celle de Pukrã, Patyk-re, Nêiamrô et Kôkô'uk appartient à la maison Est. Nul autre groupe kayapo contemporain ne connaît une telle divergence dans son histoire, la scission se produisant habituellement à partir d'un ensemble institutionnel existant : une société des hommes unique (à l'exemple des Mekranoti, des Menokanê …), une maison des hommes unique (dans le cas des Djudjetukti, appelés Gorotire), ou encore, une classe d'âge unique (les adolescents *menõrõny-re* et les hommes non mariés, par opposition aux hommes mariés,

Fig. 42. Gorotire soufflant dans une trompe *poté* semblable à celle utilisée par la faction kararaô qui, en 1936, cherche à franchir le fleuve Amazone. Archives Horace Banner. Avec l'aimable autorisation de James Banner.

comme cela se produit au moment de la division des Kayapo du Xingu et ceux de l'Araguaia). Il n'existe aucun autre groupe kayapo fondé par des hommes issus de deux institutions masculines « opposées »[59], ce qui situe indubitablement les Kararaô à part et les singularise. Mais, comme nous le verrons plus loin, ce ne sera pas à leur avantage…

Quoi qu'il en soit, après avoir longtemps erré dans la vaste région qui s'étend entre les cours inférieurs du Xingu et du Tapajos, la tribu de Bekà finit par retrouver et s'unir à l'autre faction – celle qui a tenté de franchir le fleuve Amazone. Lors de leur installation entre les rivières Guajara et Jaraucu, les Indiens découvrent des traces qui semblent avoir été laissées par des Kayapo. Il s'agit du groupe mené par Pukrã et qui vient d'atteindre la crique de Ngôiakati[60]. Les deux factions se rencontrent et, en dépit d'une histoire différente, voire d'un antagonisme ancien remontant à l'époque de Pukatoti, décident de s'associer. C'est à peu près à cette époque également que Bepkamrô arrive, au terme de son aventure solitaire le long de la rivière Jamanxim. Les différentes factions s'assemblent et forment un unique grand groupe que les autres Kayapo baptisent Kararaô. Voici le récit qu'en fait

Bekwoirê : « Les Kararaô ont franchi la rivière Xingu à Ngôdjàr et sont arrivés à la crique de Ngôiakati où ils ont rencontré les autres Kararaô. C'est à cette occasion que Bepkũm et mon père [Patyk-re] se sont rencontrés[61] » (Bekwoirê, KKB16_33). Nous sommes alors au début de 1937.

3.3. Contact avec les Brésiliens

L'unification des différentes factions permet aux Kararaô de bâtir un grand village qui comprend probablement trois à quatre cents Indiens. La communauté est donc suffisamment vaste pour que soient célébrées les cérémonies principales[62], y compris le complexe rituel de nomination des masques, appelé *kôkô* (fig. 44) – ce dont témoignent les masques de fourmiliers (*pàt*) et de singes (*kukoi*) que possède le groupe de Bekà en 1939, à l'occasion de l'instauration des relations amicales avec les Brésiliens (Cordelier 1940e, p. 37). La maison des hommes possède trois espaces réservés : l'un où s'assoient les hommes non mariés, les deux autres où s'installe chacune des deux sociétés des hommes, appelées *mebêkararaô*[63] et *meabôrôre* – ce dernier nom signifie « ceux qui sifflent » et vient de l'habitude qu'avait un jeune homme marié du groupe de siffler en direction des jeunes filles (Meiti, KKE16_24). Quoiqu'aucun des informateurs n'en fasse explicitement mention, il est vraisemblable de supposer que le *meabôrôre* regroupe la plupart des membres de la faction de Pukrã, tandis que le *mebêkararaô* rassemble essentiellement les hommes dirigés par Bekà et Bepkamrô (autrement dit, la faction initialement créée par Kôkôiaumti).

Peu après la fusion, toutefois, les Krinkati lancent un assaut. Leur but est d'attaquer les Yudja, mais la découverte de traces laissées par les Kararaô modifie leurs intentions. Pris entièrement par surprise, ces derniers meurent en nombre. Ainsi que le rapporte Bekwoirê : « Ils [les Krinkati] en ont tué beaucoup, seuls quelques-uns ont survécu » (Bekwoirê, KKB16_33). Il semble qu'un véritable massacre se soit produit, les assaillants disposant massivement d'armes à feu[64], cependant que les Kararaô ne possèdent que quelques fusils occidentaux. Ce massacre affaiblit le groupe et génère de l'incertitude dans la communauté. Durant ces jours confus, Bekà tue sa propre femme, événement extraordinaire qui porte un coup définitif à une cohésion déjà chancelante. Des querelles surgissent, suivies de duels à la massue. Dans ces conditions, la cohabitation se révèle à l'évidence impossible. Aussi, à la fin de 1938, le village se disperse-t-il, ce qui aboutit à l'émergence de trois factions : l'une, de taille modeste, longe le Xingu en aval, sous la houlette d'Õkwa et de Patyk-re ; l'autre, plus importante, part avec Nêiamrô et Kôkô'uk dans la direction opposée, pour s'établir dans une savane située légèrement au nord de São Felix do Xingu ; enfin, la dernière, conduite par Bekà, demeure plus ou moins dans la région et s'établit le long du cours supérieur du Guajara. La scission recoupe approximativement les sociétés des hommes : la *mebêkararaô* reste en arrière, cependant que la *meabôrôre* part (avant de se diviser en deux factions) (voir fig. 120).

Le groupe de Nêiamrô s'établit dans la région de la rivière Branco, affluent du cours supérieur du Bacaja, région que ces Indiens connaissent pour l'avoir parcourue deux ans auparavant, alors qu'ils appartenaient à la faction djudjetukti. Malheureusement, les Djudjetukti parviennent

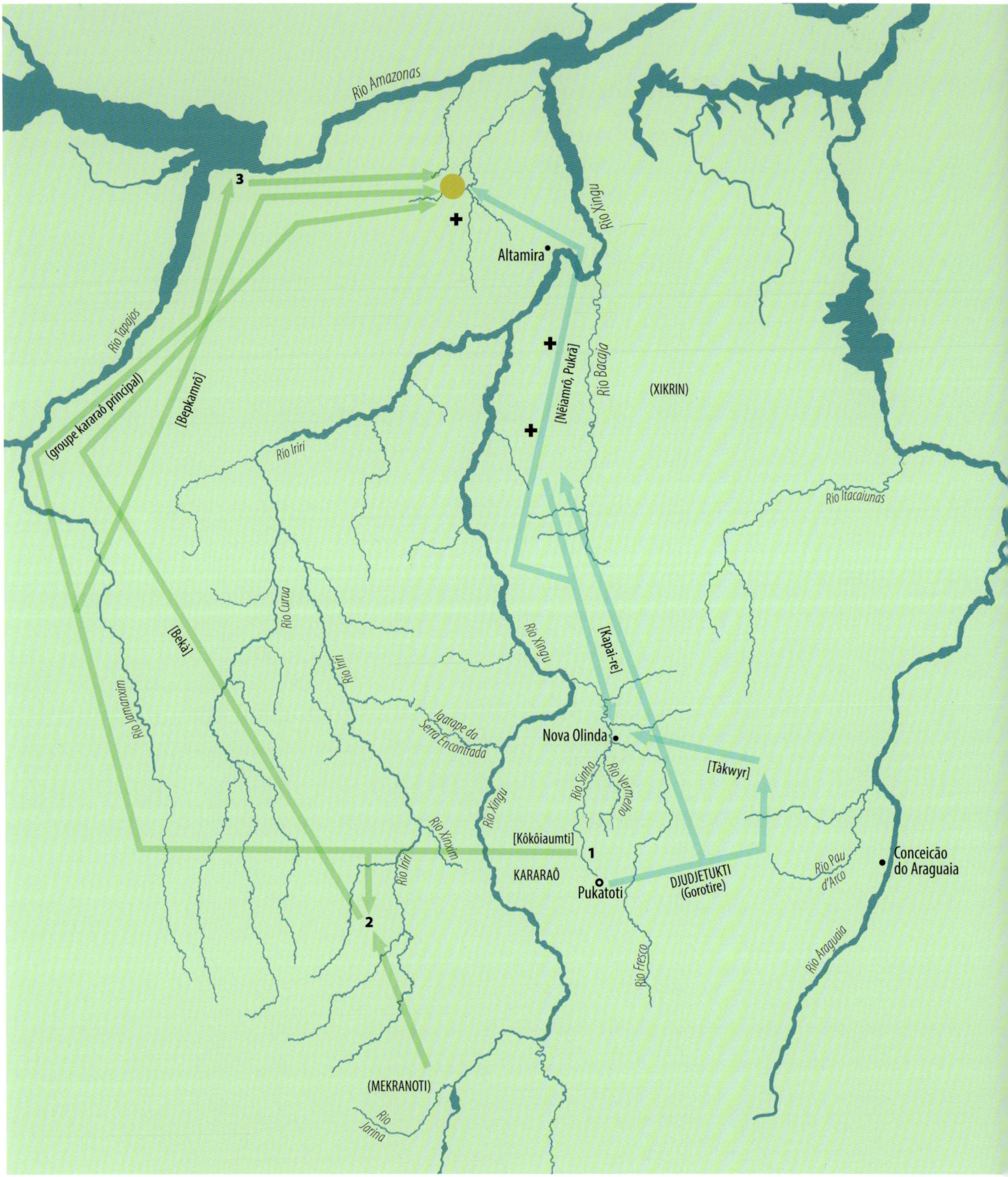

Carte 5. Migrations des Kararaô d'origine (en vert comme descendants de la maison des hommes Ouest à Pukatoti) et itinéraire d'une faction djudjetukti dissidente menée par Nêiamrô et Pukrã qui ont rejoint les Kararaô. En orange, le lieu où ils se sont tous unis pour former un grand groupe kararaô. **1** Première colonie après le départ de Kôkôiaumti de Pukatoti. **2** Emplacement approximatif du lieu où les Mekranoti ont tué Kôkôiaumti. **3** Endroit où les Kararaô ont tenté de traverser le fleuve Amazone. **+** Lieux où la faction de Nêiamrô et de Pukrã a été attaquée par les Djudjetukti et où le groupe uni des Kararaô a été assailli par les Krinkati (Djudjetukti ? Kubenkranken ?) dans la région de la rivière Jaraucu. Les noms des leaders de factions figurent entre crochets.

une nouvelle fois à les retrouver et les attaquent sans pitié[65]. Une fois encore, les pertes sont lourdes. À cette infortune s'en ajoute bientôt une autre : des Brésiliens lourdement armés[66] les assaillent et provoquent un véritable massacre[67]. Écrasés par deux assauts consécutifs, les Kararaô de cette faction fuient pour la plupart vers l'ouest : ils franchissent le Xingu et s'installent temporairement le long de la rivière Iriri, près de l'embouchure de l'affluent appelé Xinxim[68]. Toutefois, une poignée d'hommes accompagnés par leur famille et guidés par Nêiamrô, ne les suit pas, préférant rendre visite à des parents vivant dans le village des Kubenkranken. À leur arrivée, probablement au tout début de 1939, ils découvrent avec surprise que ces derniers[69] les nomment désormais kararaô. L'étonnement de Nêiamrô est d'autant plus compréhensible qu'il est en réalité, comme nous l'avons déjà vu, un Djudjetukti et qu'il n'a jamais appartenu à la société des hommes des Kararaô, pas plus qu'à la maison des hommes portant ce nom ! Au terme d'un bref séjour dans le village, Nêiamrô s'en va à la rencontre des Kararaô établis le long de l'Iriri.

Des Kubenkranken, Nêiamrô apprend que Tàpiêt est parti deux ans auparavant. Une fois tous réunis au bord de l'Iriri, les Kararaô de sa faction parcourent la région pour tenter de localiser les Menokanê de Tàpiêt. Ce qu'ils ignorent probablement, c'est que ces derniers ont rejoint les Mekranoti, loin dans le sud. Alors qu'ils poursuivent leurs recherches, des Kubenkranken, visiblement sur leurs traces,

Fig. 43. Danse rituelle avec des trompes *poti*. Mekranoti Iriri, village de Kororoti, 2017. Photo Gustaaf Verswijver.

Fig. 44. Danse des masques de fourmillier face aux masques de singe, au cours de la phase finale de la cérémonie de nomination dite *kôkô*. Mekranoti Iriri, village de Kendjam, 2014. Photo Gustaaf Verswijver.

les attaquent (Meiti, KKE16_18 ; Bekwoirê, KKB16_33). À la suite de cet assaut, une nouvelle scission se produit : cependant qu'un petit groupe s'aventure en amont de l'Iriri – probablement toujours dans le but de retrouver Tàpiêt et ses hommes – un autre, conduit par Kôkô'uk et Nêiamrô, se dirige vers la rivière Jamanxim et le Tapajos dont il suit le cours jusqu'à atteindre Santarém, avant d'obliquer vers l'est et de revenir vers la rivière Jaraucu où il retrouve la modeste faction de Bekà, à laquelle il s'unit. Effrayés et épuisés, les quelque deux cents Kararaô issus de cette nouvelle union sont approchés par un fermier brésilien local. Nous sommes en avril 1939.

Ainsi donc, vers le milieu de 1939, il existe trois factions kararaô : (1) le petit groupe d'Õkwa et de Patyk-re, toujours installé le long du cours inférieur du Xingu ; (2) le grand groupe de Bekà, Kôkô'uk et Nêiamrô, qui entre en contact avec les Brésiliens ; et (3) un dernier petit groupe conduit par Pukrã, qui continue à parcourir la région du cours supérieur de l'Iriri-Curua. De la population kararaô d'origine de 350 personnes au moment de l'unification de toutes les factions dans la région de la rivière Jaraucu, plus d'un quart succombe durant les attaques des Djudjetukti, des Kubenkranken et des Brésiliens…

Fig. 45. Carte conçue par Curt Nimuendajú indiqu
les sites des différents groupes kayapo (et autres tri
mentionnés dans la littérature avant 1944. C. Nimuenc
Mapa etno-histórico do Brasil e regiões adjacentes, 2

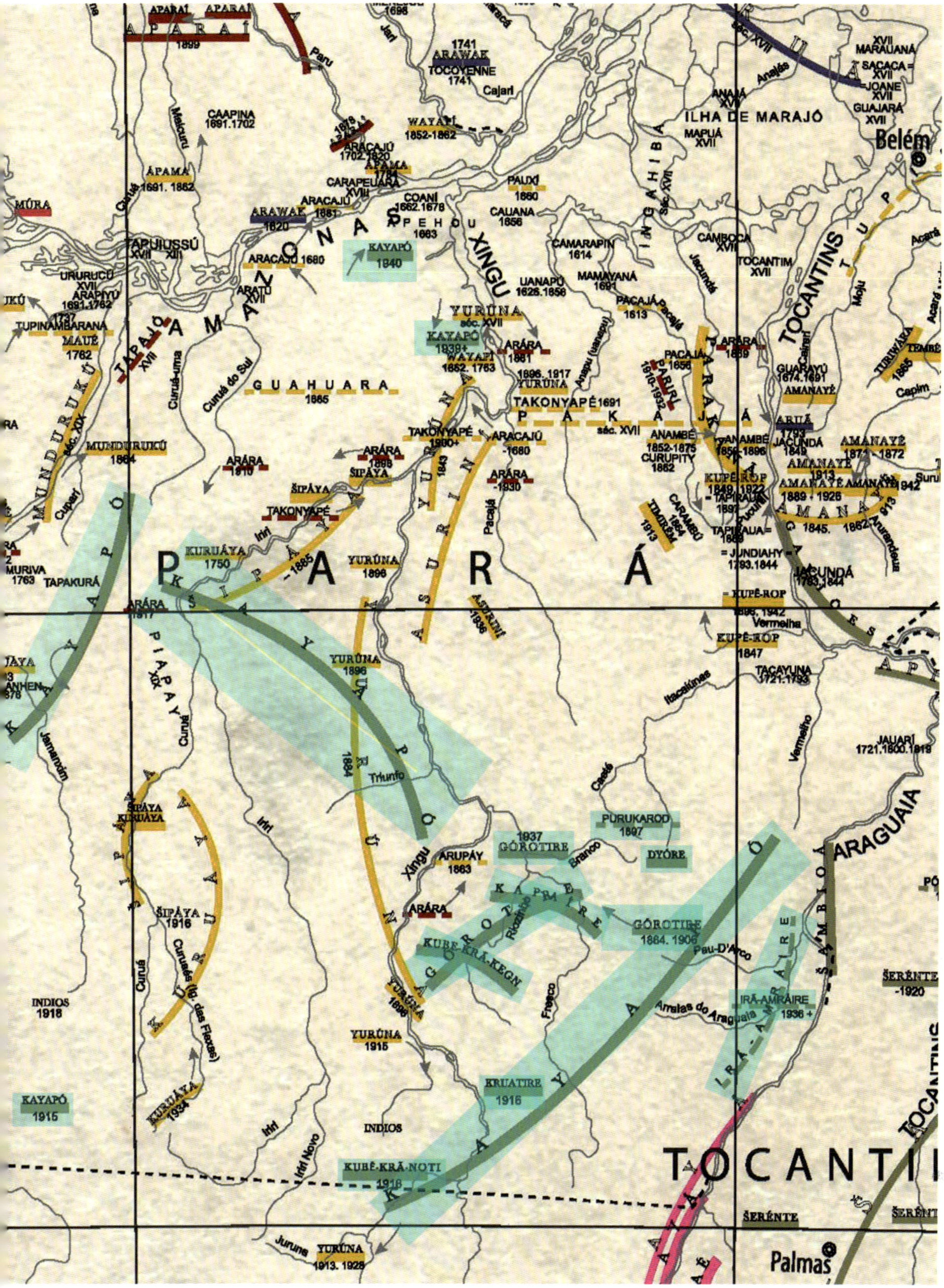
ILHA DE MARAJÓ
Belém
AMAZONAS
XINGU
TOCANTINS
PARÁ
TOCANTINS
ARAGUAIA
Palmas
ARAWAK
TOCOYENNE 1741
Cajari
CAAPINA 1691.1702
APAMA
MÚRA
TAPUIUSSÚ
GUAHUARA 1865
MUNDURUKÚ 1864
KAYAPÓ 1940
YURÚNA
KAYAPÓ
TAKONYAPÉ
ARÁRA
ŠIPÁYA
KURUÁYA 1750
PIAPAY
ASURINI
YURÚNA 1896
Triunfo
Iriri
Curuá
Jamanxim
Cupari
ARUPÁY 1863
GÓROTIRE
PURUKAROD 1897
DYÓRE
GÓROTIRE 1864.1906
KAPRANMAIRE
KUBE-KRÃ-KEGN
IRÃ-AMRAIRE 1936 +
KRUATIRE 1916
KUBÊ-KRÃ-NOTI 1916
Branco
Fresco
Pau-D'Arco
Arraias do Araguaia
Riozinho
Caeté
Vermelho
KAYAPÓ 1915
INDIOS 1918
INDIOS
Iriri Novo
Juruna
YURÚNA 1913.1928
ŠERÉNTE
ŠERÉNTE -1920
KUPÊ-ROP 1847
TACAYUNA 1721.1793
JAUARI 1721.1800.1919
Itacaiúnas
AMANAYÉ
GUARAYÚ 1674.1691
TURIWÁRA
Capim
Moju
Jacundá
Pacajá
Anapu
UANAPÚ 1626.1656
CAMARAPIN 1614
MAMAYANÁ 1691
TOCANTIM XVII
CAMBOCA XVII
PAUXI 1660
CAUANA 1656
COANI 1662.1678
ARACAJÚ 1680
PAKAJÁ
TUPINAMBARANA
MAUÉ 1762
TAPAJÓ
Curuá-una
Curuá do Sul
Maicuru
Paru
Jari
WAYAPÍ 1852-1862
XVII MARAUANÁ
GUAJARÁ XVII
Acará

NOTES

48. J'ai recueilli différents récits sur la rencontre entre les Mekranoti et le groupe de Kôkôiaumti. Je ne donne ici qu'un résumé de l'histoire complète. Ces différents récits seront repris dans une publication à venir (Verswijver, en préparation-1).

49. Bepangàti est le père de Ropni, connu dans le monde entier sous le nom de Raoni (fig. 39) à la suite de son inlassable combat pour la préservation de la forêt amazonienne.

50. La composition de ce groupe présente une remarquable similarité avec celui de Nôk-re et Mãnma-re, que les Kararaô rencontrent quasiment un an auparavant. Ceci témoigne d'un type de pratique autochtone, en vigueur avant le contact avec les Européens, dans lequel quelques adultes considérés comme courageux emmènent de futurs guerriers s'exercer concrètement à l'art de la guerre. C'est dans ce cadre que Kôkôiaumti, alors adolescent, réussit à tuer son premier Brésilien (voir Chapitre 2.1).

51. À l'époque qui précède le contact avec les Européens, Bemoti-re possède également une grande barbe (fig. 40). Dans les années 1970, il est l'un des informateurs qui fournissent des renseignements sur la genèse des Kararaô. Il meurt en 2004.

52. En temps de guerre, les Kayapo recourent à toute une série de plantes censées affecter le comportement de l'ennemi – l'effrayer, l'apprivoiser, le rendre incapable de tenir ses effets personnels, etc...

53. Dans les années 1980, deux des fils de Kubenkanhonk deviennent les principaux leaders du village mekranoti iriri appelé Pukanu. Le plus âgé d'entre eux, Ajol, est mort en 2015 alors que Bekwoiti est décédé en 2018.

54. Informateur kararaô vivant aujourd'hui parmi les Xikrin Bacaja, Meiti est né dans la région de la Jamanxim-Tapajos. Il est le fils de Bepkamrô.

55. Longtemps avant cette tentative, au XVIIIe siècle, une autre tribu indienne, les Wajãpi de langue tupi, réussissent à franchir l'Amazone. Venant de la région du cours inférieur du Xingu, où les conditions sont de plus en plus intolérables, ils décident de fuir les avancées de la colonisation et les entreprises missionnaires dans la zone inférieure de l'Amazone (Gallois 1988). Ils traversent le fleuve et se déplacent progressivement vers le nord, avant de s'installer finalement dans une région qui marque aujourd'hui la frontière entre le Brésil et la Guyane française. Combien l'histoire de la zone située entre l'Amazone, la Guyane française et le Surinam eût été différente si les Kararaô étaient parvenus à franchir le fleuve !

56. Le *poti* (fig. 42) est un tube de bambou pourvu d'un trou latéral – parfois placé dans la cloison naturelle de la tige. Utilisé durant la cérémonie de nomination dite *kwỳrỳkangô* (fig. 43), il sert également à communiquer pendant les expéditions guerrières. Ici, il est employé pour attirer l'attention des bateliers brésiliens.

57. Rontyiarô est un Kararaô âgé avec lequel le SPI prend contact en 1957 le long de la rivière Curua. Il meurt au début des années 1960 (voir Chapitre 5.3). Dans mon précédent travail sur l'histoire mekranoti, je l'ai, par erreur, nommé Ngrontyiarô (Verswijver 2018, p. 112 ff.)

58. Bekwoirê (KKB_33), Meiti (KKE16_18 ; KKE16-19), Pãnhkamrêk (KKP15_06) et Pàtnhin (KMP16_12).

59. À chaque scission, il y a, certes, des individus qui changent de groupe afin de rester avec des parents. Toutefois, lors de chacune des scissions évoquées, la grande majorité des hommes appartient à une seule association masculine.

60. Il ne m'a pas été possible d'identifier ce lieu qui serait, dit-on, situé près de la traversée du Xingu appellée Ngôdjàr.

61. Bepkũm est un membre de la faction de Bekà. Patyk-re, le père de Bekwoirê, appartient à la faction de Pukrã.

62. Dans la société kayapo, plusieurs grandes cérémonies requièrent la présence d'un minimum de personnes pour accomplir les différentes fonctions rituelles qui y sont associées (Verswijver 2018, pp. 256-258).

63. Les informateurs n'étaient pas sûrs de ce nom, et présumaient avec hésitation « qu'il devait s'agir de *mebêkararaô* ». Il se peut aussi que ce soit *mebêturuti* (« le peuple de la banane ») – voir chapitre 5.1.

64. Il est plus que probable que ces assaillants sont les Djudjetukti qui viennent tout juste d'obtenir des armes à feu, à la suite des relations pacifiques établies avec les Brésiliens de Nova Olinda (Chapitre 3.3).

65. Cette attaque s'est vraisemblablement produite au début de 1939, autrement dit après le départ des Djudjetukti de la colonie brésilienne de Nova Olinda où ils ont vécu plus d'un an. Au cours de cette année-là, les Indiens parviennent à soutirer aux Brésiliens locaux vivant le long du Fresco de nombreuses armes à feu et munitions. Au moment de quitter Nova Olinda, les Djudjetukti se divisent en plusieurs factions qui se déplacent indépendamment les unes des autres entre l'Araguaia et le Xingu. Il semble qu'une de ces factions ait affronté les Kararaô de Nêiamrô.

66. Je pense qu'il s'agit là d'une action punitive destinée à venger l'assassinat par les Djudjetukti, fin 1936, d'une femme et de son fils, ainsi que l'enlèvement de deux filles : Judith et sa sœur. L'attaque a lieu non loin de la rivière Branco.
67. Bekwoirê (KKB16_33) précise qu'aujourd'hui, les extracteurs d'or opérant dans la région de la rivière Branco tombent régulièrement sur des os ou des crânes appartenant aux Indiens Kararaô abattus lors de ce massacre.
68. C'est à cet endroit exactement que se situe l'actuel village mekranoti de Kendjam.
69. Nous ne savons pas précisément comment les Djudjetukti (Gorotire) nomment les Kararaô. De fait, comme nous l'avons précédemment indiqué, ces derniers ne mentionnent pas l'existence des Kararaô à Nimuendajú (1952).

Bebgogoti, grand chef mekranoti dans les années 1940-1990, brandissant son arme durant un discours informel – tout comme Kôkôiaumti et Bepkurwy l'ont fait avant lui chez les Kararaô au début de 1936. Mekranoti Iriri, 1976. Photo Gustaaf Verswijver.

Chapitre IV Histoire récente : massacres et pacification (1939 et années suivantes)

4. HISTOIRE RÉCENTE : MASSACRES ET PACIFICATION (1939 et années suivantes)

Je vais à présent m'intéresser aux vicissitudes que connaissent les trois factions kararaô qui existent en 1939. Les événements seront présentés en fonction de la date à laquelle chacune de ces factions établit des relations pacifiques avec les Brésiliens.

4.1. La faction de Bekà. Première partie : « pacifier[70] » les Brésiliens

Manuel Raymundo (fig. 46) est ouvrier agricole dans une petite ferme le long de la rivière Jaraucu[71]. Un jour d'avril 1939, sa femme et ses filles reviennent en courant à la maison parce qu'elles ont vu des hommes nus creuser dans un coin de leur jardin. Manuel possède des armes à feu mais décide de ne pas les prendre et de simplement affronter les Indiens qui, pense-t-il, doivent être à demi-morts de faim pour avoir l'audace d'apparaître dans son potager en pleine journée. Il découvre cinq ou six Indiens, non armés, en train de déterrer du manioc. Il crie : « Hé, compadres ! ». Surpris, les Indiens lâchent leurs paniers et s'enfuient vers la forêt. Manuel continue à crier « Compadres ! Compadres ! » jusqu'à ce que l'un d'eux s'arrête et se retourne. Manuel approche et fait signe qu'ils peuvent prendre le manioc pour le manger. L'Indien répond par geste qu'il reviendra dans trois jours.

Fig. 46. Manuel Raymundo, qui établit des relations pacifiques avec les Kararaô Jaraucu en 1939. Photo Louis Cordelier, tirée de *A Noite Ilustrada*, 19 mars 1940.

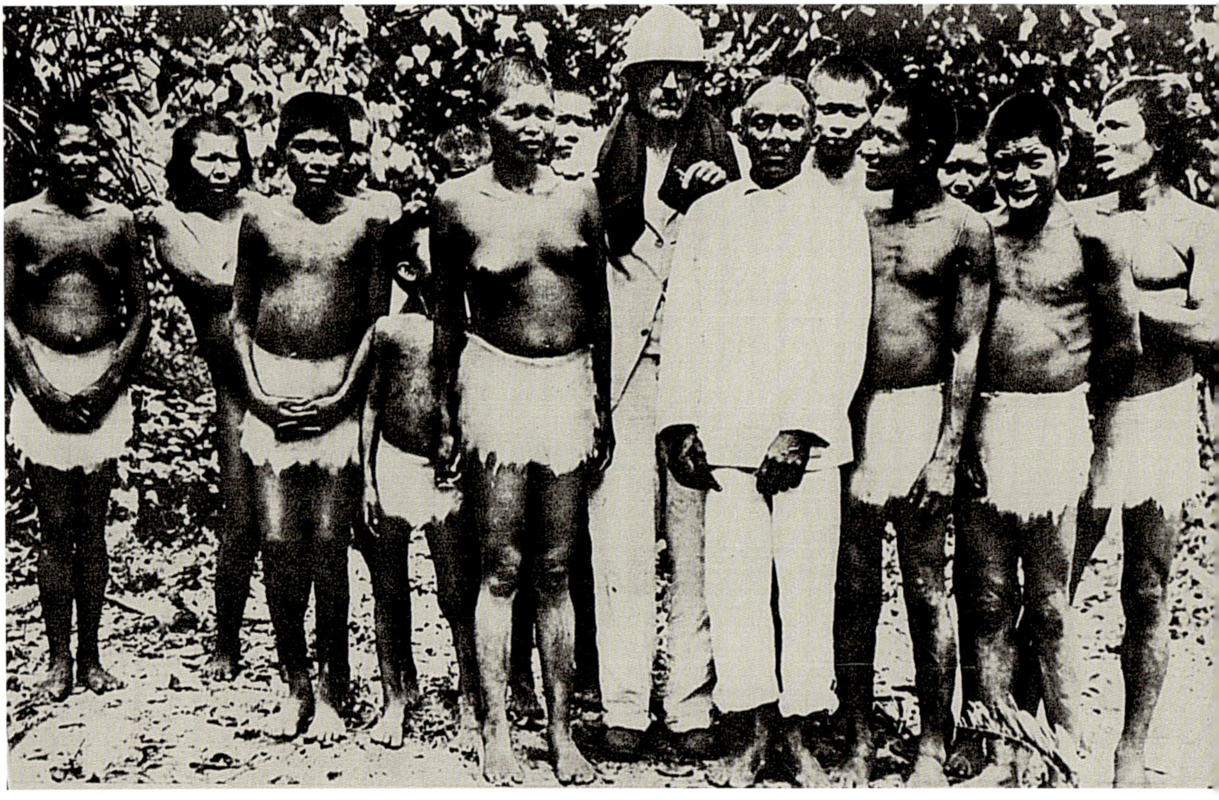

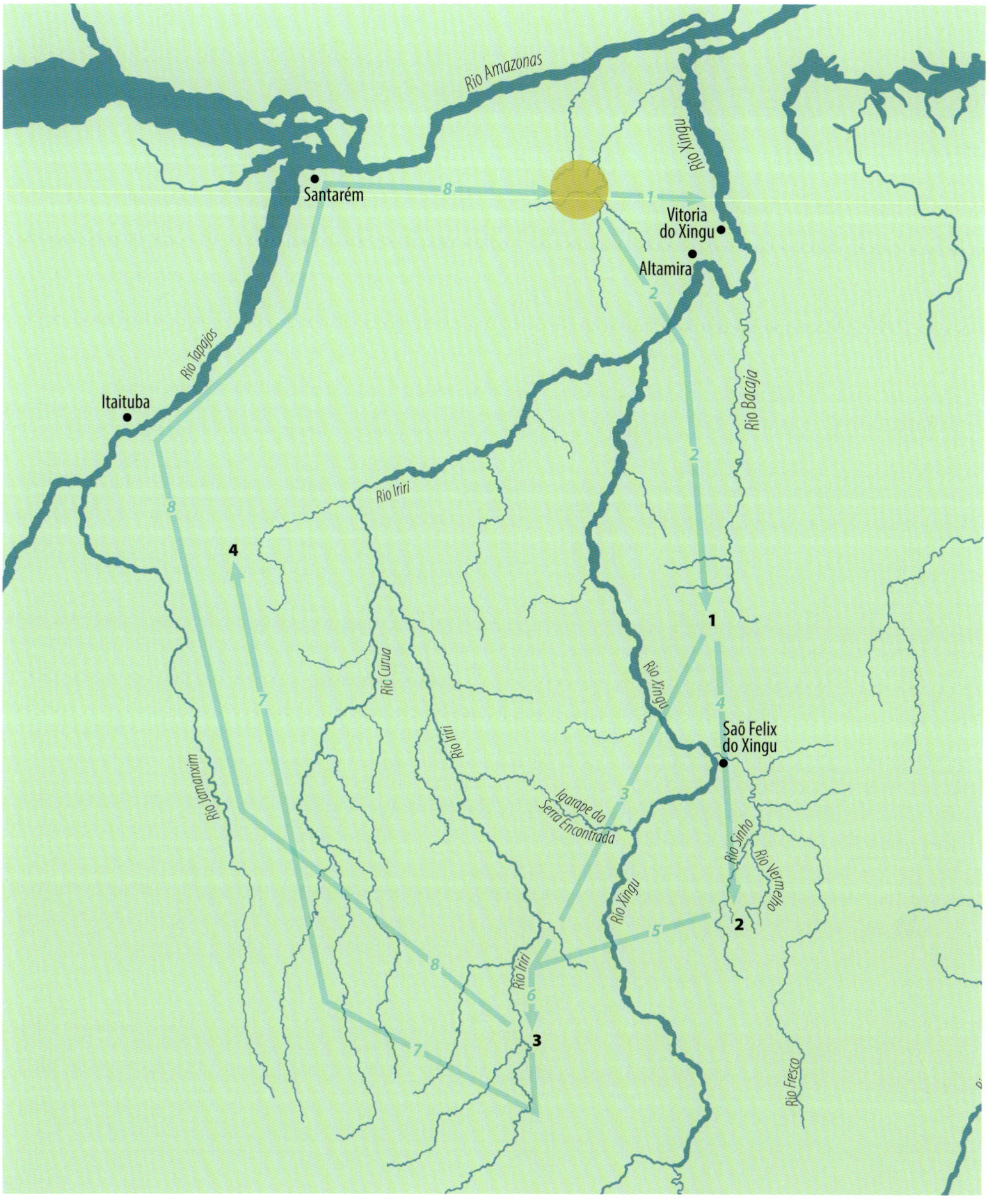

Carte 6. L'exode de la faction kararaô de Nêiamrô, Kôkô'uk et Pukrã en 1938-1939 : (1) la faction de Patykre et Õkwa se déplace vers la rivière Xingu (où les gens d'Õkwa se font massacrer). (2) Nêiamrô, Kôkô'uk et Pukrã se déplacent vers la rivière Branco **1**, où ils sont attaqués par des Brésiliens, (3) après le massacre, Pukrã et Kôkô'uk se déplacent vers la rivière Xinxim où ils cherchent les Menokanê, (4) tandis que Nêiamrô part au sud pour rendre une brève visite aux Kubenkranken **2**, et ensuite (5) il va à la rivière Iriri où (6) il retrouve Pukrã et Kôkô'uk. Ils sont attaqués par les Kubenkranken **3** ; (7) après l'attaque, Pukrã part et ne sera jamais retrouvé (il continue probablement à errer dans la région du Riozinho do Anfrisio **4**) ; Nêiamrô et Kôkô'uk entreprennent un long périple (8), suivant les rivières Jamanxim et Tapajos jusqu'à atteindre Santarém. Ils se dirigent ensuite à l'ouest pour rejoindre la faction kararaô de Bekà qui est resté dans la région en amont de la rivière Jaraucu (en orange sur la carte).

Fig. 47. Maria Idalina, capturée par les Kararaô à la fin des années 1920, et qui finira par vivre à Porto de Moz. Photo Louis Cordelier, tirée de *A Noite Ilustrada*, 19 mars 1940.

12 A NOITE ILUSTRADA 5-3-940

A Pacificação dos CAYAPÓS

DESPERTE A BILIS DO SEU FIGADO

Sem Calomelanos — E Saltará da Cama Disposto para Tudo

VENTRE-SAN

A Salvação dos Sofredores

PRECISANDO DEPURAR O SANGUE

TOME:

ELIXIR DE NOGUEIRA

Fig. 48. Première page d'une série d'articles parus dans *A Noite Ilustrada* présentant le triste destin des Kararaô Jaraucu dans les années 1940. Photo Louis Cordelier, tirée de *A Noite Ilustrada*. 5 mars 1940, p. 12.

Le troisième jour, il arrive, entouré de treize hommes et femmes de sa tribu. Manuel leur donne du feu pour allumer leur pipe et s'étonne d'entendre une femme dire en portugais : « Donne-moi simplement la boîte, compadre, je sais comment utiliser des allumettes ». Il s'agit de Maria Idalina (fig. 47), une Brésilienne capturée enfant par le groupe de Kôkôiaumti, à la fin des années 1920[72]. Manuel emmène les Indiens vers sa hutte où il les présente à sa famille. Ce sont bientôt plus d'une centaine d'Indiens qui viennent manger la farine de manioc, et lors des visites suivantes, leur nombre ne cesse d'augmenter. Manuel est sur le point d'être ruiné. À ce moment-là, la rumeur sur un contact avec des Indiens « sauvages » s'est répandue dans la ville voisine de Porto de Moz dont le maire, Michel Silva, entre alors en scène. À un vieux paysan en retraite, il achète une petite ferme baptisée Cajueiro, qui possède un jardin et un grand hangar. Michel Silva se rend chez Manuel et emmène les Indiens à Cajueiro en descendant la rivière, pour les y installer (Cordelier 1940c).

Maire de Porto de Moz, Michel Silva est un grand propriétaire terrien dont la famille contrôle entièrement l'économie de la région : de l'exploitation du caoutchouc, à la récolte des sapotilles (*Manilkara zapota*) – fruit très sucré à l'odeur délicieusement douce –, en passant par l'élevage de buffles. Avec l'approbation du SPI (qui n'enverra pas un seul agent dans la région), Michel Silva aide les Kararaô avec pour objectif de les intégrer dans l'économie locale –

autrement dit, d'en faire une main-d'œuvre bon marché, ce qui convient au SPI. Silva rend visite aux Indiens en avril, puis vraisemblablement en novembre 1939. Lors de cette seconde visite, il est accompagné par Louis Cordelier, un journaliste d'origine française, qui découvre l'immense champ de manioc donné par le maire aux Kararaô afin d'assurer leur subsistance. Tout n'est pas rose, cependant. Extraite du récit que fait le journaliste de son arrivée, la citation suivante est particulièrement longue. Elle me semble toutefois justifiée en ceci qu'elle illustre parfaitement la situation des Kararaô à cette époque :

« À 9h00 […], nous aperçûmes le hangar indien, vaste bâtiment irrégulier érigé sur des poteaux et recouvert de feuilles de palmier. Alors que nous approchions, la petite animation qui régnait en ces lieux nous surprit. Nous accostâmes. Au sommet d'un ravin voisin, nous attendaient une femme habillée, ainsi que quelques hommes d'un bronze tirant sur le rouge et entièrement nus. La femme, civilisée, avait été kidnappée quelque vingt ans auparavant dans le Maranhão[73] et amenée par les Kayapo. Son visage trahissait les souffrances sans précédent infligées par une captivité interminable dans la jungle. Le Dr Michel [Silva] lui avait fourni les vêtements nécessaires et un hamac. La malheureuse femme exprima sa reconnaissance, quoique sans excès. En réponse à nos questions sur ses compagnons, elle rétorqua froidement : “ Ils sont en train de mourir ”, tout en désignant certains d'entre eux qui étaient étendus à terre. Michel et moi nous regardâmes avec consternation. Nous apprîmes qu'après la première visite du maire, à l'époque de la pacification, la grippe s'était répandue parmi les Kayapo, les décimant au point que, terrifiés, nombre d'entre eux étaient partis pour retourner dans la forêt où ils tentèrent de traiter la maladie avec leurs propres remèdes […]. Après un moment d'indécision, nous décidâmes de partir à la recherche des Kayapo, à quelque distance de l'abri […]. [Il y avait] une vingtaine de huttes dispersées dans la forêt. Dans chacune de ces minuscules huttes, nous vîmes deux ou trois hommes ou femmes avec leur progéniture. Dans la première que je visitai, je découvris une femme étendue, ventre contre terre, sur une couche de feuilles sèches. Sous son corps, je pus voir les pieds de son bébé déjà mort que l'infortunée femme, dans un acte d'amour maternel, tentait de réchauffer avec sa propre chaleur, tout en poussant continûment des grognements presque inhumains, la bouche demi-close […]. Dans une autre, deux jeunes filles étaient en train de mourir ; dans une autre encore, un petit garçon, à l'évidence orphelin, se lamentait, sans défense. Partout, nous entendîmes la toux cruelle qui châtiait les malheureux, lesquels, que ce fût près des brasiers, ou dans l'eau de la rivière, comme pris de folie, plongeaient leurs corps, consumés par la chaleur d'une fièvre inconnue d'eux [...] » (Cordelier 1940a, pp. 12-13).

Les Kayapo ont pour coutume de se couper les cheveux en signe de deuil. La plupart des adultes présents sur les clichés pris par Cordelier (voir pp. 88-92) ont les cheveux courts, ce qui témoigne de l'impact de l'épidémie au cours de laquelle chaque adulte ou presque a perdu un parent proche.

Un mois plus tard, Cordelier retourne à Cajueiro, rencontrant en chemin Curt Nimuendajú, un ethnographe allemand de renom, qui part entreprendre ses premières recherches sur les

Fig. 49. Carlos Borromen Ebner, prêtre catholique basé à Porto de Moz, célébrant une messe parmi les Kararaô Jaraucu en 1939. Photo Louis Cordelier, tirée de *A Noite Ilustrada*, 2 avril 1940.

Fig. 50. Élevage contemporain de buffles, le long de la rivière Jaraucu. Photo Gustaaf Verswijver.

Kayapo – en l'occurrence, les Djudjetukti qui vivent près de Nova Olinda. Cordelier montre à ce dernier certaines images prises parmi les Kararaô. Nimuendajú[74] en est profondément ému et bouleversé, ainsi qu'en témoigne ce commentaire, extrait de son récit :

« Pour le maire de Porto de Moz, dont la municipalité englobe la rivière Jaraucu, il était " évident " que les Indiens devaient s'établir dans les lieux où ils s'étaient manifestés, afin qu'ils puissent bénéficier de l'influence de la civilisation. Cette tentative lui coûta, ou plutôt coûta au SPI, quelque argent, mais le résultat s'apparenta à celui de Nova Olinda : tout d'abord, une partie des Indiens mourut rapidement. Dans les mains d'un journaliste de *A Noite*, je vis d'affreuses images montrant ces infortunés, jetés vivants près des cadavres qui gisaient sur le sol de l'abri qui leur servait de foyer. Nul ne songea que le salut dépendait non pas d'un immédiat rattachement à la civilisation, mais plutôt du retour aux forêts d'où ils étaient venus » (Nimuendajú 1952, pp. 431-432).

La raison qui incite les Kararaô à se rapprocher des Brésiliens est claire : victimes de plusieurs attaques de la part des Krinkati, ils sont affaiblis. Nous pouvons dresser un parallèle avec l'arrivée des Djudjetukti aux abords de Nova Olinda en 1937. Expulsé de Pukatoti, ce vaste groupe erre des mois durant et souffre vraisemblablement de faim. D'où le fait qu'ils se rapprochent des Brésiliens. Les Kararaô sont, eux aussi, affamés.

Fig. 51. Colonie brésilienne actuelle, installée le long du Haut Jaraucu. Photo Gustaaf Verswijver.

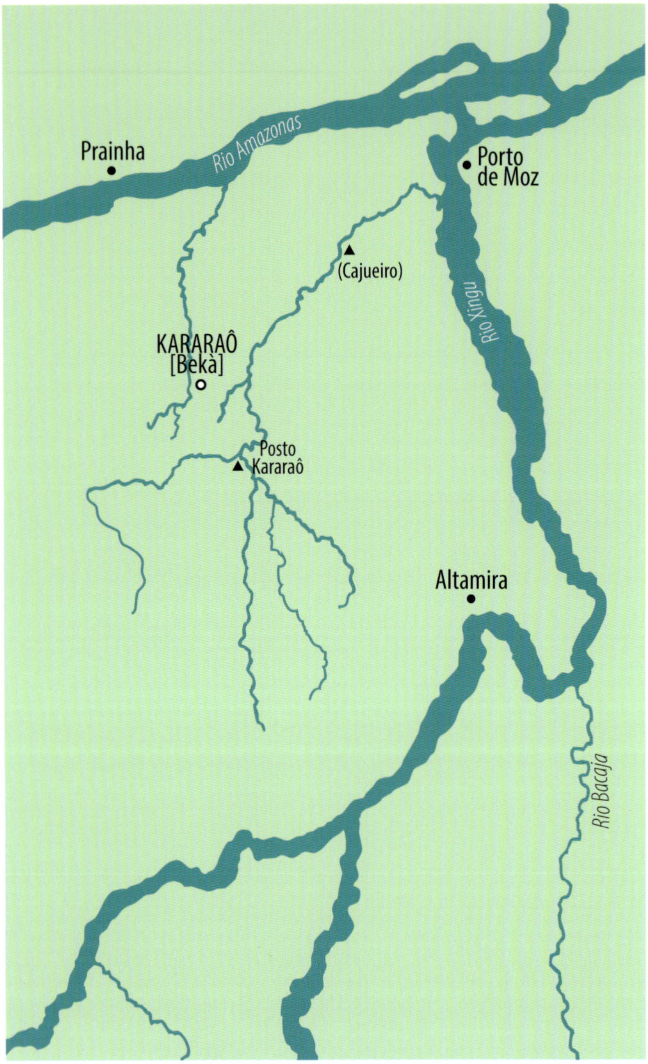

Carte 7. La région de la rivière Jaraucu, zone habitée par les Kararaô unifiés et cœur de celle occupée par les Kararaô Jaraucu. Posto Kararaô, le site où le poste a été établi en 1965 (il a été abandonné en 1967, après que la seconde épidémie majeure a frappé les Kararaô Jaraucu). À Cajueiro, les Kararaô ont maintenu des contacts pacifiques avec les Brésiliens locaux dans la seconde moitié de 1939. Dans la région au sud de Prainha, des Kararaô isolés sont parfois mentionnés.

Autre point commun avec les Djudjetukti, les Kararaô cherchent désespérément à se procurer les armes à feu et les munitions dont ils ont besoin pour résister aux futurs assauts des Krinkati. Et le moyen le plus facile n'est-il pas d'en demander aux Brésiliens ? Cette stratégie est, de fait, moins dangereuse que de risquer chaque fois sa vie[75] en pillant des colonies brésiliennes pour obtenir au mieux une ou deux armes – voire aucune.

Lorsqu'il revient à Cajueiro en décembre 1939, Cordelier constate immédiatement que nombre d'Indiens sont retournés vivre dans la forêt. Le groupe en question inclut un leader que Maria Idalina identifie comme le « tueur de chefs kayapo » (Cordelier 1940b, p. 13). Sans doute est-ce là une référence à Bekà, frère de Kôkôiaumti. Le journaliste se rappelle avoir vu ce leader lors de sa première visite, lequel répète avec insistance « *caton... Caton creú...* », que la prisonnière [Maria] traduit par « fusil ... et balles de fusil », unique présent exigé par cet homme (*ibid.*, p. 13). Voilà qui confirme notre point de vue selon lequel l'obtention d'armes constitue l'une des motivations majeures du rapprochement entre les Kararaô et les Brésiliens. N'oublions pas non plus que Bekà a perdu son arme à feu lors de la rencontre avec les Mekranoti, quelque trois ans auparavant : arme qu'il cherche désespérément à remplacer...

En dépit du nombre élevé de morts durant l'épidémie de grippe qui sévit en novembre 1939, et de tous les survivants qui se retirent dans la forêt à cette époque-là, Cordelier découvre quatre-vingt-six Indiens[76] à Cajueiro lors de sa seconde visite. Prêtre catholique travaillant à Porto de Moz, Carlos Borromen Ebner accompagne le journaliste durant son séjour et célèbre une messe à Cajueiro (fig. 49). Il précise que le groupe compte trente-huit hommes, vingt-sept femmes, treize garçons et huit filles[77] (Ebner 1940-1941, p. 364), parmi lesquels Maria Idalina, la Brésilienne captive qui vit là mais que, peu après la visite d'Ebner, des employés de Michel Silva emmènent à Porto de Moz où

Fig. 52. Domingo « Cabo Verde » Nastacio, qui vit à Porto de Moz et a rencontré Maria Idalina en 1940. Photo Gustaaf Verswijver.

celle-ci travaille comme servante dans la famille du maire[78]. Domingo « Cabo Verde » Nastacio (fig. 52, 109), né en 1921 et habitant de Porto de Moz, se rappelle de l'arrivée en ville de Maria Idalina : « Ils l'ont prise et l'ont emmenée. Ça a été un sacrifice que de la prendre aux Indiens. Les domestiques du Dr Michel l'ont arrachée aux Indiens. Ils se sont battus, battus, jusqu'à la prendre et l'emmener. Ils ont apporté beaucoup de présents pour les donner aux Indiens. Pour leur faire plaisir [...]. Donc, ils l'ont prise avec eux et l'ont fait sortir. Maria Idalina. Puis elle a vécu ici avec son père, avec le Dr Michel. Il était le maire » [Cabo Verde, BCV17_03]. Antonio Soares Cotrim, un *sertanista* renommé du SPI et plus tard du FUNAI, qui rencontre Maria en 1965, m'a rapporté qu'« au terme de nombreuses années, à l'occasion d'un raid armé, des cueilleurs de caoutchouc du coin ont attaqué, et l'ont sauvée. Ils ont attaqué le village » [Cotrim, BCS17_01]. Je reviendrai sur cette reconquête de Maria Idalina dans une autre partie de l'ouvrage (voir Chapitre 4.6).

Le séjour des Kararaô à Cajueiro peut être considéré comme catastrophique. Les Indiens subissent des épidémies et sont attaqués par des Brésiliens. Le prix qu'il leur faut payer pour recevoir un peu de nourriture est, par conséquent, extrêmement élevé. Et vain est leur espoir d'accéder aisément à des armes à feu et des munitions puisqu'ils n'en obtiennent pas. Afonsinho (BAF15_12) affirme à juste titre que « ce groupe kararaô est mort à Porto de Moz à cause de la négligence ». Ce que l'on sait, c'est qu'au tout début de 1940, un groupe de survivants quitte Cajueiro et retourne dans la forêt où il rencontre la faction de Bekà qui est partie de la colonie un ou deux mois auparavant. Selon mon estimation, les deux groupes réunis comptent cent-vingt Indiens environ.

Homme assis près de la tombe d'un parent décédé.

Les Kararaô Jaraucu en 1939-1940, lors de l'épidémie de grippe, maladie jusque-là inconnue pour eux. Photos Louis Cordelier. Avec l'aimable autorisation de la Coleção Carlos Estevão de Oliveira do Museu do Estado de Pernambuco.

Homme portant un grand labret de bois inséré dans sa lèvre inférieure percée.

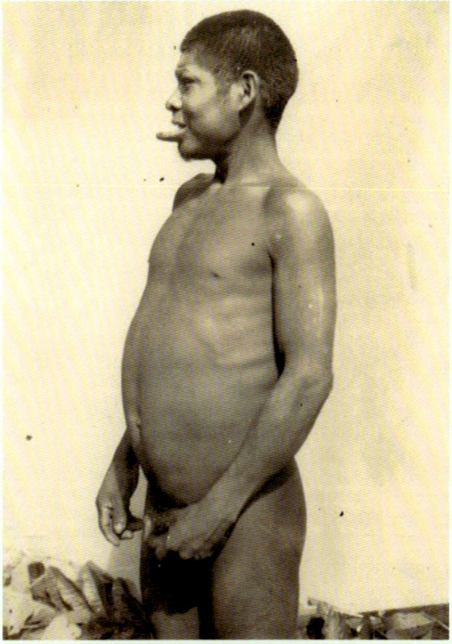

Homme avec un petit labret. Notez la coupe de cheveux, typique d'une personne en deuil.

Homme avec un petit labret.

Femme allongée avec son enfant décharné, victime d'une maladie inconnue des Kararaô Jaraucu avant les premiers contacts.

Femme affaiblie par la maladie.

Femme décharnée, gisant dans un cabanon.

Homme assis près d'un enfant et d'une femme décharnés.

Malades gisant dans une cabane.

Indiens affaiblis ou malades, dans une cabane.

Femme malade gisant dans la forêt.

Homme avec un petit labret. Notez la coupe de cheveux, typique d'une personne en deuil.

Maria Idalina, Brésilienne ayant vécu près de vingt ans parmi les Kararaô.

4.2. La faction d'Õkwa et de Patyk-re. Première partie : le massacre de Vitoria

Lorsque les Kararaô se dispersent après le meurtre perpétré par Bekà sur sa femme, fin 1938, une petite partie d'entre eux se dirige vers la région du cours inférieur du Xingu. Parmi eux se trouvent Õkwa et Patyk-re. Ils font, tous deux, partie du groupe de Pukrã et Nêiamrô qui s'est séparé des Djudjetukti quelques années auparavant : en tant que tel, ce ne sont pas de véritables Kararaô (qui sont les partisans de Kôkôiaumti) et avec lesquels ils ont à peine vécu un an !

Après la séparation, la petite faction d'Õkwa et Patyk-re, qui rassemble quelque quarante Indiens, erre de-ci de-là durant plusieurs mois, restant à proximité du Xingu et apercevant – voire, rencontrant – parfois des Brésiliens dont elle ne provoque toutefois pas l'hostilité et envers lesquels elle affiche systématiquement une attitude amicale. Attitude que partagent ces Brésiliens qui leur donnent à l'occasion un peu de nourriture.

Un jour d'août 1939[79] – autrement dit à l'époque où Bekà et les siens vivent encore avec les Brésiliens à Cajueiro – Õkwa et quelques disciples décident de se lier également d'amitié avec les Brésiliens, mus eux aussi par le désir d'acquérir ces biens tant convoités que sont, notamment, les machettes, les couteaux, les

Fig. 53. Indiens kayapo visitant une petite colonie brésilienne – tout comme les Kararaô Jaraucu visitent Porto de Moz en 1939-1940. Photo Louis Cordelier. Avec l'aimable autorisation de la Coleção Carlos Estevão de Oliveira do Museu do Estado de Pernambuco.

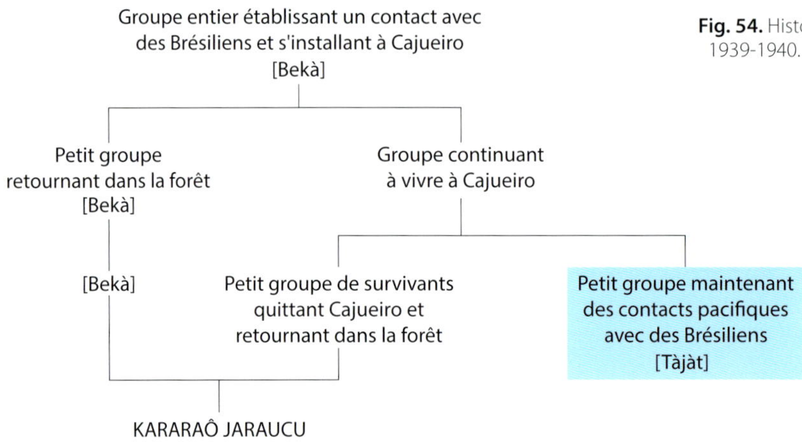

Fig. 54. Histoire des Kararaô Jaraucu en 1939-1940. Tableau Gustaaf Verswijver.

pots en métal, etc. Inquiets de ce choix, certains Indiens préfèrent ne pas participer à l'aventure. C'est ainsi qu'un jour, Õkwa, accompagné en tout et pour tout de douze Indiens[80], surgit au bord du Xingu et fait signe à un bateau d'approcher. Répondant à l'appel, les bateliers prennent les Indiens à bord et poursuivent vers Vitoria, petite agglomération d'environ cent-cinquante habitants, située un peu en amont. Patyk-re et les siens suivent discrètement le trajet de leurs parents sur la terre ferme, se dissimulant dans la forêt-galerie qui court le long de la rivière.

Les Brésiliens accueillent les Indiens, leur donnent de la farine de manioc (Kamiranga BKA15_06) et les conduisent à une hutte où ils pourront passer la nuit. Alors que ces derniers sont en train de dormir, quelques Brésiliens ferment l'abri et se mettent à tirer. Voici la description du massacre par Nimuendajú :

« L'attaque de Vitoria[81] […] se produisit ainsi : le reste de la bande [de Bekà] que l'on vit le long de la rivière Jaraucu, et qui, plus tard, campa devant Itapinima, était apparu sur la rive du Xingu, à l'embouchure du Tucuruí[82]. Il ne s'agissait que d'une douzaine d'Indiens. Plusieurs bateaux qui passaient s'arrêtèrent et l'équipage visita le camp sans incident. Puis les Indiens se manifestèrent devant Vitoria et leur demandèrent de les transporter sur la rive droite du Tucuruí, ce qui fut fait. Une fois à Vitoria, les Indiens furent emmenés dans une pièce, et lorsqu'ils furent endormis, les sorties furent bloquées par des hommes armés. Réalisant ce qui se préparait, le chef du groupe partit et tandis qu'il essayait de s'emparer d'un canoë, fut tué d'une balle. Les meurtriers affirment que celui-ci était armé d'un revolver et qu'il tira en premier. Puis les hommes visèrent ceux qui se trouvaient dans la pièce. Neuf Indiens moururent, hommes, femmes, enfants. Seul, un couple en réchappa » (Nimuendajú 1952, p. 435).

Là où la plupart des informateurs ne font état que d'un seul survivant, l'ethnographe affirme qu'un couple a échappé au massacre. Kamiranga[83] (BKA15_06) mentionne également deux survivants : Õkwa et un autre homme, Bepkarànhin. Pour autant que je sache, Bepkarànhin parvient effectivement à fuir mais, gravement atteint, succombe à ses blessures peu après l'attaque. Õkwa (fig. 55) devient donc, de facto, l'unique survivant. Durant l'assaut, il réussit à grimper sur le toit de la maison et à s'échapper. Il prend la fuite en direction d'Altamira, grande ville de la région.

Avant d'évoquer l'histoire d'Õkwa, il est important de mentionner à ce stade que Patyk-re et ses compagnons tribaux assistent de loin au massacre. Sidérés par ce dont ils sont témoins, ils fuient vers le sud[84].

Les journaux brésiliens ne font nulle référence à ce massacre de Vitoria : l'événement est étouffé. Dans les années 1940 et 1950, il est, de fait, courant de voir la presse brésilienne commenter la moindre agression commise par des Indiens, et de minimiser, voire de passer sous silence, les atrocités récurrentes dont sont responsables les Brésiliens locaux. Nimuendajú évoque le massacre dans son article de 1940, lequel ne sera toutefois publié qu'en 1952 et dans une revue scientifique, non pas dans un quotidien. Ce n'est que récemment que le bain de sang de Vitoria a suscité quelque attention : Horace Banner (1963, p. 25)

Fig. 55. Õkwa, unique survivant de la faction kararaô à laquelle il appartenait, durant son bref séjour à Altamira en 1940. Archives Horace Banner. Avec l'aimable autorisation de James Banner.

Fig. 56. Le missionnaire anglais Horace Banner, lequel a consacré sa vie aux Gorotire et aux autres groupes kayapo. Archives Horace Banner. Avec l'aimable autorisation de James Banner.

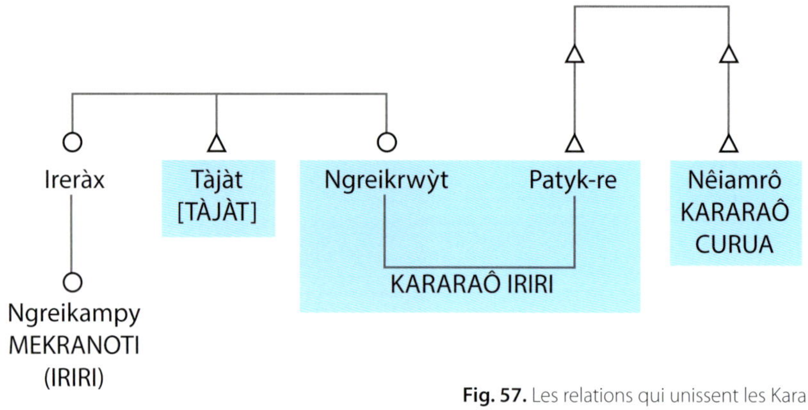

Fig. 57. Les relations qui unissent les Kararaô Iriri, les Kararaô Curua et la faction de Tàjàt. Tableau Gustaaf Verswijver.

et Enrique Krauetler (1979, pp. 127-128) en font mention. Ce dernier ajoute que le juge de Porto de Moz a estimé « être dans l'incapacité d'entreprendre une quelconque action en l'absence de preuves policières ». Cependant, et quoique son récit soit écrit dans un style romancé, c'est Nunes (2003, pp. 155-164) qui relate en détail le massacre à propos duquel il fournit des précisions intéressantes. Il affirme, par exemple, que les Indiens, affamés et souffrant de la grippe, établissent un camp sur la berge où ils quémandent de la nourriture (*ibid.*, p. 158)[85]. Il indique que ces Indiens pénètrent dans Vitoria sans rien sur eux, pas même leurs arcs, leurs flèches, leurs massues ou leurs paniers. Ils arrivent les mains vides, ce qui signifie qu'ils viennent avec les meilleures intentions du monde. Selon Nunes, une fois le massacre perpétré, tous les corps sont ensevelis dans un unique trou situé derrière le cimetière[86]. Avec un indéniable à-propos, l'auteur achève son récit par ces mots : « Nul mot ne fut ajouté, nulle autre question posée ». De fait, l'événement est enterré hic et nunc…

Environ trois mois après le massacre, Õkwa, l'unique survivant, surgit dans un jardin près d'Altamira, non loin de Vitoria. Ce jour-là, José Rolinha est parti pêcher dans un lac voisin, alors que sa femme est allée ramasser du maïs, munie d'un panier et d'une carabine (.44 rifle). À l'instant où elle arrive, Õkwa se montre. Elle lâche le panier, et l'Indien se met à rire. Alors, elle s'approche de l'homme nu, l'agrippe et lui offre de la nourriture (Kamiranga BKA15_06). Au retour du mari, le couple emmène le docile Õkwa en canoë jusqu'à Altamira où ils guident l'« Indien nu, cramponné à son arc et une poignée de flèches » jusqu'à la préfecture. Le missionnaire britannique de l'Unevangelized Fields Mission, Horace Banner, alors présent à Altamira, est appelé pour servir d'interprète[87]. Le pasteur précise que, trois mois durant, Õkwa a cherché « quelques autres survivants » (Banner 1963, p. 26) — sans doute s'agit-il de Patyk-re et de son groupe qui ont fui la région après avoir assisté au massacre de loin. Banner devant se rendre à Belém pour des achats, Õkwa est placé dans la prison d'Altamira. À son retour, le missionnaire découvre une ombre,

« M. Côte » – signification du nom Õkwa en kayapo – ayant contracté une pneumonie et se trouvant quasiment à l'article de la mort par manque de soins et de nourriture adéquats. Le pasteur parvient à le faire transférer à la mission. Au courant du meurtre des Trois Fred (voir Chapitre 2.2, 2.3 et 2.4), Õkwa identifie même les tueurs[88]. Quelque temps plus tard, Horace Banner remonte par bateau jusqu'à son poste, au bord du Riozinho. L'Indien l'accompagne, mais disparaît, une fois le camp endormi lors de la première nuit, non loin de l'embouchure de l'Iriri (Banner 1963, p. 31 ; Kamiranga, BKA15_06). Dix ans plus tard, en septembre 1950, Banner rencontre de nouveau Õkwa. « M. Côte » avait remonté le cours supérieur du Riozinho où il avait rejoint les Kubenkranken[89] (Banner 1950-1951ms).

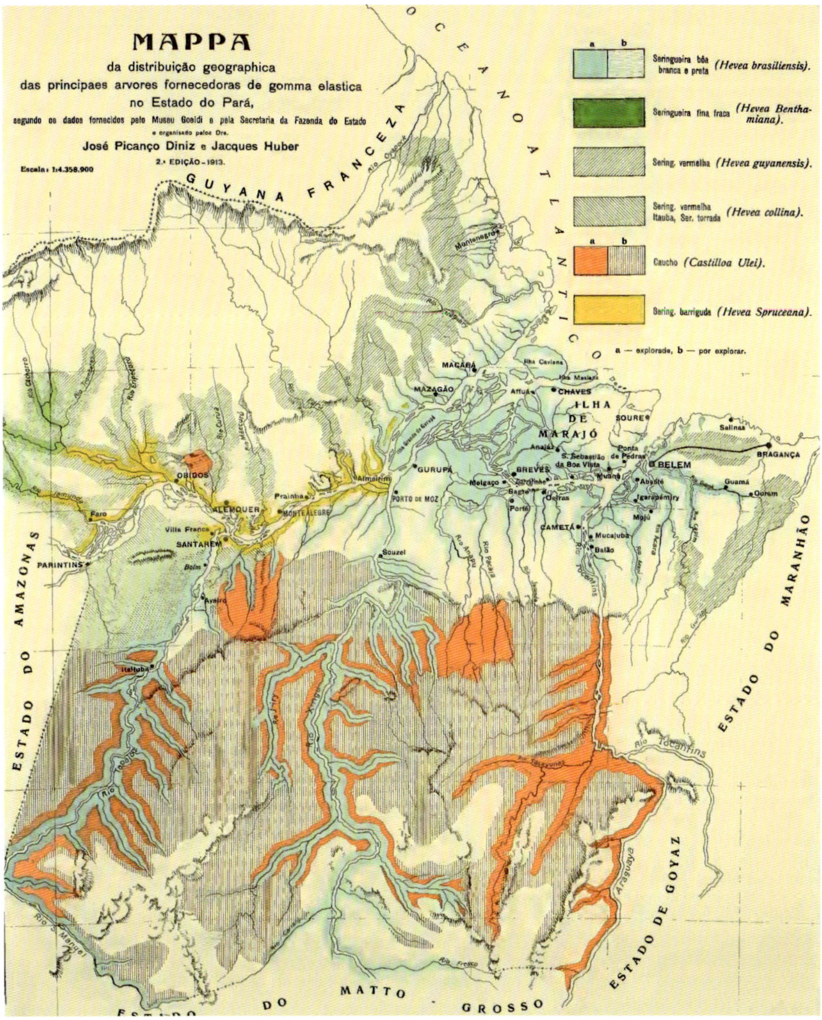

Fig. 58. Carte indiquant la répartition du caoutchouc dans l'État de Pará. Il apparaît clairement que les cours intermédiaires et inférieurs du Tapajos et du Xingu correspondent aux principales concentrations d'*Hevea brasiliensis* (indiquées en bleu clair). Tirée de J. Huber, « Novas contribuições para o conhecimento do genero Hevea », 1913.

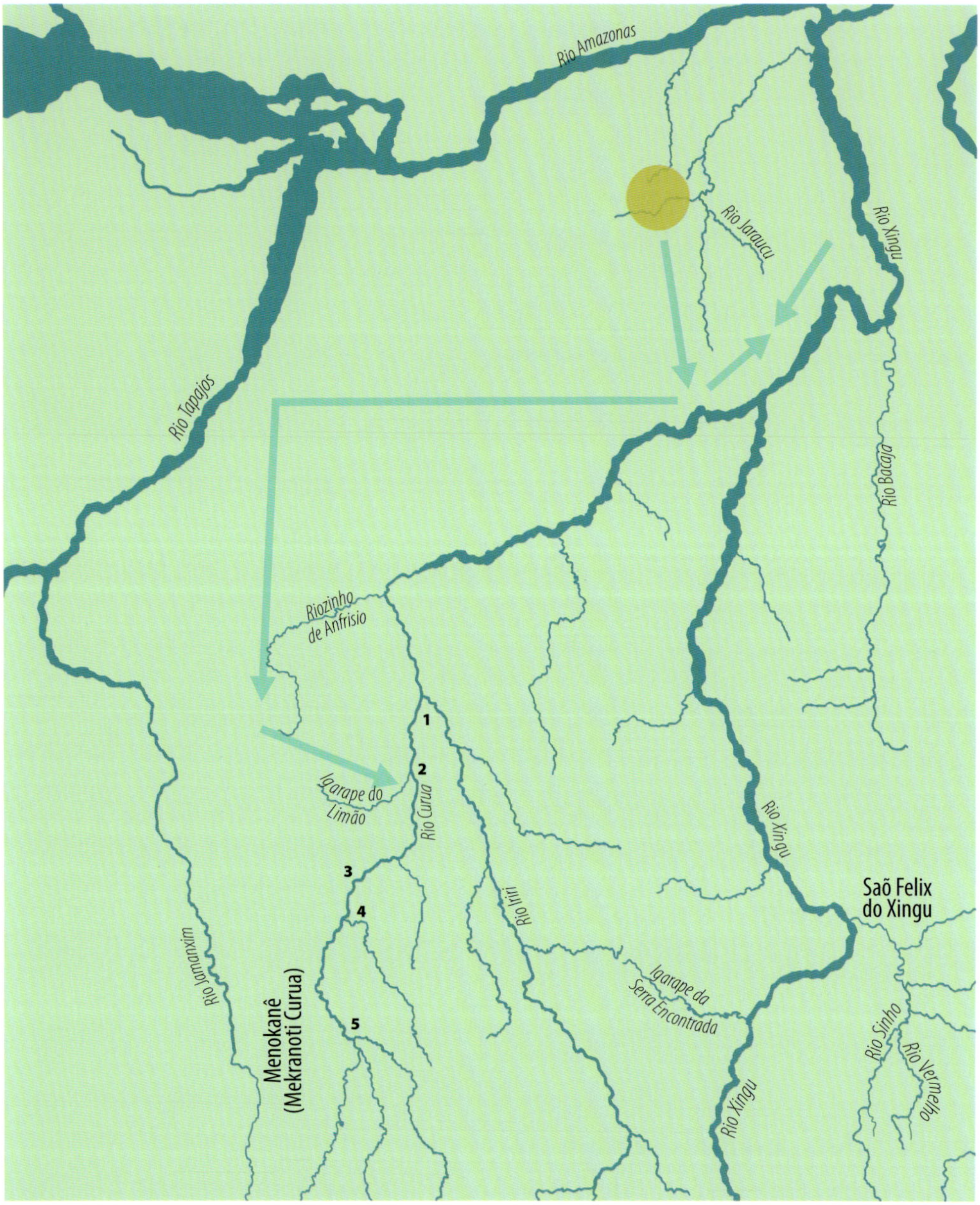

Carte 8. Itinéraire suivi par les Kararaô Curua menés par Nêiamrô, Pinin et Rontyiarô lors de leur migration au départ du cœur de leur zone d'habitation (indiquée en orange). **1.** emplacement de la petite colonie brésilienne d'Entre-Rios ; **2.** emplacement de la petite colonie de João Rogerio dans les années 1950 (l'auteur l'y a rencontré en 2004) ; **3.** emplacement de Bom Fim où les Kararaô Curua se sont installés en 1957, immédiatement après avoir accepté d'entretenir des contacts pacifiques avec les agents du SPI ; **4.** emplacement de Bom Futuro où les Kararaô Curua et les Mekranoti Curua (également les Menokanê) se sont unis en 1958 ; **5.** emplacement du Posto Bau (aussi appelé Posto Juscelino Kubitscheck, « JK ») établi en 1960-1961. Le parcours migratoire des Kararaô Curua est indiqué en bleu étant donné qu'ils descendent de la maison des hommes Est dans le village principal de Pukatoti.

Fig. 59. Camp forestier kayapo typique. Ce sont des camps de ce type que les Kararaô Curua ont occupés, des années durant, au cours de leur errance. Photo Gustaaf Verswijver. Avec l'aimable autorisation du Museum der Weltkulturen, Francfort.

4.3. La faction de Bekà. Deuxième partie : le groupe de Nêiamrô

Après leur malheureuse expérience avec les Brésiliens qui provoque la mort de nombre d'entre eux et ne leur bénéficie guère (en matière de biens), les Kararaô, conduits par Bekà, s'en retournent à la forêt pour reprendre leur vie semi-nomade traditionnelle. Voici ce que rapporte Nimuendajú (1952, p. 432) :

« Finalement, les survivants se retirèrent. On dit qu'ils furent chassés à coups de fusil. En route, ils attaquèrent une maison au bord de la rivière Guajará, tuant quelques personnes et kidnappant une femme avec son fils[90]. Ils réapparurent pourtant pacifiquement devant Itapinima, sur la rive gauche du Xingu où ils campèrent un certain temps. Puis ils s'enfoncèrent davantage dans les terres et finirent par disparaître complètement. » L'ethnographe avance qu'ils « étaient fort peu »,

Fig. 60. Jeunes hommes mekranoti iriri apprenant à récolter le latex en 2006. Photo Luis Carlos da Silva Sampaio.

sous-estimant la population de ce groupe kararaô qui devaient compter quelque cent Indiens ces jours-là.

Après une apparition pacifique près d'Itapinima, les Indiens s'affrontent et le village connaît une nouvelle scission. Deux frères biologiques, Nêiamrô et Pinin, ainsi que trois hommes apparentés, décident de partir, craignant d'être tués par Bekà et ses hommes. Le groupe de Nêiamrô se compose de membres qui ont quitté les Djudjetukti après avoir attaqué les Asurini, et comprend les deux adolescentes brésiliennes qu'ils viennent de kidnapper le long de la rivière Guajará (Afonsinho, BAF15_12). Les cinq familles se mettent en quête de Patyk-re[91]. Vaine est cette quête qui ne leur révèle que des traces « parce que Patyk-re se cachait vraiment […]. Notre peuple continuait à le chercher, ne cessant de marcher, et marcher, mais sans le trouver » (Mauré, KKM16_32). Nêiamrô et Pinin finissent par abandonner les recherches et décident de se diriger vers le sud, parcourant la région inter-fluviale située entre

Fig. 61. Saigneurs d'hévéa devant la peau de jaguars abattus (probablement au début des années 1960). Archives Horace Banner. Avec l'aimable autorisation de James Banner.

l'Iriri et le Jamanxim. Ils se déplacent lentement, établissant chaque fois des camps temporaires qu'ils occupent plusieurs mois durant, avant de reprendre la route. Ils passent près d'Itaituba, le long de la rivière Tapajos, puis obliquent en direction de la rivière Curua (Tucum, KKY16_15). Vivant de façon nomade, ils ne restent jamais assez longtemps sur place pour y établir des jardins.

La situation évolue lorsqu'ils parviennent dans la zone du cours supérieur du Riozinho de Anfrisio, affluent important de l'Iriri. Zone que Nêiamrô et les siens connaissent pour l'avoir traversée quelques années auparavant, après avoir fui l'attaque des Djudjetukti qu'ils subissent alors qu'ils se déplacent le long de l'Iriri. La région abonde en poissons, et n'offre nulle autre trace d'Indiens ou de Brésiliens. Décidant donc de rester, ils construisent un village formé de trois huttes et tracent les plans de jardins. En dépit du nombre de préleveurs de latex qui croît rapidement le long de l'Iriri et du Curua au cours de ces années-là[92] (1940 et 1950),

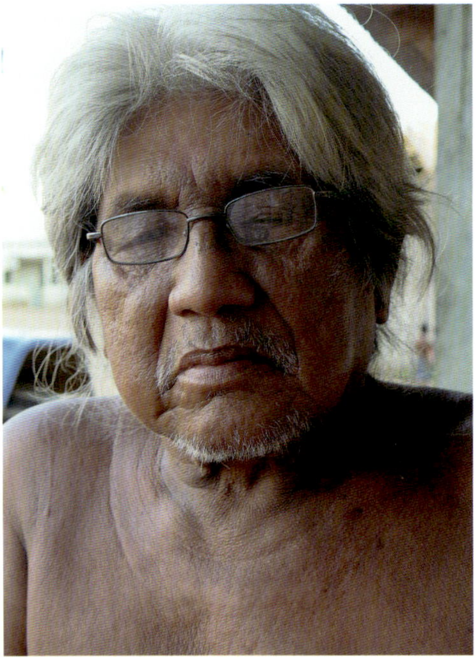

Fig. 62. Bepôkti « Maure », Kararaô Curua vivant actuellement avec les Xikrin Bacaja, 2016. Photo Gustaaf Verswijver.

Fig. 63. Yxyky « Tucum », frère de Maure, marié à une Brésilienne et fondateur d'un village situé sur la Terre Indienne des Xikrin Bacaja, 2016. Photo Gustaaf Verswijver.

le petit groupe de Nêiamrô vit en paix et prospère. Dans les faits, il leur arrive de piller une ou deux colonies brésiliennes, essentiellement pour voler les récoltes des champs et les replanter dans leurs propres jardins, mais, selon Beppôkti-re[93], fils aîné de Pinin, rares sont les confrontations directes avec les Brésiliens (Mauré, KKM16_29).

Tucum (KKY16_15) précise que les Kararaô de Nêiamrô, dès lors baptisés Kararaô Curua, demeurent plus de dix ans[94] dans la région du Rio Anfrisio. En 1954 ou 1955, ceux-ci décident de partir pour s'établir dans une région située près du Limão, un affluent de la rivière Iriri[95]. L'une des raisons qui motive leur départ du Riozinho de Anfrisio est l'agression qu'ils subissent de la part de Brésiliens pourvus d'armes à feu. Par miracle, seule une femme est tuée – une adolescente du nom de Nhàkkôti, fille de Raimunda, l'une des captives brésiliennes. Toutefois, d'autres Indiens sont gravement blessés[96]. L'autre raison tient à leur volonté de se rapprocher des Brésiliens afin de pouvoir piller plus aisément leurs colonies : « Nous sommes partis pour les sources du Limão où nous avons commencé à voler du manioc et du maïs. Nous prenions la nourriture, l'emballions et décampions » (Mauré, KKM16_29). Cependant, en quittant l'abri où ils se dissimulaient, les Indiens s'exposent et sont parfois confondus avec des groupes kayapo de la région, plus agressifs[97]. En résultent des escarmouches (Mauré, KKM 16_29).

Un jour de 1957, les Kararaô Curua saccagent les champs de João Rogério[98] (fig. 65), saigneur d'hévéa installé à l'embouchure de l'affluent Limão. Dès qu'il sent la présence des Indiens, ce dernier emmène sa famille à Entre-Rios, vaste colonie de la région située en aval. Son départ coïncide avec l'arrivée de Francisco Meirelles[99] (fig. 64, 66), inspecteur du SPI envoyé sur place pour établir des contacts pacifiques avec les différents groupes kayapo qui empêchent l'exploitation complète de la zone fertile s'étendant entre l'Iriri et le Curua[100]. L'équipe se compose de dix-sept hommes : Francisco Meirelles, trois autres agents du SPI, cinq Indiens Djudjetukti et huit hommes engagés sur place pour aider les pacificateurs. L'équipe se déplace en bateau et, après avoir quitté Entre-Rios, s'arrête une première fois dans une colonie proche du Limão : colonie mise à sac quelques jours auparavant par les Indiens qui, en partant, ont semé une série d'embûches – en particulier, des bâtons épineux dissimulés dans les feuillages et destinés à blesser quiconque se jetterait à terre en voyant les Indiens attaquer.

Fig. 64. Francisco Meirelles après la pacification d'une faction xavante en 1949, pacification qui établit sa renommée. Photographe inconnu. Avec l'aimable autorisation du Museu do Índio, Rio de Janeiro.

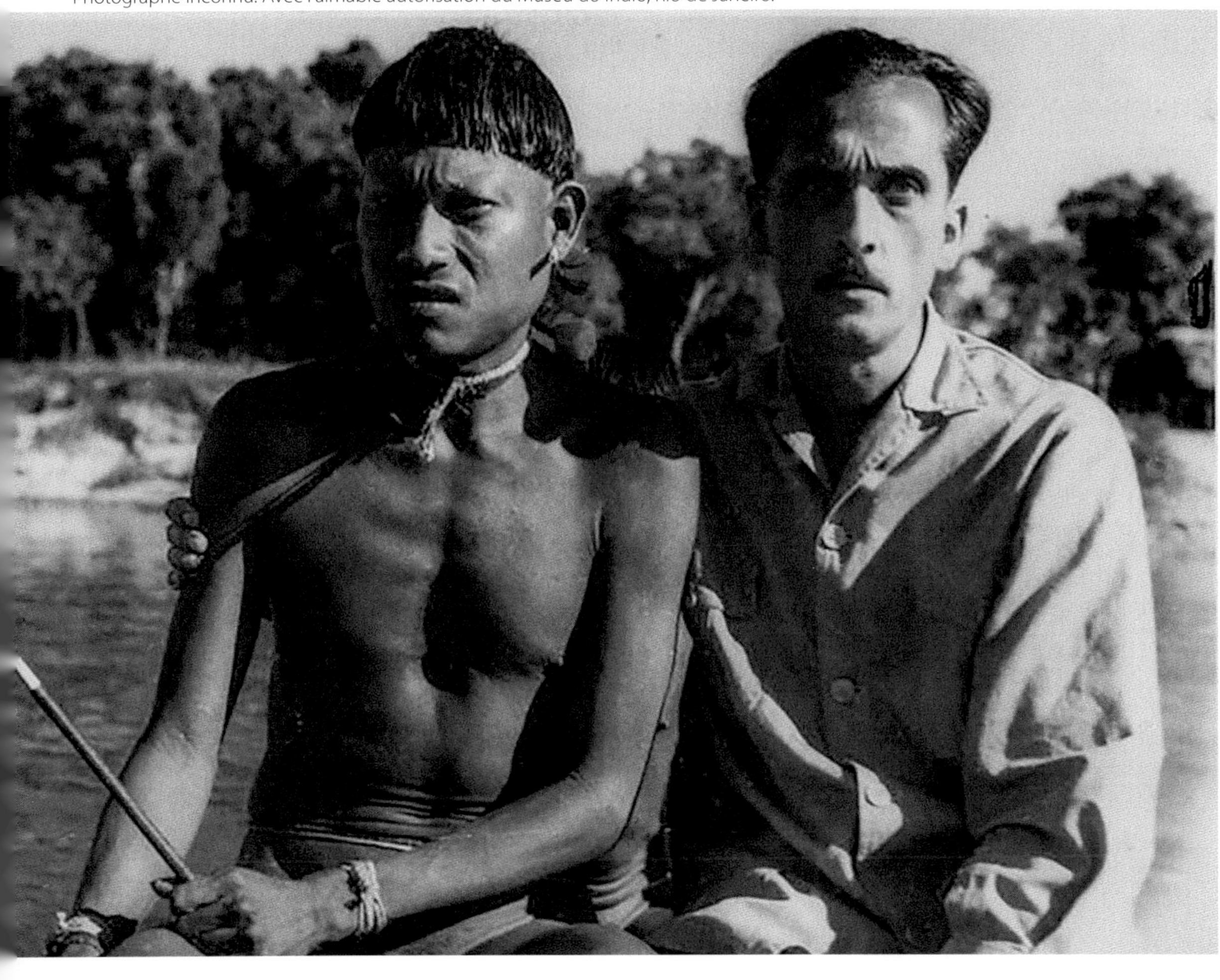

De là, les hommes du SPI gagnent la colonie de João Rogério. Les Kararaô ont saccagé les lieux et emporté les abondantes denrées alimentaires. Les traces qu'ils ont laissées étant encore très fraîches, l'équipe comprend que les Indiens ne sont pas loin, d'autant qu'il leur faut porter leur lourd butin. Dès le jour suivant, les hommes du SPI atteignent le campement des Kararaô qu'ils encerclent en criant qu'ils sont venus en paix[101]. Les lieux ne sont occupés que par un homme âgé, des femmes et des enfants, les adultes étant partis à la chasse. Tandis que la plupart des membres de l'équipe demeure sur place, quelques-uns partent dans la forêt à la recherche du chef du village. Tous reviennent à la tombée de la nuit, et après les discours habituels, les Kararaô acceptent de vivre en paix avec les Brésiliens. En retour, ils reçoivent les biens qu'ils convoitent : pas moins de « cinq nouveaux fusils de chasse, deux carabines, ainsi que quarante machettes, vingt haches, cinquante couteaux de pêche, dix ciseaux et de nombreux hameçons, une ligne de pêche, des shorts, des chemises, des robes de femme et dix hamacs » (Meirelles 1958ms, pp. 6-7).

Cette pacification a lieu le 20 mai 1957 (*Folha do Norte* 21/5/1957). D'après Meirelles (1958ms, p. 6), le groupe compte cent-cinq Indiens, dont « deux femmes civilisées qui furent enlevées près de la rivière Tapajos alors qu'elles étaient encore enfants ». Ces deux femmes – Mokokti (Raimunda) et Noty – sont les adolescentes capturées début 1940 au bord de la rivière Guajará, au nord d'Altamira.

Se basant sur des documents du SPI, Arnaud & Alves (1974, p. 4) affirment que les Kararaô Curua ne sont que trente-huit ; Afonsinho (BAF15_07) déclare pour sa part qu'ils sont trente-deux. L'estimation la plus basse

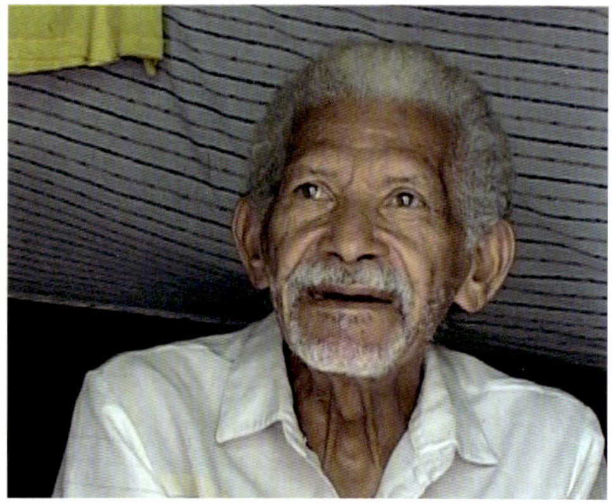

Fig. 65. João Rogério, dont la colonie est mise à sac par les Kararaô Curua en 1957. Photo Gustaaf Verswijver, 2005.

semble corroborée par les dires de Mauré (KKM16_32), selon lequel son groupe, très petit, ne comprend que quatre hommes adultes et deux[102] jeunes adolescents. En abordant la question du recensement, ce dernier parvient à se rappeler le nom de vingt-deux personnes – vraisemblablement plus nombreuses parce que l'Indien ne se souvient pas du nom des enfants de quelques couples qui n'appartiennent pas au cercle étendu de sa propre famille[103].

Juste après cette pacification, Meirelles et l'équipe SPI emmènent la totalité des Kararaô qu'ils installent dans l'exploitation caoutchoutière de Bom Fim (« Bonne Fin »). Peu après, une fois les Mekranoti du Nord (Curua) pacifiés par la même équipe un peu plus haut sur le Curua, le SPI réunit ces Indiens[104] avec les Kararaô dans une autre exploitation d'hévéa, située à quelques heures de canoë en amont de Bom Fim, et baptisée Bom Futuro (« Bon Futur ») (fig. 67). Nom qui n'eût pu être plus ironique pour ces deux groupes dont le séjour s'avèrera tout sauf heureux … En effet, les maladies frappent bientôt. Comme nous l'avons déjà

Fig. 66. Francisco Meirelles, inspecteur du SPI avec un Kayapo Kokraimoro ayant reçu un fusil à la suite de l'établissement de relations pacifiques en 1957. Photographe inconnu. Avec l'aimable autorisation du Museu do Índio, Rio de Janeiro.

Fig. 67. Femmes kararaô curua et mekranoti curua à Bom Futuro, peu après leur pacification en 1957. L'enfant que porte la femme au centre est Wôti-re (voir les fig. 74, 75). Photographe inconnu. Avec l'aimable autorisation du Museu do Índio, Rio de Janeiro.

évoqué, Nimuendajú insiste dès 1940, dans le rapport qu'il remet au SPI, sur l'habitude néfaste qui consiste à déplacer loin de leur habitat des Indiens récemment rencontrés, pour les établir en un lieu différent. Politique que le SPI continue pourtant à appliquer couramment dans les années 1950 et 1960 en la justifiant par la nécessité « d'assurer une meilleure aide aux Indiens récemment pacifiés ». Or, ce déplacement en des lieux plus aisément accessibles expose ces derniers aux maladies occidentales véhiculées par les Brésiliens locaux qui circulent dans la région. Le taux de mortalité élevé qui touche en conséquence les Indiens récemment rencontrés est jugé certes malheureux mais « inévitable »…

Bom Futuro est une exploitation caoutchoutière. Outre les Indiens, elle est occupée par plusieurs familles brésiliennes. Selon Afonsinho qui y séjourne un an en tant qu'employé du SPI, ces Indiens sont au nombre de cent-trente environ, soit trente Kararaô et une centaine de Mekranoti[105] qui occupent quelques huttes concentrées dans un hameau – et non pas disposées en cercle comme c'est la coutume dans un village kayapo traditionnel. Bâties par les Brésiliens, ces huttes possèdent des murs en bois. Il n'existe pas de véritable maison des hommes, lesquels se rencontrent irrégulièrement dans un petit abri situé en bordure du hameau (Afonsinho, BAF15_09).

Peu après la pacification de 1957, une grippe asiatique mortelle ravage la communauté curua. Afonsinho et Kamiranga sont toujours employés à Bom Futuro quand la première épidémie mortelle frappe les Indiens récemment rencontrés. Kamiranga note que « nul ne savait comment faire face à cette grippe asiatique. Nombreux sont les Indiens qui sont morts. Chaque fois que j'en parle, j'ai envie de pleurer. J'étais là. Moi et Afonsinho. Nous étions là à Bom Futuro lorsque les Indiens sont morts. Ce fut affreux. Ces Indiens étaient comme ma famille. Nous travaillions beaucoup avec eux. Moi et Afonsinho. Le seul médicament dont nous disposions était le citron ! » (Kamiranga BKA15_06). Le 28 mars 1958, un message radio alarmant est envoyé depuis la station SPI d'Altamira au quartier général de Belém, déclarant qu'« hier, le canot à moteur Cavalcante est arrivé, apportant une lettre écrite par Castelo[106]. Celui-ci annonce que trente Indiens sont décédés, et que les autres sont malades, certains au seuil de la mort » (SPI 28 mars 1958). La grippe fera au total cinquante victimes (Arnaud & Alves 1974, p. 4).

Au quartier général de Belém, le SPI fait face à de sérieuses difficultés financières. Le peu de moyens disponibles sert à organiser de nouvelles expéditions de pacification des Kayapo, sous la pression des politiciens locaux qui considèrent que ces Indiens empêchent le développement économique d'une vaste région dans la partie méridionale de l'État de Pará. Des fonds sont par conséquent mis à disposition pour financer les expéditions[107], mais il n'y a, en revanche, que peu, voire pas d'argent pour acheter des médicaments, ou pour assurer le transport de ces médicaments et de la nourriture aux différents postes nouvellement créés et isolés.

Peu après l'épidémie de grippe, le malheur s'abat de nouveau. Cette fois, c'est la rougeole qui atteint les Kararaô et les Mekranoti de Bom Futuro. Officiellement, à ce moment-là, un jeune infirmier du SPI est attaché à l'exploitation. Toutefois, comme le constate Afonsinho, cet infirmier n'est pas régulièrement présent : « Il passait quelque temps ici, mais le plus souvent, il était ailleurs. C'était difficile à cette époque. Aussi ces gens [du SPI] passaient-ils plus de temps hors

Fig. 68. Femme mekranoti iriri na récoltant des noix du Brésil. Village de Baú, 2005. Photo Gustaaf Verswijver.

Fig. 69. Mãntino, leader mekranoti curua déçu par le peu de soutien apporté par le SPI, disparaît dans la forêt pour plusieurs années à la fin des années 1950. Photo Luis Carlos da Silva Sampaio, 2005.

Fig. 70. Mãntino recevant un fusil de Meirelles en 1961. Photographe inconnu. Avec l'aimable autorisation du Museu do Índio, Rio de Janeiro.

de la région[108] » (Afonsinho, BAF15_07). Selon Arnaud & Alves (1974, p. 4), quarante-quatre autres Indiens meurent lors de cette seconde épidémie.

Les Kararaô et les Mekranoti de Bom Futuro qui ont résisté vivent dans des conditions misérables, et au terme de deux épisodes de maladie mortelle, l'exode commence. Mãntino (fig. 69-70), un jeune leader, emmène avec lui quelques parents et partisans mekranoti – soit dix familles en tout (Tucum, KKY16_15) – et remonte la rivière. Ce groupe disparaît un long moment, errant dans la forêt (Tucum, KKY16_15). D'autres décident de descendre la rivière pour vivre avec les Brésiliens. Voici comment Afonsinho décrit cette rude période : « C'était l'époque des chasseurs de fourrure, et donc, les Indiens ont commencé à travailler pour un patron. Les patrons s'intronisaient eux-mêmes, et les Indiens se sont mis à chasser les chats sauvages pour eux. Cela se passait quand ils vivaient à Bom Futuro. La région était aussi complètement envahie par les chercheurs d'or. C'était affreux. Et il y avait beaucoup de maladies » (Afonsinho, BAF15_07). La captive brésilienne Raimunda, appelée Mokokti (fig. 73) a emmené ses fils en aval de la rivière jusqu'à Praia où ils ont séjourné plusieurs années, vivant et travaillant avec les préleveurs de latex (Tucum, KKY16_15).

Le moins que l'on puisse dire est que la pacification n'apporte nulle joie aux Kararaô Curua et Mekranoti Curua. Il est vrai qu'à cette époque, ils bénéficient d'une quantité impressionnante de biens, dont le plus convoité de tous, des armes à feu. Mais les cadeaux sont uniques[109]. Après les avoir reçus, les Indiens doivent travailler pour obtenir d'autres produits. Ce qui nous conduit à la seconde raison pratique pour laquelle le SPI déplace systématiquement

Fig. 71. Au centre, Ôti, jeune Kararaô Curua, avec le colonel Moacir du SPI, en 1961. Photographe inconnu. Avec l'aimable autorisation du Museu do Índio, Rio de Janeiro.

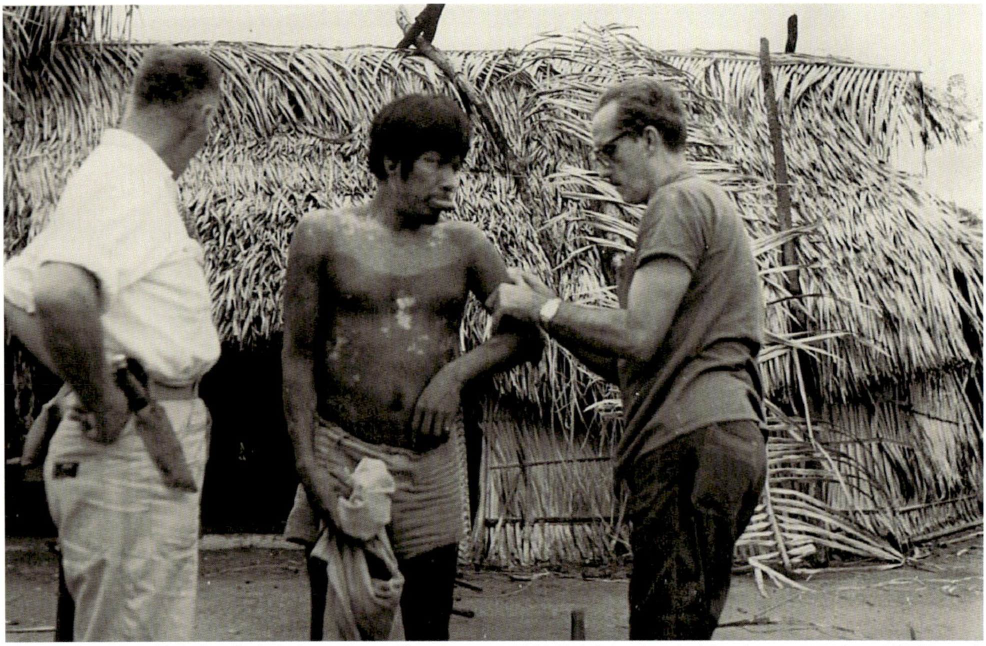

Fig. 72. Francisco Meirelles (à droite) vaccinant Nhunh-ne en 1961. Ynhô, le père de Nhunh-ne, est tué par Kôkôiaumti dans les années 1930. Photographe inconnu. Avec l'aimable autorisation du Museu do Índio, Rio de Janeiro.

les Indiens pacifiés vers des lieux d'accès plus aisé – en l'occurrence, presque invariablement situés près d'une grande rivière. Nombre d'agents du SPI haut placés sont, en effet, convaincus qu'il est essentiel d'intégrer les Indiens aussi rapidement que possible à l'économie locale. L'intégration de l'Indien dans la société nationale est, de fait, le but du SPI. Ce qui signifie, dans le cas des Kararaô Curua et Mekranoti Curua, que ces derniers sont contraints de produire des noix du Brésil (fig. 68), récolter du latex et fournir des peaux d'animaux sauvages. Ce que confirme Kamiranga lorsqu'il déclare : « Moi et Afonsinho avons travaillé avec ces Indiens dans la forêt, pour récolter du latex et d'autres choses. Ainsi en était-il à cette époque-là[110]. Ces Indiens sont des travailleurs. Le contact a été établi avec eux. Ils ont été pacifiés pour commencer à produire. Chico Rondo, Afonsinho et moi, nous récoltions le latex. Savez-vous combien de tonnes de caoutchouc ces Indiens produisaient ? Treize tonnes ! Ils l'ont fait, là, à Bom Fim, en amont de Bom Futuro » (Kamiranga, BKA15_06). Nul besoin de préciser que les Indiens sont constamment trompés, et que seuls les patrons locaux profitent véritablement de leur travail, ne leur versant qu'une fraction de ce qu'ils auraient dû gagner.

En octobre-décembre 1960, Meirelles revient dans la région de l'Iriri-Curua (SPI Boletim 1960, p. 14), comme en témoigne Tucum : « Chico (Meirelles) est revenu après la mort des Indiens. Il remettait sans cesse à plus tard. Il lui a fallu beaucoup de temps pour apporter de l'aide ici. Il n'y avait aucune communication, absolument rien. Il est revenu alors que les Indiens étaient déjà morts » (Tucum, KKY16_15). Au cours de son séjour, il ferme le poste SPI de Bom Futuro pour en ouvrir un autre en amont du Curua, à

Fig. 73. Raimunda, capturée par les Kararaô vers le milieu des années 1940, et qui, par la suite, rejoindra la population brésilienne installée dans la région du Bas Curua. Photo Vincent Carelli, années 1990.

l'embouchure du Baú. Alternativement appelé Baú – d'après le nom xipaya de la rivière, ainsi que du village que ces Indiens y ont établi au début du XXe siècle – et JK, d'après les initiales du président Juscelino Kubitschek, ce poste se trouve dans une région extrêmement riche en arbres à noix du Brésil. Pour Meirelles, il est fondamental que tous les Kararaô et les Mekranoti du Nord vivent ensemble à Baú : le groupe de Mãntino qui ne compte qu'une vingtaine d'Indiens, quelques Kararaô Curua et Mekranoti Curua qui vivent encore à Bom Futuro et Mokokti (Raimunda) qui vit avec sa famille en aval.

Fig. 74. Wôti-re, dernière femme d'origine kararaô curua. Mariée à un Mekranoti Iriri, elle meurt en 2015. Photo Gustaaf Verswijver prise en 1974 chez les Mekranoti Iriri. Avec l'aimable autorisation du Museum der Weltkulturen, Francfort.

Assez peu de temps après le rassemblement des Indiens à Baú, un combat éclate. Le nouveau mari de Mokokti est tué par des Indiens locaux. Puis, c'est au tour de Rontyiarô, un chef kararaô, d'être abattu par un homme mekranoti iriri (du Centre)[111]. Mokokti part alors de nouveau, emmenant ses cinq fils avec elle, estimant qu'adultes à cette époque, ils risquent leur vie en restant dans le poste (Tucum, KKY16_15). Mokokti et sa famille s'installent près de l'embouchure du Riozinho de Anfrisio, avant de continuer à descendre la rivière jusqu'à Mossoro où ils séjournent et travaillent plusieurs années avec des Brésiliens du coin.

Mauré, dont le nom kayapo est Beppôkti-re, est le premier des fils de Mokokti à quitter la région des rivières Curua et Iriri. Vers 1963, il participe à une expédition SPI dont le but est de localiser les Kayapo Xikrin et les établir dans la région de la rivière Bacaja. Beppôkti-re « Mauré » reste chez les Xikrin Bacaja où il se marie. En 1985, il devient le leader d'une faction dissidente baptisée Trincheira (Fisher 2000, p. 71). À cette époque, deux de ses frères – Yxyky « Tucum » et Ngôkà-re « Benedito » –, mariés l'un et l'autre à des Brésiliennes, rejoignent également les Xikrin Bacaja[112]. Au début du XXIe siècle, les Xikrin Bacaja sont répartis entre plusieurs villages[113]. Récemment, Mauré est devenu le leader d'un nouveau village dénommé Pàtkrô (localement appelé Potikrô), Tucum celui de Pykaiakà ; Benedito s'est quant à lui, établi à Kamôktikô, village dirigé par Meiti – survivant de la faction Kararaô Jaraucu (voir Chapitre 4.4). Ces trois villages sont essentiellement peuplés de survivants kararaô et de leurs descendants, mêlés à des Xikrin.

Fig. 75. Wôti-re (troisième en partant de la droite), fille de Rontyiarô qui est kararaô curua. Photo Gustaaf Verswijver.

Lorsqu'au début des années 1960, Mokokti part s'installer en aval avec ses enfants, seuls quelques Kararaô vivent encore dans la région de la rivière Curua. Deux adolescentes, Wôti-re et Bànhôrôtum (fig. 74-76) rejoignent la tribu des Mekranoti Iriri, où elles se marient. Toutes deux sont mortes il y a quelques années. Il n'existe plus aujourd'hui dans la région de la rivière Curua d'Indiens dont les deux parents étaient des Kararaô Curua. Il semble cependant que l'un des fils de Rontyiarô soit toujours en vie : après le meurtre de son père, Kupi est adopté par Dona Lido, femme d'un agent du SPI, qui l'emmène et l'élève à Altamira (Corro, BCB15_13).

On peut, de fait, affirmer que le groupe des Kararaô Curua est quasiment en voie d'extinction en raison du manque d'aide apporté par le SPI. Les quelques survivants, par crainte d'être tués, sont partis vivre dans les villages xikrin bacaja où ils se marient et finissent par créer des communautés séparées.

Fig. 76. Bànhôrôtum est une Kararaô Curua. Tout comme Wôti-re (fig. 74-75), elle s'établit chez les Mekranoti Iriri. Photo Gustaaf Verswijver, 1975. Avec l'aimable autorisation du Museum der Weltkulturen, Francfort.

4.4. La faction de Bekà. Troisième partie : les Kararaô Jaraucu

Nous avons vu précédemment (voir Chapitres 3.3 et 4.1) qu'après la fragmentation du groupe kararaô à la fin de 1938, et à la suite de la tentative de cohabitation malheureuse avec les Brésiliens le long de la rivière Jaraucu en 1939, la faction de Bekà se retire en janvier 1940 dans son habitat « traditionnel » – autrement dit, dans la zone située entre les rivières Jaraucu et Guajará.

Au cours des deux décennies suivantes, ces Kararaô Jaraucu demeurent dans la région et évitent tout affrontement avec les Brésiliens, probablement par pure nécessité, c'est-à-dire pour permettre au groupe de récupérer sur un plan démographique. De fait, après avoir perdu une partie de leurs gens en raison d'une scission (voir Chapitre 4.6) et après avoir subi plusieurs épidémies en cohabitant avec les Brésiliens, les Kararaô Jaraucu en sont réduits à moins du tiers de la population d'origine combinée des Kararaô. Ceci ne signifie toutefois pas que leur village est trop petit pour célébrer les principales cérémonies kayapo. Meiti (KKE 16_23) précise fièrement : « Dans notre village, nous organisions des cérémonies. Nous avions le *bep*, tout comme les Gorotire. Et le *tàkàk*, le *kôkô* et le *nhàk*. Et nous faisions le *kwỳrỳkangô* ». C'est assez extraordinaire car l'une de ces cérémonies requiert un assez grand nombre de participants masculins pour pouvoir être organisée[114] et, selon notre estimation, le village kararaô jaraucu ne compte qu'un peu plus d'une centaine d'habitants à cette époque.
C'est durant ces « paisibles » années que les Kararaô Jaraucu découvrent, un jour, des traces dont ils soupçonnent qu'elles ont été laissées par les membres d'un autre groupe kayapo. Craignant le pire, ils partent en exploration. Prudemment, ils approchent le groupe en question dont ils découvrent qu'il n'est composé que d'un seul homme[115] : Biloka, le Krinkati qui a quitté Pukatoti au début des années 1930. Comme il ne représente nulle menace, ce dernier, fils de la sœur de Pà-te et homme âgé influent de la faction de Bekà (Nhe-re, KKN17_05), est emmené au village communautaire où il s'installe et se marie.

Si la littérature fait état d'affrontements occasionnels entre les Kararaô Jaraucu et leurs voisins arara, Meiti (fig. 82) indique que, s'ils se rencontrent parfois, les deux groupes, en revanche, ne se combattent jamais : « Lorsqu'on vivait dans la région du Guajará, on voyait les Arara. On se rencontrait, mais on ne se combattait pas. On s'observait simplement les uns les autres, et chacun allait son chemin » (Meiti, KKE16_27).

Les confrontations entre les Kararaô Jaraucu et les Brésiliens sont assez rares. En 1948[116], les Indiens tuent un Brésilien, blessent son fils et kidnappent sa femme, Maria Moraes[117] (fig. 81). Cinq ans plus tard, quelques hommes brésiliens sont assaillis alors qu'ils pêchent des tortues d'eau : l'un d'eux est blessé, mais il n'y a pas de mort (SPI 30 juillet 1965). Puis, en octobre 1960, plusieurs journaux rapportent qu'un groupe d'Indiens Kayapo « attaquent dans la région de Porto de Moz » (*O Estado de São Paulo* 21/10/1960 ; *Luta Democratica* 21/10/1960). Meirelles annonce que le SPI n'a pas les moyens financiers de monter une expédition à destination de la région des rivières Jaraucu-Jutai pour y résoudre le problème.

Deux ans plus tard, Hilmar Kluck, un *sertanista* (explorateur de lieux reculés) expérimenté du SPI travaillant parmi les Mekranoti Curua et Iriri, informe le quartier général de l'organisation à Belém que, selon des résidents locaux, un groupe (kayapo) vit le long de la rivière Jutai[118], un affluent du Jaraucu. Selon lui, ces Indiens sont responsables de l'« agression » mentionnée

Fig. 77. Hommes et femmes mekranoti dansant à l'occasion du *kwyrykangô*, cérémonie également accomplie par le groupe kararaô de Tàjàt. Photo Gustaaf Verswijver, 1977.

Fig. 78. Francisco Loureiro Martins, contraint de fuir la région du Guajará en 1965, à la suite des apparitions toujours plus nombreuses de Kararaô Jaraucu. Photo Gustaaf Verswijver, 2017.

dans la région d'Altamira-Porto de Moz deux ans auparavant (Kluck 1962ms, p. 2). Il s'avérera plus tard qu'il avait raison.

Le 19 mars 1965, ces mêmes Kararaô pillent une colonie, tuant un homme, blessant son fils et enlevant sa femme, Ambrosinha Mattos, ainsi que leur fillette de deux ans. Les habitants de la région paniquent. L'un d'eux, Francisco Loureiro Martins (fig. 78), m'a raconté qu'en très peu de temps, des centaines de personnes ont fui par la rivière, une bonne partie d'entre elles s'installant à Porto de Moz (Martins, BFM17_04). L'enlèvement d'Ambrosinha Mattos et de sa fille est portée devant le gouverneur de l'État de Pará, lequel, à son tour, rapporte l'affaire à Brasilia, capitale du pays.

Peu après cette attaque, le maire d'Altamira envoie une équipe ouvrir une piste qui reliera sa ville à Santarém, piste qu'il envisage de transformer par la suite en route. L'équipe est agressée, deux hommes sont tués[119]. Le maire d'Altamira entend qu'une action soit entreprise et sa requête vient conforter la précédente demande du gouverneur. Le gouvernement fédéral est donc mis sous pression, et le SPI contraint d'agir.

Aussi, le 23 juillet 1965, une équipe SPI arrive-t-elle à Porto de Moz pour intervenir dans la région de la rivière Jaraucu. Composée de six Brésiliens et d'un Indien, elle est conduite par l'expérimenté Osmundo Antonio dos Anjos, et inclut un traducteur, Afonso « Afonsinho » Da Cruz (fig. 79) (Teles Filho 1965ms, p. 1). Y participent également un Indien Kayapo Xikrin nommé Itacaiuna[120] ; Antonio Soares Cotrim, un volontaire qui a rencontré par hasard les dirigeants du SPI à Belém ; ainsi que quinze travailleurs locaux engagés sur place pour servir de renforts. L'équipe remonte le Jaraucu et pénètre dans la région du Penetecaua où ils localisent un village d'Indiens inconnus – plus tard identifiés comme appartenant à la tribu arara. Accueillie par une pluie de flèches, l'équipe juge un rapprochement pacifique trop risqué et établit son camp de base à l'embouchure du Penentecaua. De là, un noyau d'hommes se dirige vers la source du Jutai, rivière située un peu en aval où, le 8 septembre 1965 (SPI 8 septembre 1965), des contacts amicaux sont établis avec les Kararaô Jaraucu. Afonsinho (BAF15_09) est le premier à s'adresser aux Indiens, dans un jardin situé près du village. Voici la description qu'Antonio Cotrim (fig. 80) donne de cet événement historique :

« Nous sommes partis, et lorsque nous sommes arrivés à un endroit d'où nous pouvions entendre le bruit de pieux martelés et le son de quelques voix, Osmundo nous a ordonné de nous retirer afin qu'il puisse nous donner des consignes. Il a déclaré que l'aube serait le meilleur moment pour pénétrer dans le village. Quiconque possédait une arme devait la laisser afin de ne pas avoir le réflexe de la prendre pour tirer. Ce que nous avons tous fait. À l'instant du contact, nous sommes entrés pendant qu'Afonsinho criait les mots *amre*

Fig. 79. Afonso « Afonsinho » Da Cruz, qui pacifie les Kararaô Jaraucu en 1965. Photo Gustaaf Verswijver, Altamira, 2015.

Fig. 80. Antonio Soares Cotrim qui participe dans sa jeunesse à l'expédition de pacification des Kararaô Jaraucu en 1965. Photo Gustaaf Verswijver, 2017.

tẽn [venez ici] et d'autres encore, dont j'ignore la signification. Et les Indiens sont venus. Ils hurlaient. Afonsinho hurlait. Les guerriers ont commencé à crier, et Afonsinho a crié. Afonsinho parlait très bien la langue et au bout de quelques minutes, ils ont fraternisé. Nous avons alors été invités à pénétrer dans le village où ils nous ont donné de la nourriture » (Cotrim, BCS17_01). Comptant environ quatre-vingt-dix Indiens[121], le groupe vit dans un village circulaire doté de huit habitations et d'une maison des hommes située au centre. Toujours vivant, Bekà est assez âgé. Son neveu Kôkôiaumti, que les membres de l'expédition appelleront par son autre nom, Àbir, est le leader du village.

Décidé à faire de ce contact un véritable succès, Osmundo dos Anjos commence à bâtir un poste à l'embouchure du Penetecaua, auquel il adjoint un vaste champ destiné à nourrir non seulement les membres du SPI, mais aussi, si nécessaire, les Indiens. Tandis que la grande majorité des hommes de l'équipe s'occupe de la construction, quelques hommes triés sur le volet sont autorisés à demeurer dans le village indien, près du Jutai. Ces derniers font la navette entre le village et le poste, essentiellement pour s'y approvisionner. Malheureusement, le mal qu'Osmundo et son équipe veulent éviter à tout prix finit par se produire : trois semaines après avoir établi des relations pacifiques, une épidémie de grippe frappe les Indiens. Au tout début de l'épidémie, Osmundo et l'infirmier demandent au SPI des médicaments pour circonscrire cette « sérieuse épidémie » (SPI 21 septembre 1965-b). La réponse du quartier général de Belém arrive une semaine plus tard : « Nous ne disposons, pour le moment, d'aucune ressource pour aider les Indiens malades à se rendre dans notre capitale.

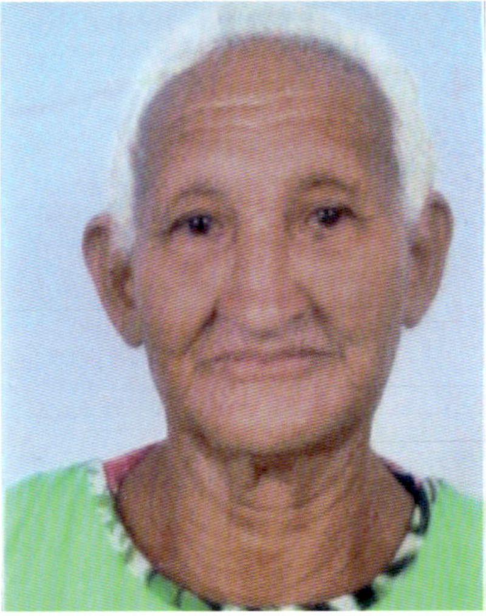

Fig. 81. Photographie de la carte d'identité de Maria Moraes, kidnappée en 1948 par les Kararaô Jaraucu parmi lesquels elle passe vingt ans de sa vie. Elle meurt en 2017. Photographe inconnu. Avec l'aimable autorisation de Nhere Kayapo.

Fig. 82. Meiti (Kararaô Jaraucu) dessinant la route prise par ses ancêtres après leur séparation d'avec les Krinkati, au début des années 1930. Photo Daniel Tiberio Luz, 2016.

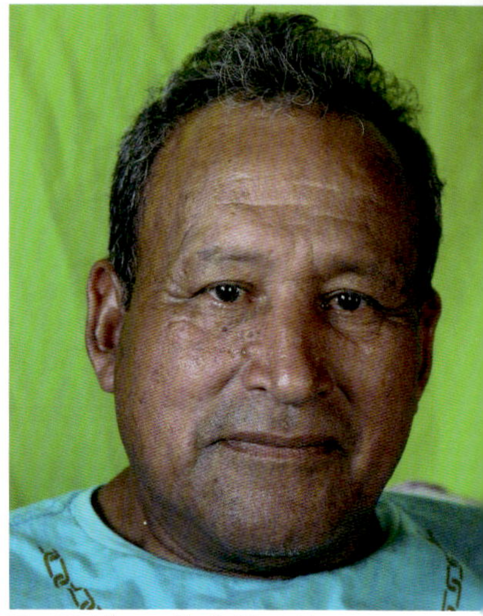

Fig. 83. Nhe-re, fils de Maria Moraes, Brésilienne capturée en 1948 par les Kararaô Jaraucu avec lesquels elle vivra jusqu'en 1967. Photo Gustaaf Verswijver, Porto de Moz, 2017.

Les médicaments préalablement envoyés l'ont été grâce à l'engagement de nos services, du gouvernement de l'État et du ministre de la Santé. Comprenant la situation actuelle, l'infirmier est parfaitement conscient du désagrément lié à sa demande. » (SPI 28 septembre 1965). Affaire close… Antonio Cotrim décrit avec justesse le destin des Kararaô : « Il y a eu le contact avec les Kararaô, puis il y a eu l'épidémie, et ils ont commencé à mourir. Osmundo s'est rendu à Belém, j'ai suivi ensuite […]. Entre-temps, une fois la pacification faite, le gouvernement n'avait plus d'argent » (Cotrim, BCS17_01).

Comme des témoignages le montrent, une fois le poste construit et le champ planté, la plupart des travailleurs locaux retournent à leurs colonies en aval de la rivière ou à Porto de Moz, laissant les Kararaô aux soins de quelques employés du SPI. Lesquels employés ne s'impliquent malheureusement guère dans leur mission, et peu après la pacification, plusieurs d'entre eux demandent leur transfert vers des postes plus accessibles. Au plus fort de l'épidémie, Osmundo, l'infirmier, Cotrim et Itacaiuna sont les seuls à habiter avec les Indiens. Cotrim demeure, de fait, plus d'un mois dans le village, avant qu'Osmundo, lassé d'attendre, ne lui déclare qu'il est obligé de partir avec l'infirmier[122] pour aller chercher les médicaments. « Il ne reviendra pas, réagit Itacaiuna, parce que le SPI n'a aucun médicament ! ». Il s'agit, pour Cotrim, de sa première expérience sur le terrain, aussi n'a-t-il aucune idée de la façon dont le SPI fonctionne à cette époque. Après être restés quelque temps seuls dans le village avec des Indiens en grande souffrance, Itacaiuna et lui décident d'aller chercher de l'aide. Ils se rendent au poste qui, à leur grande surprise, a été abandonné. Tout le monde est parti ! Tous deux prennent la décision qui leur paraît être la seule possible, revenir eux aussi à Porto de Moz (Cotrim, BCS17_01). Entre-temps, les Kararaô restent seuls, malades et mourants… Cotrim décrit ainsi cette période difficile :

« Il y a eu une épidémie. Osmundo est parti en ville chercher des médicaments, tandis que deux d'entre nous sont restés au village kararaô. Seuls, Itacaiuna et moi-même sommes restés.

C'est pendant l'absence d'Osmundo que les Indiens ont commencé à mourir. C'était une mort violente. C'était la première fois que j'étais confronté à des gens qui mouraient juste comme ça. Imaginez, mourir de faim et de grippe au vingtième siècle ! Le seul remède à notre disposition était l'eucalyptine, un palliatif à base d'eucalyptus. Cela sent bon, mais c'est totalement inefficace comme traitement. Et les Indiens n'avaient pas d'anticorps ... Personne ne restait auprès des Kararaô à cette époque. Comment pouvais-je demeurer sans savoir quoi faire ? Je suis parti avec Itacaiuna. Alors, nous avons découvert qu'il n'y avait plus personne au poste » (Cotrim BCS17_01).
Au total, une quarantaine d'Indiens sont morts pendant le séjour de Cotrim[123].

Il existe des divergences quant au destin d'Ambrosinha Mattos, la Brésilienne enlevée par les Kararaô en mars 1965. Le SPI met un point d'honneur à organiser le retour à la civilisation de cette femme et de sa fille, essentiellement parce que telle est l'une des raisons pour lesquelles le gouverneur de l'État de Pará finance l'expédition. Ceci explique que, dans un message radio du 29 septembre envoyé au poste kararaô, le quartier général du SPI à Belém insiste sur la nécessité d'obtenir le plus de détails possibles sur la situation de Dona Ambrosinha « afin de fournir des éclaircissements précis au gouverneur et à la presse » (SPI 29 septembre 1965). Il se trouve, en effet, que le respectable quotidien *Jornal do Brasil*, a annoncé le 22 septembre que l'expédition a retrouvé Dona Ambrosinha et sa fille (*Jornal do Brasil* 22/9/1965). En vérité, lorsque les Indiens comprennent que les Brésiliens sont en train d'approcher leur village, ils craignent que l'équipe SPI ne vienne venger l'enlèvement de la femme brésilienne et de sa fille qu'ils tuent aussitôt. Je tiens de Cotrim que c'est l'autre captive, Maria Moraes (fig. 81), qui informe les agents de la mort de la femme et de son enfant (Cotrim, BCS17_01). Pourtant, le rapport officiel du SPI sur le contact pacifique réussi avec les Kararaô Jaraucu indique explicitement que « la femme kidnappée, Dona Ambrosinha, et son enfant vivent dans le village kararaô. Notre interprète Afonso [Afonsinho] Alves Da Cruz a eu la possibilité d'échanger quelques mots avec elle. Elle est dans un état de gestation avancée » (SPI 21 septembre 1965-a). Le rapport suggère également de n'organiser le retour de la Brésilienne que lorsque les Indiens auront une confiance totale dans l'équipe du SPI. Tout indique qu'il y a confusion entre Ambrosinha Mattos et Maria Moraes, toutes deux captives brésiliennes. Afonsinho a effectivement parlé avec Maria Moraes – enceinte à ce moment-là – mais ne m'a jamais confirmé avoir réellement vu – encore moins, parlé – avec Ambrosinha Mattos. Ce qui est certain, c'est que nul n'a revu cette dernière et que l'affaire a été étouffée.

Fig. 84. L'auteur avec Nhe-re à Porto de Moz. Photo Patrick Berben.

Fig. 85. La fille et les petites-filles de Nhe-re, dans leur maison à Porto de Moz. Photo Gustaaf Verswijver, 2017.

Quelques mois après l'épidémie, le champ planté près du poste commence à produire et la quarantaine de Kararaô[124] qui a survécu est déplacée à l'embouchure du Penetecaua pour s'établir à proximité. Voici comment le vieux Meiti (fig. 86) décrit cette période :

« Alors sont arrivés Afonsinho, Osmundo et beaucoup de Brésiliens. J'étais déjà un *menõrõny*[125] lorsqu'ils nous ont pacifiés. J'ai reçu un fusil. Ils ont donné des fusils à chacun d'entre nous. J'en ai eu un aussi. Ils ont emmené notre chef Kôkôiaumti [Àbir] à Porto de Moz, et aussi le jeune Bekà […]. Les Brésiliens[126] qui étaient avec nous […] nous ont dit que nous n'aurions pas à quitter cette place, que c'était une très bonne place. Puis un autre Brésilien est arrivé et a dit : " Maintenant vous devez venir avec nous. Nous avons construit des jardins et des maisons pour vous tous ". Donc, nous sommes tous partis pour Penetecaua […]. " Partons pour la rivière parce que les choses que nous vous apportons sont lourdes à transporter sur terre. C'est plus facile pour nous si vous vous installez le long de la grande rivière ". Donc, nous avons voyagé jusqu'au Penetecaua. Le SPI a construit des maisons pour nous […]. Nous sommes arrivés et nous sommes restés là » (Meiti KKE16_21).

Ce récit confirme que le plan initial d'Osmundo est de laisser les Indiens à proximité de leur village, le poste servant uniquement de base pour organiser l'aide. Mais, après le départ de ce dernier, un autre employé prend la direction de la mission où il fait venir les Indiens afin de faciliter la vie de l'équipe. Une décision fatale, comme nous allons le voir…

Fig. 86. Meiti, le plus âgé des survivants kararaô jaraucu. Photo Gustaaf Verswijver, 2016.

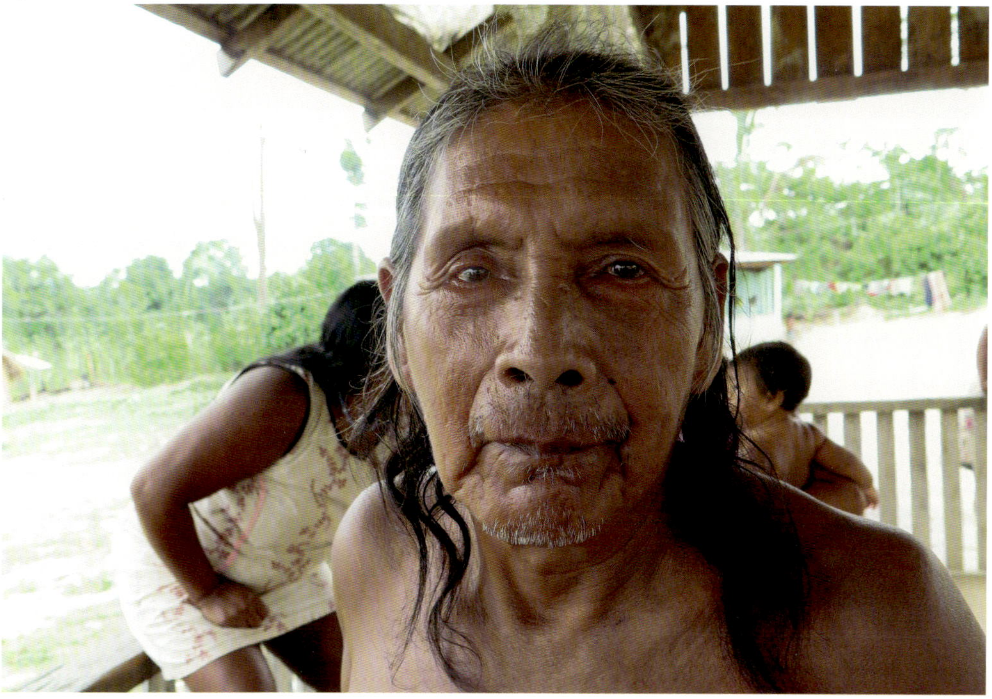

Le petit village bâti près du poste comporte quatre maisons, une grande et trois petites, destinées à abriter différentes familles. Il n'existe nulle véritable maison des hommes, lesquels se rassemblent occasionnellement dans un petit abri situé en bordure de la colonie. La Brésilienne Maria Moraes, capturée en 1948, vit avec son mari Tubôr[127] et deux enfants (de cinq et sept ans[128]) dans une petite maison placée un peu à l'écart du village. Elle demeure avec les Kararaô jusqu'à ce que des membres de sa famille d'origine viennent la chercher à la mi-août 1966, à peu près une année après la pacification, pour qu'elle retrouve sa mère et des parents, le long de la rivière Guajará (*A Provincia do Para* 11/8/1966).

Le poste est situé au bord du fleuve Penetacaua (fig. 92), constamment emprunté par les Brésiliens qui vont et viennent entre la colonie en amont et les stations en aval où ils peuvent s'approvisionner. Les contacts avec les Brésiliens sont donc fréquents (fig. 87). Tout comme le sont les changements d'employés : il semble qu'aucun membre du SPI n'ait envie de demeurer longtemps au « Posto Kararaô ».
À peine les Indiens sont-ils installés dans le village près du poste, qu'il leur faut produire[129]. Au cours de la première année, les Kararaô Jaraucu récoltent plus de 700 caisses de noix brésiliennes[130] (Afonsinho, BAF15_08). Récolte unique puisque l'année suivante, lorsque le SPI entend de nouveau envoyer les Indiens ramasser des noix, le leader Aibi (Kôkôiaumti) refuse de collaborer en déclarant : « Nous en avons déjà recueillies suffisamment pour nourrir les Brésiliens » (Afonsinho, BAF16_36).
C'est alors qu'en octobre 1967, Gama, le chef de

Fig. 87. Cinq Kararaô Jaraucu posant avec deux Brésiliennes visitant le village. Cette image est la seule que nous connaissions du groupe pour la période qui se situe entre les contacts pacifiques de 1965 et la disparition des Kayapo Jaraucu à la suite des épidémies en octobre 1967. Photographe inconnu. Archives Instituto Socioambiental (São Paulo).

poste, part, probablement pour aller chercher des provisions à Altamira. Trois hommes kararaô l'accompagnent : Meiti, Nhiakre et Bàrax. Pour une raison ou une autre, il laisse ce dernier dans une colonie située le long de la rivière Jaraucu et poursuit sa route avec les deux premiers. Un peu plus tard, Bàrax parvient à regagner son village en aval. Il a malheureusement attrapé la rougeole[131] qui se répand. Les conséquences sont terribles. En très peu de temps, la plupart des Indiens meurent[132]. À cette époque, Afonsinho, envoyé en mission pour accompagner les hommes qui défrichent la piste entre Altamira et Santarém, a l'occasion de survoler le village dans lequel il ne perçoit nul mouvement, ce qui l'inquiète. Il informe aussitôt son supérieur, Francisco Meirelles (Afonsinho, BAF15_09). Lequel se trouve être à Altamire en train d'organiser une expédition avec les célèbres frères Villas Boas[133], Orlando et Claudio. Cette mission vise à établir des contacts avec les Indiens Arara qui vivent le long du cours supérieur du Penetecaua. Ayant vécu plus d'un an dans le poste kararaô et connaissant bien la région[134], Afonsinho se joint à l'équipe[135].

Le 21 octobre 1967, l'équipe remonte la rivière Jaraucu et atteint bientôt le village kararaô. « Comme nous approchions du site, raconte Roberto Gueudeville, nous commençâmes à sentir une odeur de charogne. Et puis, nous grimpâmes en haut du ravin. Lorsque nous y parvînmes, nous découvrîmes une scène dantesque, avec des cadavres éparpillés un peu partout et dégageant une odeur nauséabonde. Orlando me prit le bras et déclara : " Bon sang, ne prenez pas de photographies ! ". Je n'en pris pas [...]. Soixante-dix pour cent du groupe kararaô mourut là [...]. À cette époque, le SPI était déjà en train de se disloquer[136] » (Gueudeville, BRG17_02). Meiti dit : « Tant de morts ! Ils n'étaient pas enterrés. Puis, je suis allé examiner les cadavres, regardant et regardant. Et la puanteur ! J'ai découvert ma sœur et mon cousin, à côté du vieux Bekà, déjà mort. J'ai observé tous ces morts. Je me suis mis à chercher des Kararaô survivants. Tous les Kararaô sont morts là, dans la région du Penetecaua » (Meiti, KKE16_23). Immédiatement, Claudio Villas Boas (fig. 89) vaccine le petit nombre de survivants (Gueudeville 1967, p. 1 ; Meiti, KKE16_23). Sur les trente Kararaô du village, vingt-deux sont décédés (Gueudeville 1967, p. 1). Parmi les huit survivants, se trouvent Meiti et Nhiakre qui, à l'époque de l'épidémie, sont à Altamira où ils rejoignent l'expédition. Bàrax, qui a introduit la rougeole au village, a, fort miraculeusement, résisté (voir Généalogie 2, pp. 194-195). Les membres de l'expédition enterrent les corps avant de se remettre en quête d'Indiens Arara.

Fig. 88. Meiti regardant avec émotion la photographie en fig. 87, sur laquelle il reconnaît ses parents décédés. Photo Keiza Oliveira.

Les huit Kararaô encore en vie quittent le village, qu'ils considèrent comme contaminé, et remontent le fleuve jusqu'au lieu-dit Três Bocas (« Trois Bouches »). Début 1970 (Arnaud & Alves 1974, p. 15), un employé du SPI arrive pour les emmener à Altamira. De là, ils se divisent : Itacaiuna emmène une femme et un jeune homme avec lui chez les Xikrin Catete, cependant que les autres préfèrent rester avec les Xikrin Bacaja. Meiti, qui est aujourd'hui un vieil homme, est l'unique survivant de la région de la rivière Bacaja : il est le leader du village de Kamôktikô, où réside Benedito, l'un des rares Kararaô Curua toujours en vie.

Fig. 90. Célèbre photographe brésilien, Jesco Von Puttkamer participe à l'expédition de 1965 qui sauve les derniers Kararaô Jaraucu. Photo Gustaaf Verswijver, 1974.

De même que les Kararaô Curua, les Kararaô Jaraucu ne possèdent plus de communauté villageoise et sont réduits à quelques membres répartis chez les Xikrin.

Fig. 89. Dès son arrivée au village kararaô jaraucu en 1965, Claudio Villas Boas vaccine les derniers survivants, sauvant ainsi le groupe de l'extinction totale. Photographie prise dans le Parc National du Xingu en 1974. Photo Gustaaf Verswijver.

4.5. La faction d'Õkwa et de Patyk-re. Seconde partie : les Kararaô Iriri

Nous avons vu précédemment (Chapitre 4.2) que, lorsqu'Õkwa et quelques autres décident d'« apprivoiser » les Brésiliens en août 1939, Patyk-re et certains de ses partisans ne sont guère enthousiasmés par l'idée. Décidant de suivre leurs compagnons tribaux de loin, ils assistent au massacre. Aussitôt après, Patyk-re et les siens[137] partent en direction du sud. Selon Benigno (BBM15_11) et Bekwoirê (KKB16_33), le petit groupe passe près d'Altamira. Bekwoirê précise que, dès son arrivée dans la région du cours inférieur de la rivière Iriri, ce groupe découvre des traces dont il pense qu'elles ont été faites par des Kararaô, alors qu'il s'avère que ce sont celles d'Indiens Arara. Patyk-re et ses hommes capturent quelques-uns d'entre eux qu'ils relâchent cependant tous, à l'exception d'un homme nommé Ananu qui exprime le désir des rester parmi les Kararaô. Ces derniers continuent à remonter les rivières Iriri et Curua jusqu'à atteindre l'affluent du Limão, où ils franchissent les deux rivières. Une maladie[138] se déclare dans la petite communauté, tuant une dizaine d'Indiens. Le groupe continue à se déplacer, avant de finalement s'établir à Prinko, zone de savane de taille modeste située à l'ouest de la petite ville de São Felix do Xingu. Plusieurs membres y décèdent de maladies qui leur sont inconnues, aussi la communauté décide-t-elle de repartir vers le nord. En chemin, elle rencontre des hommes krinkati, sans qu'aucun combat ne s'ensuive[139]. En atteignant l'embouchure de l'Iriri, elle s'installe sur un site où se trouvent des jardins autrefois plantés par ses membres, ce qui lui permet de s'alimenter plus correctement. Les Indiens estiment toutefois être trop proches du groupe de Bekà et choisissent de remonter une nouvelle fois la rivière. Le long de la rivière Curua, ils rencontrent des guerriers mekranoti qui les attaquent[140]. Des Kararaô sont tués, et le reste du groupe revient à Prinko où il demeure quelque temps, avant de décider de redescendre la rivière. Près de l'actuel village kararaô, au bord de l'Iriri, les Indiens aperçoivent des cueilleurs de latex qui travaillent dans les environs, et s'abritent alors dans une grotte située entre les cours inférieurs de l'Iriri et du Xingu, près d'un ruisseau à l'eau particulièrement claire.

Ces Kararaô Iriri y demeurent de nombreuses années[141]. Ils y construisent des maisons, y plantent des jardins. Le groupe vit en paix, sans combat, ni meurtre. À l'occasion, il organise des raids sur les colonies brésiliennes pour y voler uniquement des outils et autres produits. Un jour que les hommes se dirigent vers l'Iriri pour y piller un camp, ils remarquent à leur arrivée que ce camp est occupé, aussi attendent ils le matin suivant. Une fois les Brésiliens partis, ils pénètrent

Fig. 91. Meiti, le plus âgé des survivants kararaô jaraucu, regardant les photographies de son peuple prises en 1939. Photo Gustaaf Verswijver, 2017.

dans la colonie et s'emparent de la farine de manioc qui a été entreposée. Toutefois, ayant eux aussi repéré la présence des Indiens, les Brésiliens reviennent aussitôt pour se battre. Au cours de l'affrontement – des armes à feu contre des arcs et des flèches – un Brésilien est touché, ainsi que le jeune frère de Patyk-re[142], qui meurt au retour des Indiens à leur village (Benigno, BBM15_11).

Les jeunes guerriers[143] décident de venger la mort du frère de Patyk-re. Ils attaquent des Brésiliens qui sont en train de saigner des hévéas et l'un d'eux est tué. Dès ce moment, les hommes de la petite communauté kararaô iriri partent régulièrement assaillir les préleveurs de latex. De la sorte, ils parviennent à rapporter des chiens, des couteaux et divers autres biens.

Puis, le groupe se déplace vers Gotiko où il se confronte une nouvelle fois aux cueilleurs de latex. À la suite de ce conflit, des saigneurs d'hévéa s'en vont et les Kararaô s'installent pendant un temps près d'une maison brésilienne abandonnée, profitant des abondants produits du jardin. Une fois les ressources épuisées, ils s'en reviennent au village près de la grotte, pour découvrir que deux Brésiliens chassent des animaux sauvages pour leur peau dans les environs[144]. Un combat s'ensuit. Makti (fig. 96), fils aîné de Patyk-re, tire une flèche, sans parvenir toutefois à tuer le Brésilien. Les deux chasseurs parviennent à s'enfuir – l'un d'eux avec une flèche fichée dans le corps. Puis tous deux ne sont plus allés au ruisseau. Je pense qu'il s'agissait du Santa Julia (Benigno, BBM15_11).

Fig. 92. Lieu de l'ancien Posto Kararaô, sur les abords du Penetecaua. Photo Patrick Berben, 2017.

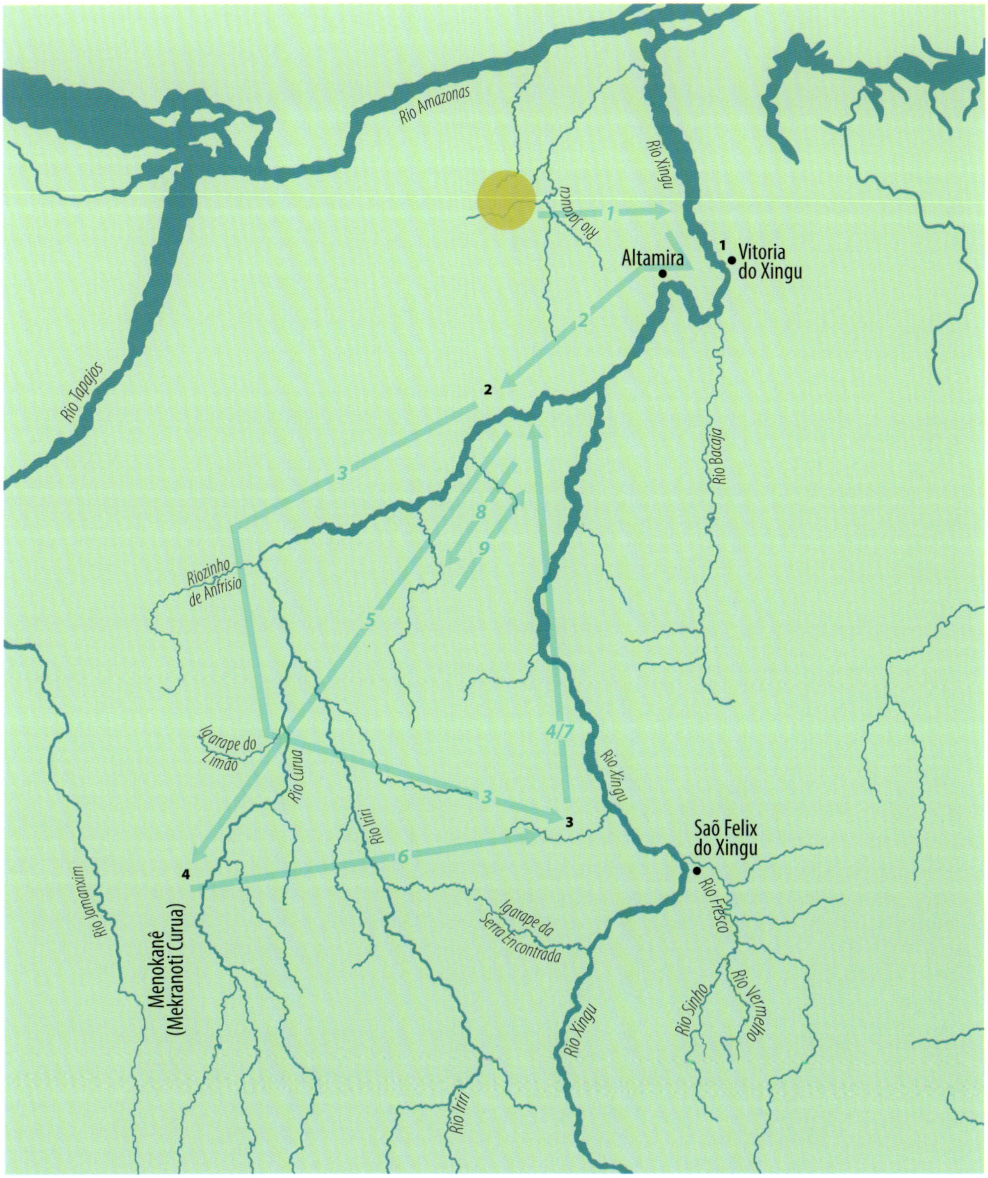

Carte 9. Parcours migratoire des Kararaô Iriri menés par Patyk-re. (1) départ du cœur de la zone d'habitation kararaô (indiquée en orange), déplacement à la rivière Xingu ; (2) après le massacre de la petite faction menée par son compagnon Õkwa, à Vitoria do Xingu **1**, déplacement vers le cours inférieur de l'Iriri **2** où ils se battent avec les Indiens Arara locaux ; (3) déplacement graduel vers le sud en suivant les rivières Curua et Iriri jusqu'à l'affluent Igarape do Limão. Ils partent ensuite à l'est pour s'installer dans une petite zone de savane à l'ouest de São Felix **3**, (4) déplacement vers le cours inférieur de l'Iriri ; (5) déplacement vers le cours intermédiaire de la rivière Curua où ils se battent avec les Menokanê (Mekranoti Curua) **4** ; (6) ils retournent à la savane à l'ouest de São Felix **3**, qu'ils quittent, encore une fois, (7) pour aller vers le cours inférieur de l'Iriri ; (8) court déplacement en amont de l'Iriri ; (9) déplacement vers la zone entre les rivières Iriri et Xingu, où ils s'établissent finalement et où ils sont contactés par les agents de la FUNAI en 1971. Le parcours migratoire des Kararaô Iriri est indiqué en bleu étant donné qu'ils descendent de la maison des hommes Est dans le village principal de Pukatoti.

Fig. 93. Cimetière situé près du site abandonné du Posto Kararaô, où seraient enterrés les Kararaô Jaraucu morts à la suite de l'épidémie fatale de 1967. Photo Patrick Berben, 2017.

Après l'incident, s'ensuit à nouveau une longue période de paix que ne trouble aucun combat. Quelques années plus tard, en 1971, des relations pacifiques sont nouées avec le groupe de Patyk-re.

La présence d'un groupe d'Indiens dans le triangle formé par le Xingu et l'Iriri, est déjà connue de l'équipe de la FUNAI, plusieurs résidents ayant évoqué le pillage de leur colonie ou mentionné avoir vu des Indiens lors de leurs incursions dans la forêt. Par conséquent, la FUNAI d'Altamira demande à Júlio « Kamiranga » Reinaldo Morais (fig. 97-98) d'organiser une expédition afin d'établir un contact pacifique avec ces Indiens que l'on suppose être des Kayapo. Ce dernier accepte la mission.

Kamiranga part avec son collègue, Benigno Pessoa Marques, deux hommes kayapo et trois résidents du Xingu. L'équipe remonte le Xingu jusqu'à l'embouchure de l'affluent du Yucatan, d'où elle suit une piste à travers terre. Cette

Fig. 94. Meiti (à droite) dans le village Xikrin Bacaja, aux côtés d'un Xikrin et d'un Gavião. Photo Bill Fisher.

Fig. 95. Bekwoirê « Junio », Kararaô Iriri qui s'est rendu dans le village kararaô isolé de Tàiàt. Photo Gustaaf Verswijver, 2016.

première tentative ne permet pas d'établir de contact avec les Indiens. Quelques semaines plus tard, en mars 1971, une seconde expédition est organisée. L'équipe, cette fois, se compose de douze personnes : huit Brésiliens et quatre Indiens (Kamaiura[145], Môikô, Krãby-ri et Txêr – les deux derniers étant alors encore des jeunes hommes). Ces hommes pénètrent dans la forêt en quête de traces indiquant le passage récent d'Indiens. Un jour, ils établissent un petit camp près du cours supérieur de deux affluents de l'Iriri, le Mossoro et le Bem-Bom. Le lendemain matin, Kamaiura se blesse en chassant le hocco de Blumenbach. Glissant sur la berge d'un ruisseau, il tombe et la machette lui entre dans les côtes, ressortant au niveau de la cuisse. Il est gravement blessé. Les membres de l'équipe installent le camp, et le jour suivant, Marques et les quatre Indiens demeurent sur place, cependant que les autres se rendent à la rivière pour aller chercher des provisions. Alors qu'ils explorent les environs du camp, Marques et deux des Indiens remarquent un site où des Indiens non-contactés ont rassemblé du miel. Comme le

Fig. 96. Portrait de Makti, fils aîné de Patyk-re. Photo Michel Pellanders, 1989, avec son aimable autorisation.

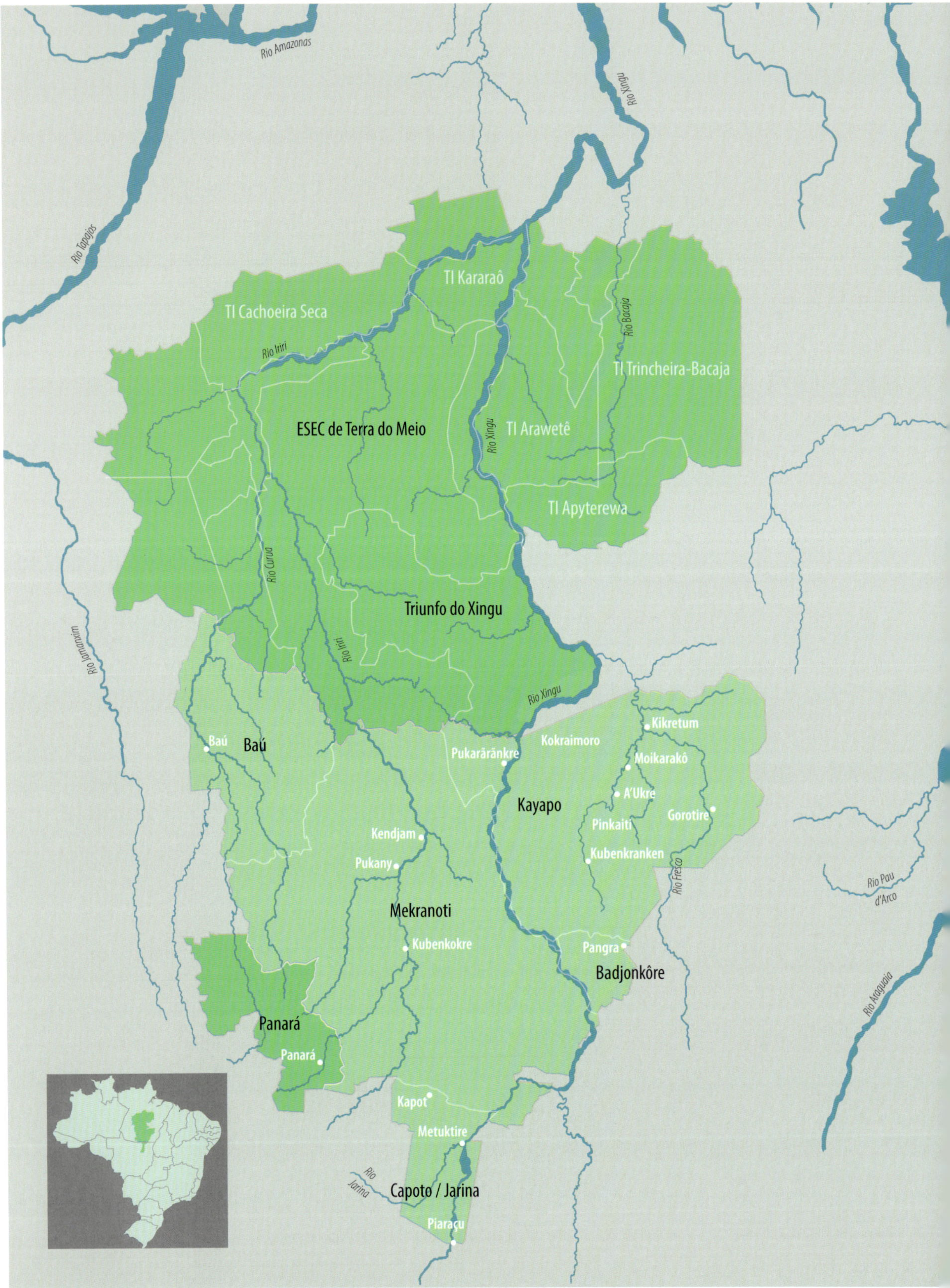

Carte 10. Carte montrant les réserves indigènes kayapo.

Fig. 97. L'auteur avec Júlio « Kamiranga » Reinaldo de Morais, en 2015. Photo Daniel Tiberio Luz.

note Marques, nul, sur le moment, ne réalise que leur camp se situe à deux ou trois kilomètres à peine du village indien (Benigno, BBM15_11) ! Le lendemain, Benigno aperçoit un Kararaô qui se déplace dans les alentours. Ce dernier vient tout juste de tuer une Pénélope (*NDT : oiseau appartenant à l'espèce des gallinacées*). Benigno revient immédiatement au camp et avertit Kamaiura, qui panique et veut partir aussitôt (Benigno, BBM15_11).

À son retour, Kamiranga décide de se mettre à la recherche du village dès le lendemain matin. Après avoir marché un kilomètre, l'équipe croise la trace des Indiens et se sépare en deux groupes. Celui de Kamiranga, Milton et Benigno découvre la piste principale. Le jour suivant, tous suivent cette piste qui les conduisent droit au village, lequel se compose d'une unique grande hutte circulaire. N'étant pas certain qu'il s'agisse véritablement de Kayapo[146], Kamaiura rechigne à l'idée de pénétrer dans le village. L'équipe se cache près de la hutte d'où deux femmes sortent en se parlant, et réalise qu'il s'agit effectivement de Kayapo. Alors, Kamaiura crie pour annoncer leur présence. Le vieux Patyk-re émerge de la hutte, tandis que les membres de l'expédition entrent dans le village. Les Indiens se montrent tout d'abord nerveux, mais quand ils comprennent qu'il n'y a aucun danger imminent, la tension s'apaise. L'équipe passe trois jours avec les Indiens, avant d'apporter, le dernier jour seulement, les armes à feu qui avaient été dissimulées sur le chemin. En retournant à l'Iriri, les membres de l'expédition ouvrent une voie afin de faciliter les contacts à venir avec le groupe de Patyk-re.

Fig. 98. Kamiranga, à l'époque où il contacte les Kararaô Iriri en 1971. Photo Yves Billon.

Les Kararaô Iriri en 1971, à l'époque de premiers contacts pacifiques avec les Brésiliens. Photos Yves Billon.

Vue du village kararaô iriri, composé d'une hutte et d'un abri dédié à la cuisine.

La totalité de la population kararaô iriri en 1971.

Ngreikrwyt, femme de Patyk-re.

Makti, Patyk-re, Ngreikrwyt et Brinte.

Patyk-re avec quelques-uns de ses petits-enfants.

Portrait du patriarche, Patyk-re. Notez le labret de bois inséré dans la lèvre inférieure, ainsi que les scarifications sur la poitrine qui indiquent qu'il a tué une personne non-kayapo.

Femme et enfant.

Ngreikrwyt fumant sa pipe.

Femmes se rendant dans les jardins avoisinants.

Portrait de Patyk-re.

Fig. 99. L'équipe de la FUNAI lors de la seconde rencontre avec les Kararaô Iriri. Assis sur la droite, « Afonsinho » prépare un jus d'açai. Photo Yves Billon.

Une fois encore, il existe des divergences quant au nombre d'Indiens que compte ce groupe kararaô iriri. Benigno (BBM15_11) affirme qu'ils sont vingt-neuf, contre dix-sept pour Kamiranga. Selon Arnaud & Alves (1974, p. 6), le rapport officiel de la FUNAI fait état de quarante Indiens dont seuls trente-huit membres ont survécu deux ans plus tard : vingt hommes et garçons, dix femmes et filles, ainsi que huit petits-enfants[147]. En 1987, toutefois, Arnaud avance que le groupe compte vingt-neuf personnes à l'époque de la pacification : outre un vieux couple et une vieille femme, il y a deux hommes adultes, cinq femmes adultes et quatorze adolescents et enfants (Arnaud 1989, pp. 464-465) – soit un total de vingt-quatre, et non vingt-neuf, Indiens. Total auquel je suis parvenu en reconstituant la généalogie des Kararaô en 1979, puis en 2015[148] (voir Généalogie 3, pp. 196-197).
Peu après la pacification, en mars 1971, la FUNAI envoie de nouveau Kamiranga à la rencontre des Kararaô Iriri. Ce dernier est, cette fois, accompagné par le colonel Rondon[149], à l'époque directeur de la FUNAI d'Altamira, et par le cinéaste français Yves Billon, qui réalise l'unique enregistrement audiovisuel disponible sur un groupe kararaô récemment contacté.
La visite s'accompagne de la création du Posto Indígena Kararaô, poste indigène destiné à aider les Indiens et qui se compose d'une unique maison érigée près de la hutte de Patyk-re. Visiblement, le lieu est infesté par la malaria, ce qui contraint la FUNAI à déplacer le poste et le village indien vers les rives de l'Iriri. Choix qui s'avère déplorable puisqu'un an plus tard, une crue particulièrement importante inonde les deux sites. Le poste et le village sont à nouveau déplacés, cette fois en aval, en direction du lieu où se situe l'actuel village kararaô.

Comme nous l'avons vu précédemment, le déplacement d'Indiens récemment contactés depuis un lieu isolé situé entre l'Iriri et le Xingu jusqu'aux rives de l'Iriri est particulièrement risqué en raison du trafic constant des cueilleurs de latex, chasseurs de fourrures, marchands et autres résidents qui vont et viennent entre leur foyer et Altamira. Heureusement, l'aide médicale fournie aux Kararaô semble adaptée, et il n'existe aucun témoignage faisant état de décès en masse[150], contrairement à ce qui est invariablement le cas après une entreprise dite de pacification. Réfléchissant à son intervention auprès des Kayapo, Kamiranga, aujourd'hui âgé de plus de quatre-vingt-dix ans, m'a déclaré : « Le contact avec les Kararaô avait été un bon contact ». À juste titre.

Afin de protéger les Indiens d'interactions régulières avec les Brésiliens locaux – et les maladies qu'ils véhiculent –, la FUNAI réussit avec une singulière rapidité à convaincre le gouvernement fédéral d'instaurer un décret réservant aux Kararaô une zone de 3 310 km², qui est, en réalité, reconnue dès 1971, quelques mois à peine après l'établissement de contacts pacifiques avec ces Indiens[151] !
Le groupe kararaô iriri comprend uniquement des descendants de Patyk-re : tous les autres membres de cette petite faction sont morts au cours des années précédentes, alors qu'ils étaient jeunes, non mariés et dépourvus d'enfants. Par conséquent, à l'époque de la pacification, les Kararaô Iriri se composent du vieux Patyk-re, de sa sœur, sa femme, ses enfants et petits-enfants. Ce qui signifie que, par la force des choses, les frères engendrent des enfants avec leurs propres sœurs. En réalité, comme Patyk-re et sa femme ont plus de filles que de fils, ceux-ci, au nombre

Fig. 100. Luis Carlos da Silva Sampaio avec Kamaiura. Photo Luis Carlos Silva Sampaio, 2014.

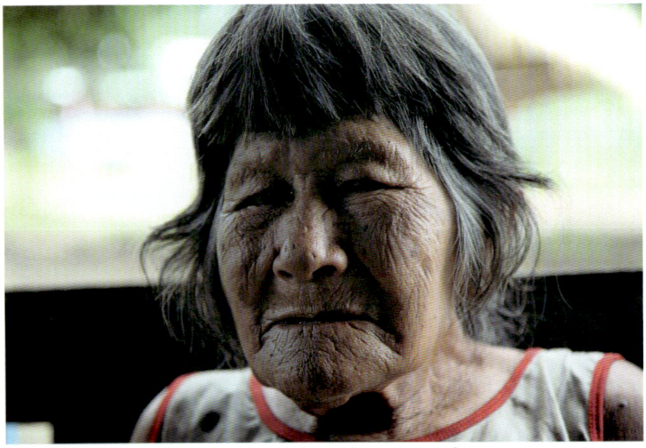

Fig. 101. Nhàkràx, fille aînée de Patyk-re. Photo Gustaaf Verswijver, 2015.

de deux, font des enfants avec, respectivement, deux et trois sœurs. Lorsque je me suis intéressé à cette situation singulière, Bekwoidjàiti, qui est aujourd'hui une vieille femme du village, m'a regardé avec surprise en répliquant simplement : « Que voulez-vous, il n'y avait pas d'hommes ! ».

Quelques années après les premiers contacts de 1971, Kamaiura (fig. 100 et 102), présent lors du processus de pacification, s'installe dans le village et commence à courtiser les filles de Patyk-re (fig. 101). Peu après la pacification, l'un des fils de ce dernier meurt, cependant que l'autre, Makti, est subitement banni pour avoir eu des relations sexuelles avec ses sœurs, et part en 1979 pour le village xikrin bacaja[152], où il épouse la fille du chef – leur premier enfant naît en 1986 (Fisher 1991, p. 91). Au fil du temps, Kamaiura engendre des enfants avec trois des filles de Patyk-re, ainsi qu'avec deux filles de ces sœurs. Fort âgé aujourd'hui, il a probablement plus de quatre-vingt-dix ans.

La situation démographique particulière du petit village kararaô iriri gêne la FUNAI-Altamira qui décide, fin 1978, d'envoyer un rapport officiel au quartier général de la Fondation à Brasilia, requérant des conseils pour aider au mieux les Kararaô. Le quartier général de la FUNAI à Brasilia m'a contacté pour que je me rende chez les Kararaô afin d'y mener une enquête anthropologique pour évaluer le problème et

Fig. 102. Portrait de Kwyrykrô « Kamaiura » qui a mené une vie tumultueuse : né chez les Krinkati, il part s'installer chez les Mekranoti, avant de revenir vers les siens (Kubenkranken), puis de séjourner un temps parmi les Gorotire. Il travaille ensuite avec les Brésiliens et participe en 1971 à l'expédition de pacification du petit groupe des Kararaô Iriri, parmi lesquels il s'établit. Photo Gustaaf Verswijver, 2015.

suggérer des solutions possibles. Connaissant Kamaiura, rencontré lors d'une précédente visite à Altamira en 1976, et pratiquant la langue kayapo, j'ai accepté cette mission mais après avoir, en vain, attendu six mois l'argent nécessaire au voyage, j'ai appris que le projet était annulé par manque de fonds. Ainsi l'étude n'a-t-elle jamais été réalisée. Cependant, passant à Altamira quelques mois plus tard, en juin 1979, de retour d'un séjour chez les Mekranoti, j'ai appris de la FUNAI-Altamira que l'ensemble de la population kararaô avait été déplacé, quatre semaines auparavant, vers le village des Xikrin Bacaja, où quelques Kararaô Curua et Jaraucu s'étaient déjà installés. Mouvement confirmé par William Fisher (1991, pp. 91-92), anthropologue américain qui a travaillé chez les Xikrin à la fin des années 1970 et qui affirme que « le déplacement a concerné vingt-deux Indiens, dont un grand nombre de femmes en âge de se marier ».

Troublé par cette décision de la FUNAI-Altamira, j'ai rédigé un petit rapport pour avertir la FUNAI-Brasilia de ce déplacement, en insistant sur le fait que la situation devait faire l'objet d'une analyse approfondie pour déterminer si ce transfert avait été effectivement accompli avec le consentement des Kararaô concernés[153], mais en exprimant également mes inquiétudes quant à l'avenir de la réserve indigène kararaô, subitement inoccupée[154]. Quelques mois plus tard, de façon parfaitement inattendue, la totalité des Kararaô Iriri (à l'exception de Makti et de certains enfants) est ramenée dans son village[155]. Il semble que mon rapport ait eu quelque effet à Altamira[156]. Ignorant les échanges de documents officiels entre la capitale de l'État de Pará et Brasilia, Fisher (1991, p. 92) avance que le retour des Kararaô est lié au fait que « le leader des nouveaux-venus a refusé d'autoriser quelconque femme kararaô à se marier avec des hommes bacaja ». Kamaiura paraît s'être montré fort possessif, et déterminé à préserver sa position privilégiée à l'égard des femmes kararaô.

Le spectre du déplacement continue à ressurgir. En 1981, le quotidien brésilien *Estado de São Paulo* (22 juillet 1981) publie un petit article évoquant la situation démographique complexe des Kararaô Iriri, et déclare que Pombo[157] se prépare à recevoir les quelque vingt membres de cette tribu dans le village qu'il vient d'établir le long du Fresco, baptisé Kikretum. Un an plus tard, un autre journal fait état d'une importante rencontre kayapo dans le village gorotire, et avance que les Kayapo ont accepté l'installation des Kararaô dans le village mekranoti de Baú, avant que, dans une seconde phase, le groupe issu de cette fusion ne rejoigne le principal village mekranoti iriri (*O Liberal* 10 juin 1982). Aucun de ces démembrements, ni aucune de ces fusions ne se réalisent.

Entre-temps toutefois, le « problème » de l'inceste se résout peu à peu de lui-même, grâce aux contacts que les Kararaô Iriri établissent avec d'autres groupes kayapo. Ainsi, au début des années 1980, Pàtnhin (fig. 103) vient-il rendre visite à Kamaiura, son neveu plus âgé. Tout comme lui, il apprécie les Kararaô et décide de rester, nouant une relation avec Bônhin, femme kararaô que Kamaiura courtise également. La situation conduit à une friction entre les deux hommes, et quelque temps plus tard, à la fin des années 1980, Pàtnhin est finalement contraint de partir. Emmenant Bônhin et ses enfants, ainsi que deux enfants de Rinkà, sœur de Bônhin, il

Fig. 103. Pàtnhin, homme mekranoti, avec sa femme Bônhin qui est kararaô iriri. Ils vivent actuellement dans le village de Kamaú. Photo Gustaaf Verswijver, 2016.

s'installe dans le village mekranoti curua de Baú où il vit aujourd'hui encore. La séparation se produit vraisemblablement à la fin des années 1980 parce que la population kararaô, estimée à trente-six Indiens en 1986, tombe soudain à vingt-deux membres en 1990 (CEDI 1987 : 213 ; CEDI 1991, p. 307)[158].

Cependant, Pàtnhin ne constitue pas le seul facteur d'amélioration des conditions de mariage dans la communauté kararaô, plusieurs Xikrin épousant des femmes kararaô grâce au développement des relations entre les villages. Le recensement de 2015 montre ainsi que le village kararaô se compose de cinquante-six Indiens, dont huit sont des Xikrin et deux des Xipaya.

Comme nous l'avons précédemment mentionné, la Terre Kararaô Indigène est officiellement reconnue en 1971, et identifiée en 1974. Dernière étape d'un long processus de reconnaissance pleine et entière d'une terre indigène, l'homologation officielle n'intervient qu'en 1999 (Ordonnance 1.160 du 23 décembre 1999).

Située à une relative proximité d'Altamira, la Terre Kararaô Indigène est sous la constante menace d'une exploitation illégale de ses ressources naturelles abondantes (*Jornal do Brasil* 6 juillet 1973). En 1988, la FUNAI rapporte la présence d'une mine illégale d'améthyste, à Grota de Areia Branca, cependant qu'un an plus tard, une inspection officielle des terres identifie huit familles brésiliennes installées en zone kararaô. Puis, en septembre 1993, une dénonciation révèle qu'un groupe militaire exploite illégalement le précieux bois d'acajou à l'intérieur de la réserve (Ricardo 2000, p. 517) ; deux mois plus tard,

274 troncs d'acajou illégalement coupés sont saisis (*O Liberal* novembre 1993). En 1996, les Kararaô tuent deux des huit hommes venus pêcher illégalement dans les eaux de l'Iriri, à trois kilomètres à peine du village (*O Estado de São Paulo* 11 janvier 1996 ; *Correio Braziliense* 11 janvier 1996). Au cours des années suivantes, des pêcheurs soudoient les Indiens afin de pouvoir accéder aux eaux poissonneuses de l'Iriri : il semble qu'ils leur proposent des boissons alcoolisées et de la marijuana – certaines Indiennes auraient même été offertes aux pêcheurs[159] (Ricardo 2000, p. 517). Depuis le début du siècle, la situation est devenue calme et aucune invasion n'a été signalée, mais les Indiens Kararaô restent vigilants.

Fig. 104. Pãnhkamrêk « Miguel », homme kararaô iriri. Photographie prise en 1980, durant son séjour chez les Mekranoti Iriri. Photo Gustaaf Verswijver. Avec l'aimable autorisation du Museum der Weltkulturen, Francfort.

Fig. 105. Moteti, Kararaô Iriri, portant une charge de noix du Brésil, photographié en 2005, durant son séjour dans le village mekranoti curua de Baú. Photo Gustaaf Verswijver.

4.6. La faction de Bekà. Quatrième partie : la faction de Tàjàt

La situation des Kararaô Jaraucu en 1939-1940 comporte une énigme, liée aux relations pacifiques qu'ils entretiennent brièvement avec les Brésiliens à l'intérieur et autour de Cajueiro. Les informateurs que j'ai interrogés affirment en effet que Maria Idalina, la Brésilienne capturée à la fin des années 1920, a été reprise de force aux Kararaô Jaraucu et amenée à Porto de Moz où elle est installée dans la maison du maire (Cabo Verde BCV17_03). Le fait qu'elle ait été reprise de force, autrement dit, au cours d'une attaque menée par des Brésiliens (voir Chapitre 4.1) ne s'accorde pas au témoignage de Cabo Verde (fig. 52 et 109) qui a aperçu des Indiens qui traversaient Porto de Moz pour lui rendre visite. Ce dernier déclare nettement qu'il a vu « les Indiens marcher dans la rue […]. Ils sont venus rendre visite à Maria, ici, à Porto de Moz […]. Seulement des hommes, les femmes ne sont pas venues. Ces hommes avaient des choses dans la bouche[160]. Ils ne portaient pas de chemises. C'étaient de grands Indiens, avec de longs cheveux » (Cabo Verde BCV17_03). Si Maria avait été reprise de force aux Kararaô, ces mêmes Kararaô ne viendraient assurément pas déambuler paisiblement en ville pour la voir. Il serait sans doute plus juste d'avancer que les Kararaô Jaraucu, après avoir été assaillis par les Brésiliens, sont retournés vivre dans

Fig. 106. Photo de groupe de la population kararaô iriri. Photo Diego Rinaldi, 2015.

la forêt. Ce qui est précisément ce qu'ils ont fait. Nimuendajú confirme le ou les attaques évoquées par Cabo Verde : « Finalement, les survivants se retirèrent. On dit qu'ils furent chassés avec des balles. En chemin, ils attaquèrent une maison sur le Guajará, tuant quelques personnes, et kidnappant une femme et son fils » (Nimuendajú 1952, p. 432). Nous pouvons vraisemblablement en déduire que les cueilleurs de latex ont, de fait, agressé les Kararaô Jaraucu et qu'à l'occasion de l'un de ces assauts, ils ont réussi à reprendre Maria Idalina[161] et la ramener en ville. Mais alors, qui sont ces Kararaô qui, après les attaques, sont venus paisiblement rendre visite à Maria en ville ? La réponse est fort simple : au moment où le groupe principal des Kararaô est chassé de Cajueiro, une petite faction demeure dans la région. Ce sont précisément les Indiens qui rendent visite à Maria. Observation que corrobore le même Cabo Verde lorsqu'il déclare que « les [Brésiliens] ne réussissaient pas à maîtriser les Indiens. Les Indiens sont partis. Les gens en ont tué beaucoup, puis, ils sont partis. Ils en ont tué beaucoup dans la région du Jaraucu [...]. Là, les cueilleurs de latex et de sapotilles ont tué les Indiens. Parce que les Indiens voulaient prendre le latex. Ils ont tiré sur eux. Ils en ont tué beaucoup. Ceux qui en ont réchappé, sont partis. Certains d'entre eux ont rendu visite à Maria Idalina chez les Silva. Ils sont restés là une ou deux semaines. C'étaient des Indiens déjà apprivoisés » (Cabo Verde, BCV17_03). La citation montre que Cabo Verde fait la distinction entre les Indiens de Cajueiro, qui ne peuvent être maîtrisés et sont chassés, et les Indiens « apprivoisés » qui rendent visite à Maria en ville. Ce qui indique qu'il s'est produit une scission.

Fig. 107. Meiti racontant l'histoire des Kararaô Jaraucu, dans la maison communale située au centre du village de Kamôktikô. Sur la droite, sa nièce « Preta » assure la traduction. Photo Daniel Tiberio Luz, 2016.

Fig. 108. L'auteur s'entretenant avec Pãnhkamrêk « Miguel » (Kararaô Iriri) en 2015. Photo Daniel Tiberio Luz.

Scission que Meiti, unique Kararaô Jaraucu encore en vie aujourd'hui, explique clairement : « Un groupe est revenu, et ce sont eux qui se sont unis à Bekà. Mrykamkô et Tàjàt sont restés avec les Brésiliens, près de Porto de Moz » [Meiti, KKE16_21]. Souvenons-nous que Tàjàt a déjà été évoqué comme un jeune homme qui accompagne Pukrã, Kôkô'uk, Nêiamrô et Patyk-re. Pãnhkamrêk affirme notamment que « Tàjàt est venu avec mon grand-père [Patyk-re]. Un jour, tous les deux ont pillé des bananes chez les Brésiliens. Ils ont fait du feu parce qu'ils voulaient griller les bananes. Les Brésiliens les ont vus, aussi se sont-ils enfuis. Puis, ils ont érigé un village ici, à la crique Ngôdjàr. Plus tard, les Brésiliens nous ont pacifiés » [Pãnhkamrêk, KKP15_06]. Tàjàt est donc membre du groupe qui se sépare des Djudjetukti (autrement dit, de la maison des hommes Est de Pukatoti). Plus précisément, Tàjàt est le beau-frère de Patyk-re (voir fig. 57). Bekwoirê, Meiti et Pãnhkamrêk mentionnent tous Tàjàt.

Fig. 109. Domingo « Cabo Verde » Nastacio, qui rencontre les Kararaô Jaraucu en 1939-1940. Photo Gustaaf Verswijver, 2017.

L'analyse de ces bribes d'information permet donc de situer fin 1939, début 1940, ce qui se produit ensuite. Établis à Cajueiro, les Kararaô Jaraucu s'efforcent de vivre en paix avec les Brésiliens. À la suite d'une épidémie majeure qui se déclare en novembre 1939, Bekà et un petit groupe s'enfuient dans la forêt. Le noyau demeure à Cajueiro, ainsi que la captive brésilienne, Maria Idalina. Deux mois plus tard, les habitants de Cajueiro sont attaqués par des Brésiliens du coin qui reprennent Maria. La majorité d'entre eux part rejoindre Bekà dans la forêt, cependant qu'un petit groupe d'« Indiens apprivoisés », pour reprendre l'expression de Cabo Verde, continue à vivre dans la région et entretenir des relations pacifiques avec les Brésiliens. Il est donc plausible d'avancer que les premiers partisans de Kôkôiaumti correspondent à ceux qui sont retournés vivre dans la forêt, cependant que le tout petit nombre d'hommes appartenant à la faction Djudjetukti qui a rejoint les Kararaô début 1937, reste sur place et cohabite en paix avec les Brésiliens. Ces hommes sont ceux de Tàjàt.

Plusieurs informateurs kararaô – Meiti, Pãnhkamrêk et Bekwoirê – affirment que la faction de Tàjàt existe aujourd'hui encore. Pãnhkamrêk (KKP15_06) rencontre Tàjàt vers 2005, lors d'une visite à Altamira. Un Brésilien lui apprend que l'un de ses parents s'est enquis de lui. Pãnhkamrêk (KKP15_06) suit donc l'homme dans une maison où il rencontre Tàjàt, qu'il décrit comme un vieil homme, à peu près de l'âge de Kamaiura (actuel leader du village kararaô iriri), portant un labret de bois et de longs cheveux gris. Tàjàt évoque son village qu'il situe dans un lieu appelé Ken-'ã Ngôdjàr, près du cours d'eau du Ngôrãrãnkdjàr, en aval

Fig. 110. Hommes et femmes mekranoti dansant à l'occasion du *kwyrykangô*, cérémonie également accomplie par le groupe kararaô de Tàjàt. Photo Gustaaf Verswijver, 1974.

de Vitoria. Quelques années plus tard, Bekwoirê (KKB16_33) se rend dans ce village érigé près d'un affluent du Xingu, qu'il atteint au terme de trois jours de canoë à partir de Vitoria. Selon Pānhkamrêk et Bekwoirê, ces Kararaô, en dépit des contacts étroits qu'ils entretiennent avec les Brésiliens depuis déjà plus de soixante-dix ans, parlent encore la langue kayapo entre eux – mais aussi le portugais. Ils vivent dans un village circulaire, pourvu en son centre d'une maison des hommes, et n'ont pas cessé d'accomplir les cérémonies, à l'exemple du rituel de nomination dit *kwyrykangô* (fig. 110) (voir les Chapitres 1.1 et 5.3). S'ils portent tous des vêtements occidentaux, ils pratiquent en revanche toujours les peintures corporelles typiques. Le village abrite trois hommes âgés : Tàjàt[162], Akamàn et Kum-re (voir Annexe 2). Au regard de ces informations, il semble pertinent d'avancer que le groupe initial de Tàjàt se compose en 1940 de deux voire trois jeunes couples accompagnés de leurs enfants et d'une poignée d'adolescents – soit vraisemblablement dix à quinze Indiens au total. Si l'on se fonde sur les récits de Pānhkamrêk et Bekwoirê, ce groupe doit bien compter soixante membres ou plus.

En 2017, je me suis rendu à Porto de Moz, d'où j'ai remonté le Jaraucu avant de passer sur le Penetecaua. Pedro Flecha (fig. 111), un homme qui voyage fréquemment entre Porto de Moz et le Penentecaua, m'a informé qu'il avait vu, dans le poste SPI abandonné, situé à l'embouchure de ce fleuve, des Indiens apparemment venus se rendre sur la tombe des ancêtres. Tous vêtus, ces Indiens parlaient assez bien le portugais. Pedro Flecha a ajouté qu'ils vivaient en amont du Penetecaua, et qu'un homme surnommé Sinuca pourrait m'en dire plus à leur propos. Décidé à suivre cette piste, j'ai rendu visite à Sinuca dont le véritable nom est Manuel Pimentel (fig. 112) et qui vit avec sa famille à quelques kilomètres en amont de l'embouchure du Penetecaua. L'homme m'a raconté avec précision ses rencontres avec les Kararaô dans les années 1950 et 1960. En revanche, lorsque je l'ai questionné sur les Indiens Kayapo installés en amont, il est subitement devenu moins loquace, avant de se retrancher dans un silence révélateur. Affirmant que seuls ses fils sont établis dans cette région, il a nié que des Indiens puissent vivre en amont (Sinuca, BMS17_08)...

Fig. 111. Pedro Flecha, qui dit avoir vu récemment des Indiens se rendre dans le cimetière situé près du poste kararaô abandonné. Photo Gustaaf Verswijver, 2017.

Fig. 112. Manuel Pimentel, connu sous le nom de Sinuca, vit avec sa famille sur les abords du Penetecaua. Photo Gustaaf Verswijver, 2017.

Quoi qu'il en soit, l'ensemble des informations recueillies indiquent que la faction de Tàjàt existe toujours, et que ce groupe kararaô reste ignoré des agents officiels de la FUNAI. Raison pour laquelle après avoir conduit des interviews avec des Kararaô en 2015-2016, et entrepris de brèves recherches dans la région de Porto de Moz en 2017, j'ai rédigé un rapport officiel destiné à la FUNAI, rapport que j'ai personnellement remis aux agents d'Altamira. Ceci pour m'assurer qu'ils soient dûment informés de l'existence quasiment certaine du village de Tàjàt dans une région où nul ne pense que vivent encore des Indiens. Ce rapport de quatre pages a été enregistré sous le chiffre 509 le 8 juin 2017 par la FUNAI-Altamira, et une copie a été envoyée au quartier général de Brasilia. À suivre ?

4.7. Factions Kararaô isolées

Lorsque je lui ai demandé s'il était possible que des groupes kararaô isolés errent encore librement dans la forêt, la première réaction d'Afonsinho a été négative. Il a affirmé avoir parcouru une grande zone forestière et qu'il n'y existait plus de groupe kayapo isolé, et à plus forte raison des Kararaô. Pourtant, un peu plus loin dans la même interview, il relate spontanément un fait curieux. Dans les années 1970, alors qu'il se rend en hélicoptère d'Entre-Rios à Altamira, il aperçoit de la fumée émergeant des arbres, dans la région du cours supérieur de la rivière Carajari. Demandant au pilote de perdre de l'altitude afin de mieux voir, il distingue un campement, composé d'une seule hutte qui n'a visiblement pas été construite par des Brésiliens et qui se trouve près d'un petit champ de maïs. Spontanément, il songe à un petit camp kararaô (Afonsinho, BAF17_09). L'hypothèse paraît plausible si l'on se souvient que Francisco Meirelles se rend dans la région du Curua en octobre-décembre 1960, non seulement pour y établir le poste SPI à l'embouchure du Baú – afin de réunir l'ensemble des Mekranoti Curua et Kararaô Curua survivants – mais aussi pour monter une équipe de pacification destinée à explorer la région du Riozinho do Anfrisio. Cette équipe a donc pour but de « pacifier les Indiens Kararaô. Il s'agit du dernier groupe à pacifier qui appartienne à la dangereuse tribu des Kayapo, laquelle a causé tant de morts et de troubles dans la région du Xingu et du Tapajos » (SPI 26 novembre 1960). Conduite par l'expérimenté Hilmar Kluck qui, à cette époque, travaille avec les Mekranoti Iriri et Curua, l'expédition, accompagnée par plusieurs Mekranoti, a bien lieu mais, par manque de fonds nécessaires (une situation fréquente, nous l'avons vu, pour les projets SPI à cette époque), se trouve être bien plus modeste que ne l'avait espérée Meirelles. L'équipe revient donc bredouille.

Cependant, aujourd'hui encore, les quelques Kararaô Curua survivants affirment que des parents vivent dans la région du cours supérieur du Riozinho do Anfrisio où ils ont habité dans les années 1940-1950. Les Kararaô Curua en sont si convaincus qu'à la fin des années 1950, peu après l'instauration de relations amicales avec les Brésiliens, Irot, un jeune adulte, part avec des compagnons tribaux explorer la région. À leur retour, ils affirment avoir découvert des traces physiques prouvant la présence d'Indiens itinérants dans la zone, Indiens qu'ils n'ont pu rencontrer « parce que ceux-ci ne voulaient pas être trouvés » (Mauré, KKM16_32). Travaillant actuellement dans la région du Riozinho do Anfrisio, des membres de l'Instituto Socioambiental déclarent, dans un récent reportage, avoir eu la preuve qu'il existe des Indiens isolés dans cette région (ISA 2017). Bien sûr, rien à ce stade ne permet d'affirmer que les Indiens isolés, présents dans la zone du Riozinho do Anfrisio ou le long du cours supérieur Carajari, soient effectivement des Kararaô. D'autant que les Mekranoti Iriri avancent qu'un petit groupe dissident de leur tribu a gagné en 1944 la région de l'Entre-Rios (Verswijver 2018, p. 113, 293), groupe baptisé Puro d'après le nom de l'un des deux dissidents partis avec leur famille.

Il est également important de préciser que Meiti, le vieux survivant kararaô jaraucu, m'a posé la question suivante : « Et qu'en est-il de Pukrã ? Personne ne parle de Pukrã, il doit toujours errer dans la forêt […]. Pukrã est toujours dans le coin.

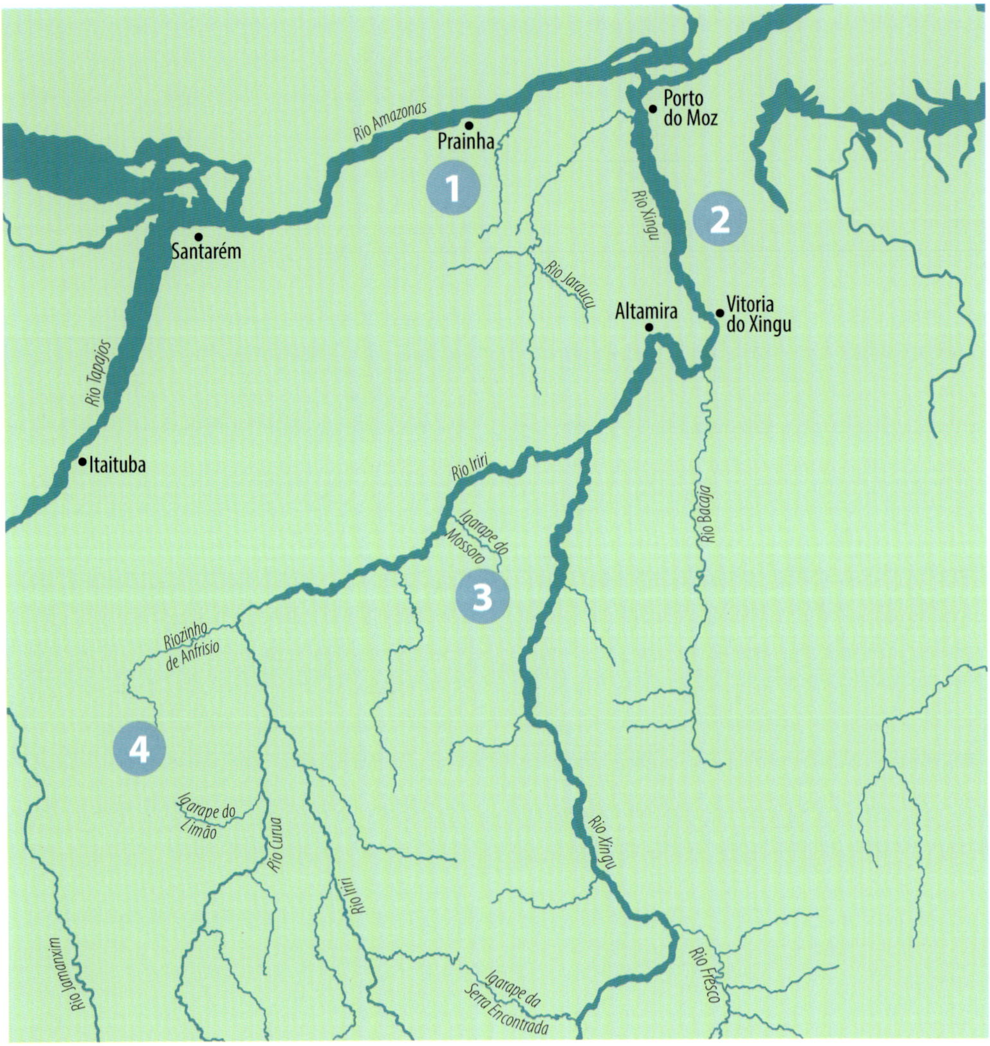

Carte 11. Emplacement approximatif de probables factions kararaô isolées : **1** la petite faction dans la zone au sud de Prainha ; **2** la faction de Tàjàt dans la zone du cours inférieur du Xingu ; **3** la petite faction dans la zone du cours supérieur de l'Igarape do Mossoro (près du site de l'ancien village des Kararaô Iriri) ; **4** la faction de Pukrã (probablement la plus grande des factions toujours isolées).

À ce jour, personne ne sait où il est. Je voudrais savoir où il est » (Meiti, KKE16_18). De fait, qu'est-il advenu de Pukrã, cet homme qui, selon Bekwoirê (KKB16_33), est parti dans les années 1940 avec une poignée d'Indiens, continuant à parcourir la région du cours supérieur de l'Iriri-Curua, cependant qu'une partie de ce groupe se déplaçait vers le nord en direction du Jaraucu ? Il est possible qu'il soit quelque part, dans cette vaste zone du Curua et de l'Iriri[163].

De plus, il semble fortement avéré qu'un groupe kayapo isolé se déplace le long de la frontière méridionale de la Terre Indigène Kararaô, et plus particulièrement dans la région du cours supérieur du Mossoro, affluent de l'Iriri. Dans les années 1970 déjà, Patyk-re informe les agents de la FUNAI que certains de ses parents continuent à errer librement dans cette zone et refusent d'entrer en relations amicales avec les Brésiliens[164]. Il arrive aujourd'hui encore que les Kararaô Iriri découvrent la trace de ce modeste groupe dont ils affirment qu'il est kararaô. En septembre 2016, une petite équipe composée d'un membre de la FUNAI-Altamira et d'une poignée de Kararaô Iriri et de Xikrin Bacaja, pénètrent dans la zone où cette faction isolée est supposée vivre. À un moment donné, l'équipe entend un groupe de personnes parler le kayapo et décide alors d'opérer une retraite, évitant d'établir un contact parce que les Kayapo participant à l'expédition, hésitent, effrayés. La réaction de ces derniers n'est pas inhabituelle. Comme nous l'avons vu, lorsque l'équipe du SPI tente de pacifier les Kararaô Iriri, Kamaiura et deux autres Kayapo, alors présents, renâclent à l'instant de procéder véritablement à la pacification. La raison de cette réticence tient à ce que les Kayapo qui vivent en bons termes avec les Brésiliens depuis quelque temps déjà, craignent leurs parents qui sont restés isolés : ceux-ci perpétuent les traditions kayapo et sont donc considérés comme particulièrement forts, tandis qu'eux-mêmes se sont affaiblis « en mangeant de la nourriture brésilienne et en portant des sandales pour protéger leurs pieds ». De fait, la force et l'endurance sont des valeurs cultivées par la société traditionnelle kayapo, valeurs qui tendent à perdre de leur importance après la pacification. Quoi qu'il en soit, tout indique qu'un petit groupe kararaô continue à vivre dans la région du Mossoro.

Enfin, il est officiellement connu qu'une toute petite faction kararaô continue à parcourir la région du cours supérieur du Guajará. À plusieurs reprises entre 1976 et 1982, des journaux mentionnent le pillage par des Indiens de petites colonies situées dans la zone méridionale de la municipalité de Prainha (voir Carte 7). Cette municipalité est divisée en deux par le fleuve Amazone, la partie sud englobant une vaste partie du bassin du Guajará. Jusqu'à présent, nul n'a été tué au cours de ces raids. Toutefois, les récits de ces témoignages rapportent de façon récurrente que de jeunes Indiens tentent d'enlever de jeunes Brésiliennes – comme c'est le cas en mai 1981 (*O Popular* 30 mai 1981). Quelques semaines plus tard, le maire de Porto de Moz signale que trois Indiens ont été vus près de la ville. Sur la base des données rassemblées, la FUNAI en conclut que le petit groupe kararaô est manifestement en quête de femmes (voir par exemple *O Estado de São Paulo* 13 juin

Fig. 113. Xikrin écoutant Meiti raconter l'histoire des Kararaô Jaraucu. Photo Daniel Tiberio Luz, village de Kamôktikô, 2017.

Fig. 114. Sidney Possuello qui, en 1981, tente d'approcher un groupe kararaô isolé dans la région du Guajará. On le voit ici chez les Indiens Ikpeng (Txikão), dans le Parc National du Xingu. Photo Gustaaf Verswijver, 1974.

1981), ce qui conforte la crainte éprouvée par la population locale puisque, comme nous l'avons vu dans la précédente enquête ethno-historique, les Kararaô ont effectivement déjà enlevé des Brésiliennes. Concernant la taille de ce groupe d'Indiens isolés, les estimations varient grandement : selon certaines sources, il ne compterait vraisemblablement que quelques personnes (essentiellement des jeunes hommes) ; d'autres avancent le chiffre de trente à quarante Indiens ; d'autres encore évoquent une population de cinquante à cent membres. Tout ceci n'est, à l'évidence, que spéculations. Les multiples apparitions de Kayapo isolés entre 1976 et 1981 alimentent massivement la peur des habitants et contraignent les maires de Porto de Moz et Prainha à presser le gouverneur d'obtenir de la FUNAI qu'elle entreprenne une action. Jusque-là, la Fondation s'est toujours retranchée derrière le manque de moyens, mais sous la pression politique, elle cède finalement et envoie le *sertanista* Sidney Possuello (fig. 114), ainsi que le traducteur Afonsinho dans la région. Six habitants se joignent à l'équipe. Possuello et Afonsinho estiment que le contact avec les Kayapo s'établira assez aisément (*A Provincia do Para* 28 octobre 1981). Pourtant, l'équipe ne passe qu'un mois sur le terrain, avant de renoncer en expliquant que les pluies rendent leurs recherches impossibles (*Tribuna da Imprensa* 3 décembre 1981) (fig. 116). Ce que les deux spécialistes de la FUNAI ne mentionnent

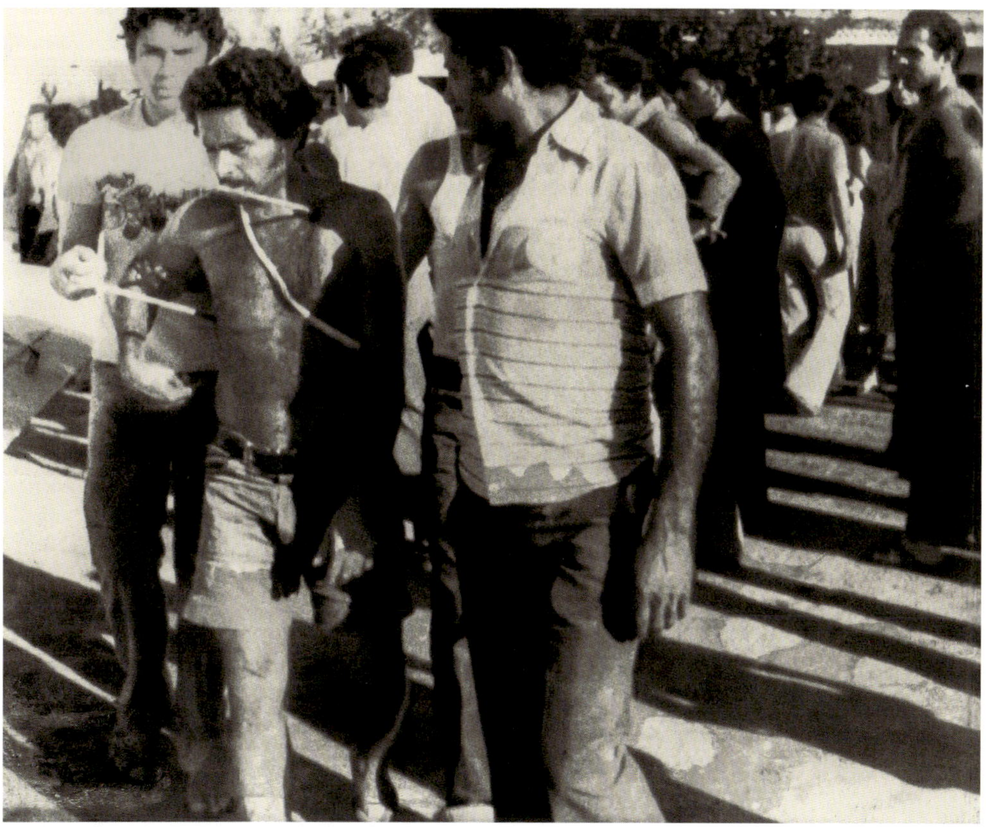

Fig. 115. Afonsinho, le corps percé de deux flèches décochées par des hommes arara en janvier 1979. Archives Afonso Da Cruz.

Fig. 116a-b. Article de journal annonçant que l'équipe de la FUNAI renonce à chercher encore des Kararaô isolés. *Tribuna* da *Imprensa*, 3 décembre 1981.

pas, c'est qu'à l'époque, leurs principales préoccupations concernent la pacification des Indiens Arara, qui résistent férocement à toutes les tentatives d'approche amicale de la FUNAI (fig. 115). Plusieurs quotidiens nationaux suivent étroitement le travail de Possuello et Afonsinho chez les Arara, auquel ils donnent une grande couverture médiatique. Lorsqu'ils sont envoyés pour localiser les Kararaô, ces deux derniers viennent tout juste de réussir à pacifier la première faction des Arara : il reste une autre grande faction encore isolée. Les deux spécialistes ne souhaitent donc pas s'absenter longtemps des postes qu'ils occupent dans la région arara[165] : pacifier un petit groupe kararaô ne fait pas partie de leurs priorités, ce qui explique pourquoi ils s'efforcent d'écourter autant que possible l'expédition kararaô. Comme par hasard, depuis que l'équipe de la FUNAI a croisé le territoire des Kararaô Guajara isolés, ceux-ci ne se sont plus manifestés, vraisemblablement parce qu'ils ont aperçu les membres de cette équipe et qu'ils ont le sentiment d'être persécutés par les Brésiliens dans leur propre habitat. De même, craignant ces derniers, ont-ils fort probablement décidé par la suite de rester cachés. Ce qui ne signifie pas qu'ils ne soient pas là. S'il existe des Kararaô dans la région du cours supérieur du Guajará, sans doute sont-ils issus de la dissidence kararao jaraucu : autrement dit, d'une petite faction qui se crée durant les temps confus des premiers contacts avec les Brésiliens le long du Jaraucu, en 1939. Ou, qui sait, quelques Kararaô ont-ils peut-être survécu a l'épidémie de rougeole de 1967 ? Quoi qu'il en soit, tout indique qu'une poignée de Kararaô ont fui dans la forêt pour échapper au cauchemar des épidémies meurtrières. Ils sont plus tard désespérément en quête de femmes pour se reproduire ...

Fig. 116b.

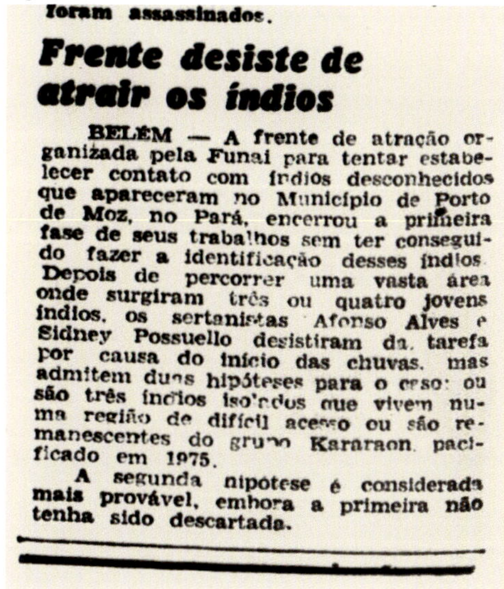

foram assassinados.

Frente desiste de atrair os índios

BELÉM — A frente de atração organizada pela Funai para tentar estabelecer contato com índios desconhecidos que apareceram no Município de Porto de Moz, no Pará, encerrou a primeira fase de seus trabalhos sem ter conseguido fazer a identificação desses índios. Depois de percorrer uma vasta área onde surgiram três ou quatro jovens índios, os sertanistas Afonso Alves e Sidney Possuello desistiram da tarefa por causa do início das chuvas, mas admitem duas hipóteses para o caso: ou são três índios isolados que vivem numa região de difícil acesso ou são remanescentes do grupo Kararaon, pacificado em 1975.

A segunda hipótese é considerada mais provável, embora a primeira não tenha sido descartada.

NOTES

70. Les agents du SPI et du FUNAI utilisaient couramment le terme *pacificação* (pacification) pour désigner l'acte d'établir les premiers contacts amicaux avec un groupe autochtone. Le terme kayapo est *krõr*, qui signifie « faire la paix » ou « contacter pacifiquement ». Les informateurs kayapo traduisent invariablement ce terme par « apprivoiser » ou « pacifier » (Verswijver, en préparation -1).

71. En 1939, le journaliste Louis Cordelier se rend par deux fois sur la rivière Jaraucu pour enquêter sur le rapprochement entre les Kararaô et les Brésiliens. Il témoigne de cette expérience au travers d'une série de cinq articles parus entre le 5 mars et le 2 avril 1940, dans un journal appelé *A Noite Ilustrada* (Cordelier 1940a-e). Quoique d'une tonalité clairement journalistique, ces articles n'en constituent pas moins la principale source disponible sur les Kararaô en 1939. Le récit donné ici se fonde essentiellement sur les reportages de Cordelier.

72. Arnaud & Alves (1974, p. 6) précisent que Maria Idalina a été enlevée dans l'exploitation de caoutchouc de São Gonçalo, située le long de l'Iriri, dans les années 1920, après que les Indiens ont tué son mari. Ils en concluent donc que les Kararaô se séparent des Krinkati à la fin des années 1920 (*ibid.*, p. 7). Mais, comme nous l'avons vu, cet séparation se produit des années plus tard, vers 1933.

73. Maria Idalina est née dans l'État du Maranhão. Son mari est un préleveur de caoutchouc vivant et travaillant au bord de l'Iriri à l'époque de son enlèvement. Le mari de Maria était un précurseur des quelque 55 000 autres hommes qui, au milieu des années 40, suivraient son chemin plus tard, se déplaçant du nord-est du pays vers l'Amazonie pour exploiter le caoutchouc — le caoutchouc était une denrée très recherchée dans les Amériques pendant la Seconde Guerre mondiale. Ces cueilleurs de caoutchouc étaient appelés « soldats du caoutchouc » (*soldados da borracha*) au Brésil.

74. Nimuendajú (1940ms, pp. 3-4 ; 1952, p. 431) rapporte que les Indiens rencontrés par Cordelier descendent des Gorotire – terme par lequel il désigne l'ensemble des Kayapo du Xingu. Il semble visiblement ignorer l'existence du sous-groupe Kararaô, ce qui est plutôt surprenant. Au cours de son travail de terrain parmi les Djudjetukti en 1939-1940, il découvre les différents groupes formés par les Kayapo du Xingu, mentionnant ainsi les factions Djudjetukti/Gorotire (Kapai-re, Tàkwỳr, Adjuremi, Ku'at...), mais aussi les Kubenkranken et les Mekranoti. En revanche, il n'évoque pas une seule fois les Kararaô dans ses notes. Il est donc possible qu'en 1939-1940, ses informateurs Djudjetukti pensent que les Kararaô se sont mêlés aux Mekranoti et ne constituent donc plus un groupe indépendant.

75. Dans un ouvrage précédent, j'ai montré qu'à l'époque qui précède les premiers contacts, pas moins de trente-quatre pour cent des décès chez les hommes mekranoti sont dus aux faits de guerre (Verswijver 2018, pp. 187-190).

76. En novembre 1939, Cordelier (1940c) découvre un peu plus d'une vingtaine de huttes, chacune occupée par deux, voire trois hommes ou femmes avec leur progéniture. Nos précédentes recherches parmi les Mekranoti montrent qu'on peut raisonnablement estimer le nombre d'occupants à une dizaine par hutte. En ce cas, la population de ce groupe kararaô mené par Bekà avoisinerait les deux cents Indiens. Nous présumons que probablement vingt pour cent de la population meurent durant l'épidémie de 1939. En outre, quand il fuit cette dernière, Bekà part avec quelque soixante-dix Indiens pour retourner vivre dans la forêt. La population de quatre-vingt-six Indiens mentionnée par Cordelier et Ebner correspond au groupe qui est resté à Cajueiro.

77. Extrêmement faible, ce nombre d'enfants témoigne des conséquences des épidémies qui ravagent cette population kararaô. Au cours de ces épidémies, la mortalité chez les enfants et les anciens est significativement plus élevée que parmi les adolescents et les jeunes adultes.

78. Plus tard, elle accompagne les Silva lors de leur déménagement près de la ville de Belém, où elle décède.

79. Quoique certaines sources avancent la date de 1940, il ne fait aucun doute que les événements décrits se produisent avant le 1er novembre 1939, jour de l'arrivée de Curt Nimuendajú dans la région (Nimuendajú 1952, p. 433). Krauetler (1979, p. 128) est celui qui les situe au cours du mois d'août.

80. Chaque informateur avance un chiffre différent pour ce groupe : Afonsinho (BAF15_12) évoque vingt-trois membres, tandis que Cotrim (BCS17_01) parle de « dizaines d'Indiens ». Nimuendajú (1952, p. 435) et Krauetler (1979, p. 128) s'accordent sur un total de douze personnes. Ces deux derniers ayant travaillé dans la région en 1939-1940, j'estime que leur évaluation est vraisemblablement la plus précise.

81. Nimuendajú évoque les rumeurs qui se mettent à circuler dans la région, sur une supposée attaque de Vitoria par les Indiens : « Pôrto de Moz bruissait d'histoires indiennes horribles : Victoria avait été attaquée par trente guerriers kayapo armés de fusils qui furent repoussés avec pertes ».

82. Nimuendajú (1952, p. 435), aussi bien qu'Arnaud & Alves (1974, p. 8) considèrent à tort Õkwa et ses onze partisans comme les uniques survivants du groupe de Kararaô Jaraucu, après le contact avec les Brésiliens à Cajueiro. Toutefois, nous avons vu qu'Õkwa et les siens se séparent de la faction de Bekà dès la fin de 1938, soit avant avril 1939, au moment de la prise de contact pacifique de Bekà et son groupe avec les Brésiliens.

83. Kamiranga (ou Camiranga) est une déformation de l'expression kayapo *kam irã*, « au point du jour ». L'ensemble de ses pairs le désignant par son nom kayapo, je procède de même dans cet essai. Kamiranga commence à travailler avec les Djudjetukti, au bord du Fresco, vers le milieu des années 1940. Au cours de la décennie suivante, il participe à des expéditions qui parviennent à approcher pacifiquement les Kubenkranken (1952), les Kararaô Curua (voir Chapitre 5.3) et les Mekranoti Curua en 1957, les Mekranoti Iriri en 1958 et les Kararaô Iriri en 1971 (voir Chapitre 5.5).

84. Dans son récit, Kamiranga (BKA15_06) avance que Patyk-re est présent à Vitoria et qu'il est l'un des survivants. Ce que nient tous les autres informateurs qui soutiennent que Patyk-re a refusé de participer au projet d'Õkwa d'établir des relations pacifiques avec les Brésiliens.

85. Une fois encore, tout comme pour les Djudjetukti en 1937 et le groupe de Bekà en 1938, la famine est

évoquée comme l'un des principaux motifs qui poussent les Indiens à approcher pacifiquement les Brésiliens.
86. Turner (1991ms, p. 22) affirme que les corps des victimes sont entièrement brûlés avec de l'essence.
87. Comme nous l'avons vu précédemment, Horace Banner commence à travailler avec les Djudjetukti en 1938. Dès le mois de décembre 1939, ainsi que le rapporte Nimuendajú (1952, p. 431), il parle couramment le kayapo. Quoiqu'il ne soit pas un linguiste professionnel, Banner possède néanmoins un don pour les langues. En 1940, au terme d'un travail de terrain d'à peine deux ans, il rédige un manuscrit de 23 pages, intitulé *Gramatica elementar da língua Gorotire*, « Grammaire élémentaire de la langue gorotire » (Banner 1940ms).
88. Nous avons vu que, quand les Trois Fred sont tués, Kôkôiaumti a déjà quitté le village principal depuis quelques années. Si Õkwa vit toujours à Pukatoti au moment de l'assassinat, cela confirme notre point de vue selon lequel ce dernier appartient non pas au groupe kararaô d'origine, mais à la faction qui s'est séparée des Djudjetukti.
89. La réticence d'Õkwa à suivre Banner chez les Djudjetukti se comprend dans la mesure où, comme nous l'avons vu, lui et les siens ont quitté à peine quelques années auparavant ces mêmes Djudjetukti qui, par ailleurs, les attaquent à deux reprises. Approcher les Kubenkranken eût été pour lui une solution plus viable.
90. Des informateurs kararaô précisent qu'ils enlèvent deux filles adolescentes alors que Nimuendajú évoque une femme et son fils.
91. Patyk-re est un frère classificatoire (le fils du frère de son père) de Nêiamrô et Pinin, voir fig. 57. Patyk-re, Nêiamrô et Pinin se sont tous séparés des Djudjetukti.
92. Comme en témoigne la carte de J. Huber (1910), que reproduit Traldi (2013, p. 22), la région du Xingu, et plus encore celle de l'Iriri, sont particulièrement riches en arbres à latex indigènes, appelés *Hevea Brasiliensis*. Arnaud (1989, p. 431) montre qu'en dépit de la chute des prix du caoutchouc en 1914-1915, la production dans la région de l'Iriri-Curua ne cesse d'augmenter jusqu'en 1920. Après une baisse dans les années 1920-1930, cette production repart à la hausse dans les années 1940 pour atteindre un pic au cours de la décennie suivante. C'est à la fin des années 1940, et plus encore, au début et milieu des années 1950, que l'accroissement du nombre de saigneurs d'hévéa provoque des affrontements avec les différents groupes Kayapo. Les Brésiliens que le gouvernement envoie dans l'Amazonie entre 1943 et 1945 pour y prélever le latex nécessaire à l'approvisionnement des États-Unis d'Amérique durant la Seconde Guerre mondiale, sont appelés « soldats du caoutchouc » (*soldados da borracha*). La région située sur le cours supérieur de l'Iriri et du Curua constitue l'un des principaux centres où se rendent ces soldats dont la plupart restent sur place à la fin de la Seconde Guerre mondiale.
93. Beppôkti-re (Mauré) est né dans la forêt près d'Altamira, après la scission du groupe de son père d'avec celui de Bekà (Mauré, KKM16_32).
94. Si nous supposons qu'ils y arrivent en 1942 ou 1943, alors il est vraisemblable qu'ils partent vers 1954-1955.
95. Tucum (KKY16_15) affirme à juste titre que ce déplacement situe le groupe de son père à grande proximité des Mekranoti Curua.
96. Au moment de la pacification des Kararaô Curua en mai 1957, Rontyiarô (leader du groupe) montre à Afonsinho les différents bouts de plomb qui sont restés sur son corps (Afonsinho, BAF17_09). Ce dernier, mais aussi, Kamiranga, affirment que la quasi-totalité des Kararaô Curua périssent durant l'attaque, les seuls survivants étant les quelques Indiens qui, partis momentanément en expédition dans la forêt, se trouvent hors du village (Afonsinho, BAF16_36 ; BAF17_09 ; Kamiranga, BKA15_06). L'affreux massacre qu'évoquent les deux anciens agents du SPI, au cours duquel sont tués quelque quatre-vingt-quinze Indiens, se produit vers 1950 dans la région du Riozinho do Anfrisio. L'événement est décrit dans un ouvrage récent (Nunes 2003, pp. 245-273), ainsi que dans un témoignage d'Afonsinho qui a été publié (Milanez 2015, pp. 144-145). Néanmoins, comme Mauré et Tucum me l'ont clairement affirmé (Mauré, KKM16_32 ; Tucum, KKY16_15), et j'en apporterai la preuve dans un ouvrage à venir, (Verswijver, en préparation.-2), le groupe massacré ne correspond pas aux Kararaô Curua ! En effet, l'attaque que subissent ces derniers est différente et correspond à l'une de ces nombreuses « petites » agressions perpétrées par les Brésiliens à l'encontre des groupes Kayapo (Kararaô et Mekranoti) qui vivent et se déplacent dans la région.
97. Les Mekranoti Curua et quelques petites factions dissidentes des Mekranoti Iriri errent dans cette immense région.
98. Ce récit de la pacification des Kararaô Curua se fonde sur la compilation de plusieurs sources : les témoignages de Mauré (KKM16_29 ; KKM16_32), Kamiranga (BKA15_06), João Rogerio (BJR04_01) ; les rapports officiels de Francisco Meirelles (1958ms, 1962) ; et un bref article paru dans le journal *Folha do Norte* (1/6/1957).

99. Francisco Furtado Soares de Meirelles (1908-1973), également connu sous le nom de « Chico Meirelles », est un *sertanista* – mot brésilien désignant celui qui « explore l'intérieur », et plus particulièrement, qui œuvre auprès des Indiens dans les coins les plus reculés des terres intérieures brésiliennes. Après avoir travaillé dans l'État du Mato Grosso dans les années 1940 et au tout début des années 1950, il reçoit l'ordre de prendre en charge le principal poste du SPI à Belém, capitale de l'État de Pará, où il œuvre pendant plus de dix ans.

100. Le pouvoir des patrons du caoutchouc dans le bassin de l'Iriri-Curua est extrêmement grand dans les années 1950, et s'étend jusqu'à la capitale, Rio de Janeiro.

101. Concernant cette pacification, Afonsinho (BAF15_07) précise que ce sont les Indiens qui établissent le premier contact. Il fait allusion aux hommes xipaya et kuruaya qui participent à l'expédition et que Meirelles désigne comme les « saigneurs d'hévéa locaux ». Depuis le début du XXe siècle, les Xipaya et les Kuruaya vivent parmi les Brésiliens et travaillent à la récolte du latex. Fers de lance de l'expédition de 1957, ce sont eux qui nouent les premières relations pacifiques avec les Kararaô Curua.

102. Dans une autre interview, Mauré (KKM16_32) précise que le groupe compte quatre hommes adultes et cinq jeunes guerriers (adolescents). L'informateur a environ dix-sept ans lorsque Meirelles pacifie son peuple. Il est, par conséquent, né vers 1940, peu après que les Kararaô Curua se sont séparés du groupe Kararaô Jaraucu.

103. En ajoutant les noms fournis par Mauré à ceux donnés par Mãntino, leader Mekranoti Curua, j'arrive à un total de trente Kararaô Curua.

104. Passer en revue les scissions qui se produisent dans le groupe mekranoti nous entraînerait trop loin, d'autant que je m'y suis déjà appliqué dans une autre publication (Verswijver 2018). Toutefois, il est important de noter à ce stade que le groupe ici nommé mekranoti curua est, en réalité, constitué de ceux qu'on appelle les Menokanê, autrement dit les partisans de Tàpiêt, le groupe que j'ai précédemment appelé mekranoti du Nord (Verswijver 2018, pp. 288-299) !

105. Il ne peut s'agir ici de la population d'origine parce que les Mekranoti Curua, à eux seuls, ne comptent pas moins de 150 Indiens (Verswijver 2018, p. 298). Fiuza (1958ms, p. 1) parle même de 300 Indiens ! J'avance donc l'hypothèse que le chiffre de 130 renvoie aux survivants de la première épidémie (voir plus loin).

106. Castelo est nommé chef du poste SPI de Bom Futuro, où il vit avec sa femme, Dona Neide (Tucum, KKY16_15).

107. Le SPVEA (Superintendência para o Plano de Valorização Econômica da Amazônia) est créé en 1952 pour garantir l'« occupation » de l'Amazonie, autrement dit « pour constituer en Amazonie une société économiquement stable et progressiste, assurer l'exécution de ses missions sociales avec ses propres ressources ; et pour développer l'Amazonie d'une façon qui soit parallèle et complémentaire avec l'économie brésilienne » (http://www.sudam.gov.br/index.php/fno/58-acesso-a-informacao/87-historico-sudam). Le SPVEA est l'une des principales sources de financement des interventions du SPI auprès des Indiens kayapo dans les années 1950.

108. À la fin des années 1950 et jusqu'au début des années 1960, la région qui borde la rivière Curua est occupée par un nombre important de cueilleurs de latex. Elle n'en reste pas moins isolée : elle est située loin d'Altamira et la communication par la rivière s'avère aussi rare que particulièrement lente. Par conséquent, les agents du SPI nommés à ce poste, n'y demeurent pas longtemps et saisissent la moindre opportunité de gagner une ville ou une colonie dotée d'un minimum d'infrastructures.

109. « Comme il arrive si souvent avec les Indiens brésiliens, une fois que l'équipe des éclaireurs de l'agence indienne chargés d'établir un contact transfèrent le groupe sous la responsabilité de l'équipe des administrateurs, les présents prévus pour la distribution diminuent rapidement » (Fisher 2000, p. 73).

110. Fisher (2000, p. 73) observe à juste titre qu'il serait erroné de juger trop durement les employés du SPI pour leur rôle dans le commerce local, souvent marqué par la corruption – situation inévitable parce que ces employés restent souvent de longues périodes sans être payés et doivent donc compter sur leurs propres moyens, et non sur un salaire, pour survivre dans une forêt isolée.

111. En 1947, les Mekranoti du Nord (Curua) se séparent du groupe principal que je désigne sous le nom de Mekranoti du Centre (Iriri) (Verswijver 2018, pp. 113-114, 294-295).

112. Après avoir résidé à Mossoro, Mokokti se rend à Boa Vida, en aval d'Altamira (Vidal 1990, p. 162). Son plus jeune fils, Tucum, demeure quelque temps à Altamira, avant de se rendre à Belém (pour s'entraîner au football). À son retour, il rejoint son frère Mauré dans la région des Xikrin Bacaja (Tucum, KKY16_15).

113. Lors d'un bref travail effectué en 2016 le long du Bacaja, j'ai recensé pas moins de dix villages Xikrin, dont cinq rassemblant une population de plus d'une centaine d'Indiens.

114. Il est, en effet, assez surprenant qu'un groupe comptant moins d'une centaine d'Indiens, parvienne à organiser la très complexe cérémonie de nomination du *bep*, laquelle requiert des hommes détenant une grande diversité de privilèges rituels. En 2015, rassemblant environ deux cents Mekranoti du Nord, le village de Kamaú réussit à accomplir le *bep* grâce à la présence conjointe de Mekranoti du Centre venus de plusieurs villages.
115. Biloka n'est pas le nom kayapo de cet homme, mais le surnom que lui donne la captive brésilienne Maria Moraes (fig. 81). Le fils de cette dernière, Nhe-re (fig. 83-84), ne se souvient pas du nom originel de Biloka, mais rapporte (KKN17_05) qu'au cours de son errance solitaire, celui-ci rencontre un homme qu'il appelle Kranken (« celui qui est chauve »). Il s'agit d'un Indien d'une autre tribu, sans que Nhe-re soit capable de préciser laquelle – peut-être l'une des tribus tupi de la région du cours inférieur de la rivière Xingu (Asurini, Arawete, Parakanã) ou Arara (Indiens parlant une langue caribe). Kranken disparaît avant que les Kararaô ne rencontrent Biloka.
116. Cf. *A Provincia do Para* 11/8/1966.
117. Un rapport du SPI (SPI 30 juillet 1965) affirme que Maria Moraes a été enlevée en 1958. Toutefois, Meiti m'a indiqué être un *mebôkti* (classe d'âge regroupant les jeunes garçons âgés de six à dix ans) lorsque Maria Moraes est amenée au village (Meiti, KKE16_27), et un adolescent devenu adulte (âgé de 20 à 25 ans) quand le SPI a contacté son peuple en 1965.
118. Certains appellent le cours d'eau Jutai, d'autres Junai. Il n'est pas rare que les rivières possèdent différents noms : ainsi, le Penetecaua est-il également appelé Penetecal, le Jaraucu Jarauçu ou plus simplement, Jauru. Je recours dans cet ouvrage aux dénominations les plus couramment données dans la littérature (donc, Jutai, Penetecaua et Jaraucu).
119. Comme nous le verrons plus tard, ces Brésiliens sont tués par des Indiens Arara, non par les Kararaô.
120. Itacaiuna est un Xikrin du Rio Catete. En septembre 1952, un groupe de quelque 150 Xikrin arrive au poste SPI de Las Casas, situé entre l'Araguaia et le Fresco (SPI 20 septembre 1952). Rapidement, la plupart des Indiens retournent dans leur forêt vers le nord. Une poignée d'entre eux, dont Itacaiuna, un orphelin, demeure.
121. Une fois encore, l'information fournie par les différents témoins et les rapports du SPI diffèrent. Là où le SPI parle de soixante Indiens (SPI 21 septembre 1965-a), Afonsinho avance le chiffre de quarante-huit (Afonsinho, BAF15_09), Cotrim de quatre-vingts à quatre-vingt-dix (Cotrim, BCS17_01), tandis que le *Jornal do Brasil*, sur la base de données fournies par le SPI, en mentionne cent trente (*Jornal do Brasil* 22/9/1965). J'émets l'hypothèse que le groupe compte quatre-vingt-dix Indiens, ou plus (voir plus loin).
122. Osmundo estime préférable de faire partir l'infirmier en raison d'un incident au cours duquel ce dernier a frappé un Indien, et parce qu'il a été vu en train d'utiliser des seringues mal nettoyées (Cotrim, BCS17_01).
123. Cette expérience parmi les Indiens d'Amazonie est la première vécue par Cotrim. Par la suite, à l'occasion de discussions sur la très grande mortalité des Kararaô, des agents expérimentés du SPI ont indiqué à Cotrim que c'était là chose courante. « J'ai appris, m'a-t-il déclaré, que le taux de mortalité après la pacification était élevé dans les autres cas aussi [...]. C'était pareil dans tous les postes ! Ce n'est qu'après de nombreuses années, que les Indiens ont pu commencer à récupérer sur le plan démographique » (Cotrim BCS17_01)."
124. Afonsinho (BAF15_12) évoque quarante-huit Kararaô. Je suppose qu'il se réfère aux survivants de l'épidémie, lesquels sont finalement déplacés vers le poste du Penetecaua.
125. *Menõrõnyre* : classe d'âge des adolescents ou des jeunes hommes célibataires, dépourvus d'enfants conçus dans le cadre du mariage.
126. Référence à Osmundo et ses collègues les plus proches.
127. Tubôr est le second mari de Maria Moraes. Son premier mari est Bepken-ne, dont elle a un fils, Nhe-re (voir Généalogie 2, pp. 194-195).
128. Maria Moraes meurt en janvier 2017. Son fils, Nhe-re, vit toujours dans la région de la rivière Guajara.
129. Comme nous l'avons vu dans le cas des Kararaô Curua, il s'agit d'une pratique courante dans la plupart des zones contrôlées par le SPI.
130. Dans le Bésil central, la production de noix du Brésil se mesure en « caixas » (caisse) : chacune de ces caisses contient 58 kg de noix (communication personnelle de Luis Carlos da Silva Sampaio). Par conséquent, le petit groupe Kararaô Jaraucu cueille plus de quarante tonnes de noix cette année-là, ce qui semble surestimé. En tous les cas, Afonsinho est très impressionné par la quantité de noix du Brésil que les Kararaô ont collectée cette première année.
131. Si certains évoquent la grippe (par exemple Gueudeville 1967, p. 1), la plupart des sources précisent cependant qu'il s'agit de rougeole (par exemple, Meiti, KKE16_18 ; Afonsinho, BAF15_12 ; Benigno, BBM15_11).

132. Un informateur va jusqu'à avancer que les Indiens de la région du Penetecaua ont été empoisonnés (Pàtnhin, KMP16_12), ce qui n'est pas le cas. Toutefois, la conviction dont ce dernier témoigne m'incite à estimer possible que les Arara, et non les Kararaô, aient été victimes d'un acte de ce type… (hypothèse étayée par Hemming 2003, p. 287).
133. Les frères Villas Boas, Orlando (1914-2002) et Claudio (1916-1998), commencent à travailler avec les Indiens du Brésil central en 1948. Durant près de trente ans, ils consacrent leur énergie à offrir à quelques tribus indiennes les moyens de survivre physiquement et culturellement. Ils sont à l'origine du Parc National du Haut-Xingu dont la surface équivaut approximativement au territoire de la Belgique, et destiné à préserver les Indiens d'Amazonie. Créé en 1961, le Parc est dirigé par les deux frères jusqu'en 1975. L'engagement des Villas Boas et le succès du Parc leur valent une renommée mondiale. Ce Parc est, en effet, la première zone créée au Brésil qui offre une protection effective aux Indiens. L'expédition de 1967 marque l'unique collaboration historique des plus éminents spécialistes brésiliens de la pacification de tribus isolées entre les années 1940 et 1970 : les frères Villas Boas et Francisco Meirelles.
134. Équipe à laquelle se joignent également des personnalités, tels que le cinéaste anglais Adrian Cowell et le photographe Jesco Von Putkamer (fig. 90), ainsi qu'un journaliste brésilien du nom de Roberto Gueudeville.
135. La fille aînée d'Afonsinho naît pendant le séjour du couple au Posto Kararaô.
136. En 1967, le Serviço de Proteção aos Índios/SPI est accusé de corruption et est démantelé ; il est remplacé par le Fundação Nacional do Índio/FUNAI, créé le 5 décembre 1967.
137. Comme nous le verrons par la suite, au moment du contact pacifique avec Patyk-re en 1971, ce groupe se compose uniquement de ce dernier, sa femme, sa sœur et ses descendants. Toutefois, des informateurs kararaô, et en particulier, Bekwoirê (Bekwoirê, KKB16_33), ainsi que le *sertanista* Afonsinho (Afonsinho, BAF15_12) affirment qu'à l'époque où il commence à errer dans les forêts de la région de l'Iriri, le groupe comprend d'autres couples avec enfants.
138. Dans un article très intéressant, Posey (1987) montre comment les maladies touchent les Indiens d'Amazonie, avant même que ceux-ci n'entrent en contact direct avec les Brésiliens. Le groupe de Patyk-re a, très vraisemblablement, pris des tissus dans une colonie brésilienne dont certains habitants avaient la grippe.
139. Fort probablement parce que certains Krinkati sont des parents éloignés de quelques membres du groupe de Patyk-re.
140. Les Mekranoti ne mentionnent jamais cette attaque mais cela ne signifie pas qu'elle ne s'est pas produite. Il faut tout d'abord se rappeler qu'à certains moments les Mekranoti vivent divisés en plusieurs groupes. Afin de savoir si l'attaque mekranoti a bien eu lieu, il faudrait interroger les informateurs de chaque faction. Ce qui est impossible vu que la plupart des guerriers de l'époque sont décédés. Ensuite, même si les Mekranoti évoquent cette attaque, il est fort probable qu'ils désignent (légitimement) leurs opposants comme des Krinkati, sans aucune allusion aux Kararaô.
141. Bekwoirê (KKB16_33) affirme que c'est dans cette région que deux de ses oncles (dont l'un s'appelle Tàkàkdjỳ), ainsi que trois autres hommes (Môp'i, Bepiakôrôti et Ngreituka), sont morts. Il semble qu'il s'agisse dans tous les cas d'adolescents non mariés qui appartiennent à la classe des menõrõny-re et n'ont donc ni femme, ni enfants.
142. Frère qui ne s'est pas marié parce qu'il n'a pas trouvé de femme à épouser. Makti, le fils de Patyk-re qui participe au pillage mentionné, affirme à Cohn (2000, p. 112) qu'il a échappé à une tentative d'assassinat au bord de l'Iriri.
143. De jeunes hommes de la classe d'âge des *menõrõny-re*.
144. Dans les années 1950 et 1960, la chasse des animaux sauvages pour leurs peaux est très lucrative. De nombreux cueilleurs de latex la pratiquent en plus de leur travail : le latex garantit leur survie, cependant que les fourrures leur fournissent quelques ressources supplémentaires.
145. Kamaiura est un Mekranoti du Sud dont le nom d'origine est Kwỳrỳkrô. Il est le premier Mekranoti Jarina à s'aventurer dans le Haut-Xingu où il séjourne un temps avec les Indiens Kamaiura, d'où le surnom qui lui a été attribué (KMK15_02).
146. La structure de la hutte ne ressemble pas aux constructions kayapo typiques.
147. Arnaud & Alves tiennent cette information de Kamiranga. Information dont l'exactitude doit être mise en doute, selon moi, ne serait-ce que parce que ce groupe kararaô est généralement connu pour compter plus de femmes que d'hommes, alors que la liste publiée par Arnaud & Alves en 1974 suggère le contraire.

148. La photographie de groupe prise par Yves Billon quelques mois après la pacification montre un total de vingt-six Indiens (voir p. 133). Il est possible qu'un ou plusieurs membres du groupe ait été oublié et ne figure pas sur la généalogie.
149. Ne pas confondre avec le tristement célèbre maréchal Candido Mariano da Silva Rondon (1865-1958), qui est le fondateur du SPI – on lui doit la devise du Service « Mourir s'il le faut, tuer, jamais », ce qui signifie que lorsqu'ils contactent les tribus, les agents peuvent tirer en l'air, mais n'ont en aucun cas le droit de viser les Indiens, fût-ce pour se défendre (Hemming 2003, p. vii).
150. Patyk-re meurt en 1973, non pas d'une maladie occidentale, mais brûlé par le feu dans lequel il roule par inadvertance, après s'être, assez ironiquement, endormi tout habillé.
151. Décret 68.914 du 13 juillet 1971, publié au journal officiel le 14 juillet 1971 (ISA : https://terrasindigenas.org.br/pt-br/terras-indigenas/3722).
152. Cohn (2000, p. 9) affirme que les Xikrin Bacaja considère Makti comme un grand connaisseur en matière d'herbes médicinales – ce dernier est parfois appelé chamane.
153. Bien plus tard, l'ONG brésilienne ISA (Instituto Socioambiental) rapporte que les Kararaô ont été effectivement déplacés « en dépit de leur résistance », mais aussi qu'« en 1979, l'anthropologue Gustaaf Verswijver a envoyé à la FUNAI une lettre dénonçant la situation subie par les Kararaô, soumis à des tentatives de déplacement vers une autre terre indigène » (Ricardo 2000, p. 517).
154. Bien que je ne la mentionne jamais explicitement, je formule indirectement ma préoccupation qui est de savoir si le déplacement n'a pas été motivé par le désir de libérer la réserve indienne pour en permettre la colonisation et l'exploitation…
155. Selon Arnaud (1989, p. 465), vingt-et-un Indiens sont ramenés à leur village au bord de l'Iriri.
156. Le Statut de l'Indien au Brésil spécifie que seul un décret pris par le Président de la République peut contraindre les Indiens à quitter leur terre. Décret qui n'a jamais été envoyé dans le cas des Kararaô, de telle manière que la FUNAI-Altamira, à la suite de mon rapport, a dû annuler ce qu'elle avait mis en place sans l'autorisation officielle requise.
157. Tut, connu des Brésiliens sous le nom de Pombo (« pigeon », traduction portugaise du mot Tut), est un jeune homme dans les années 1930, lorsque les Djudjetukti se séparent des Kubenkranken. Devenu leader dans le village gorotire, il en part en 1976 à la suite d'une dispute à propos du droit de porter un ornement spécifique. Pombo emmène ses partisans dans le village kubenkranken : il y séjourne durant les quelques mois au cours desquels les Indiens entreprennent de construire des huttes et planter des jardins, sur l'ancien site abandonné de Nova Olinda. Baptisé Kikretum (« vieux village »), l'endroit compte aujourd'hui plus de 300 membres – c'est, en tant que tel actuellement, l'un des plus grands villages kayapo.
158. Il semble qu'une autre scission se produise dans le village kararaô au début de 1995, date à laquelle un certain nombre de personnes se rendent dans le village xikrin bacaja (Reis Silva 2001, pp. 3-4). Je ne dispose d'aucune autre information sur l'événement dont il est possible qu'il ne concerne que peu de membres, fort vraisemblablement quelques migrants xikrin s'en retournant à leur village.
159. Cette observation se fonde sur un rapport de la FUNAI.
160. Référence au disque de bois traditionnellement porté par les hommes adultes kayapo.
161. Hypothèse confirmée par Cotrim (BCS17_01).
162. D'après ce qu'on m'a rapporté, Tàjàt est déjà un jeune homme quand sa famille quitte les Djudjetukti en 1937. À cette époque, il a vingt et quelques années. Il doit donc avoir quatre-vingt-huit ans quand il rencontre Pãnhkamrêk en 2005. Kamaiura, lui, en a environ quatre-vingt-dix en 2015. C'est donc à juste titre que Pãnhkamrêk compare l'âge de Tàjàt en 2005 à celui de Kamaiura en 2015.
163. Les Mekranoti du Centre (Iriri) font parfois état de signes laissés par des Kayapo isolés, rôdant autour de leurs villages, voire s'approchant parfois la nuit de l'un ou l'autre de ces villages, à l'occasion de la tenue d'une grande fête : ces Indiens isolés viennent alors regarder les danses et écouter les chants (Verswijver 2013, pp. 28-34).
164. Il pourrait fort bien s'agir du groupe originel de Patyk-re qui, comme nous l'avons vu, compte plusieurs hommes adultes au moment de la scission, alors qu'à l'époque de la pacification, le clan se réduit à une unique famille…
165. Après avoir tenté de nombreuses années durant d'approcher les Arara, les agents de la FUNAI réussissent finalement à établir des relations pacifiques avec un groupe en février 1981 ; l'autre faction n'est pacifiée qu'en 1983.

La construction récente de la maison centrale dans le village kararaô iriri participe du projet de raviver la vie cérémonielle. Kararaô Iriri, 2015. Photo Gustaaf Verswijver.

Chapitre V **Réflexions**

5. RÉFLEXIONS

Ceux à qui la littérature concernant les Indiens Kayapo est familière, auront remarqué que les Kararaô diffèrent des autres groupes kayapo par maints aspects. Je pense notamment (1) à la constitution très singulière de leur groupe ; (2) à leur volonté obsessionnelle d'isolement ; et (3) à l'absence de vie rituelle. Je vais, au cours des pages suivantes, aborder ces trois points.

5.1. La formation exceptionnelle du groupe kararaô

Qui sont les Kararaô ? Au cours d'un échange avec le vieux Meiti, j'ai fait la remarque qu'il ne restait que peu de Kararaô. Sa réaction a été instantanée : « Non, il y a beaucoup de Kararaô ! Il y a des Kararaô partout. Chez les Gorotire, à Baú. Ils se sont largement répandus. Et il y a aussi des Kararaô chez les Kubenkranken. Môipa[166] est un Kararaô ! Tu mets tous les Kararaô ensemble,

Fig. 117. Môipa, Kubenkranken âgé, considéré comme un Kararaô par Meiti. Photo Gustaaf Verswijver, 1976. Avec l'aimable autorisation du Museum der Weltkulturen, Francfort.

et tu obtiens un grand village ! » Nous avons vu que les Kararaô se sont effectivement éparpillés, qu'il en existe dans les principaux groupes kayapo – gorotire, kubenkranken, kokraimoro, mekranoti et xikrin. Cependant, lorsque Meiti affirme qu'il en existe encore beaucoup, il pense non pas aux descendants du groupe kararaô, mais plutôt à tous ceux qui sont issus de la maison des hommes Ouest de l'ancien grand village de Pukatoti. Cette maison, comme nous l'avons vu, s'appelait kararaô, par opposition à celle de l'Est, baptisée djudjetukti. De ce point de vue, Meiti a raison. Mais en ce cas, tous les Kayapo du Xingu, à l'exception des Mekranoti du Sud (Jarina) et du Centre (Iriri) – qui ont quitté Pukatoti avant que la maison Ouest ne prenne le nom de kararaô – et les Djudjetukti (Gorotire) doivent être considérés comme des Kararaô. Ce qui suppose donc d'inclure les Kubenkranken.

Il y a, toutefois, une autre façon d'envisager la situation en s'intéressant à ceux que les autres

Fig. 118. Rassemblement d'hommes kubenkranken devant lesquels Môipa prononce un discours. Photo Gustaaf Verswijver, 1976.

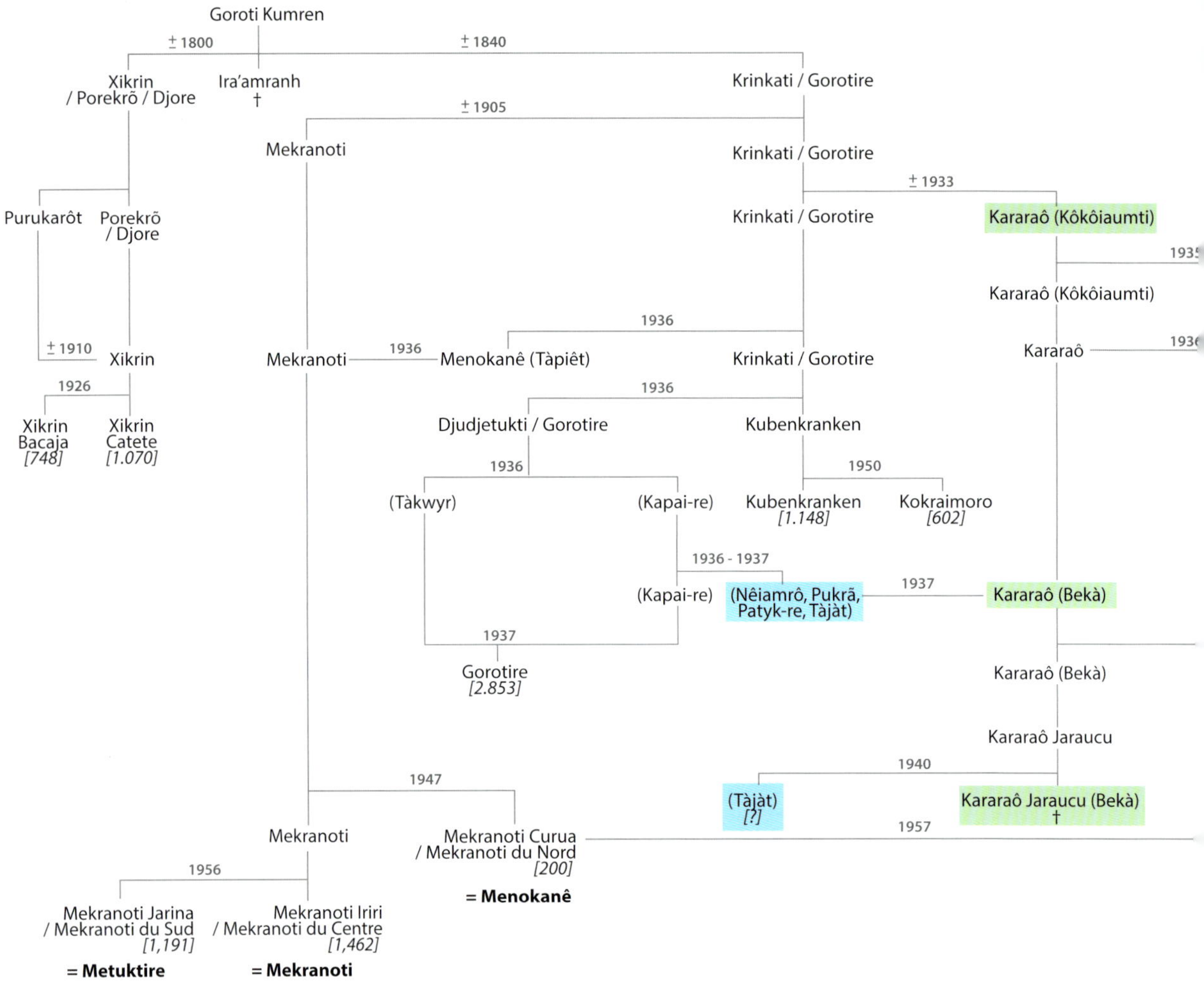

Kayapo appellent kararaô. Et la situation se révèle alors singulière parce que, comme nous l'avons vu, une partie des Kararaô regroupe les descendants de l'ancienne société des hommes dite *mebêkararaô* (la principale société de la maison Ouest) à Pukatoti, cependant que l'autre partie rassemble les descendants d'une petite faction djudjetukti (réunissant la totalité de la maison Est). Ces deux groupes fusionnent durant un peu moins d'une année, avant que le village ne se scinde en trois communautés plus modestes. À ce stade intervient un événement significatif : l'un des petits groupes dissidents, conduit par Nêiamrô, rend visite aux Kubenkranken qui, à leur grande surprise, les appellent kararaô. Nêiamrô et les siens sont d'autant plus étonnés qu'ils n'ont jamais appartenu à la maison Ouest (Kararaô). Plus encore : du temps où ils vivaient à Pukatoti, ils se sont toujours opposés à la maison et aux sociétés des hommes kararaô[167]. À l'évidence, Nêiamrô ne se considère pas comme un Kararaô. Ceci explique l'amertume d'Õkwa lorsque celui-ci déclare à Horace Banner en 1940 que les Kubenkranken les appellent kararaô[168] (Banner 1963, p. 28) : tout comme Nêiamrô, Õkwa ne se considère pas comme un

Fig. 119. Graphique illustrant les principales scissions des Kayapo et des Kararaô depuis 1800. Gustaaf Verswijver.

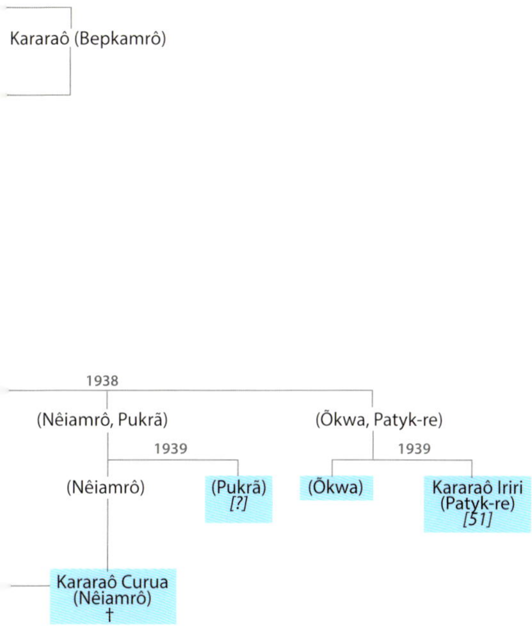

Kararaô. Patyk-re non plus, nous pouvons en être presque certains. Si ses descendants le font aujourd'hui, c'est pour une raison de commodité.

Pourquoi dès lors, attribuons-nous à ces groupes le nom de kararaô ? La réponse est qu'il s'agit d'un fait historique. Lorsque, entre les années 1950 et les années 1970, les agents du SPI et de la FUNAI établissent des contacts pacifiques avec les différents groupes « kararaô » isolés, ceux-ci sont accompagnés par des guides et des hommes gorotire (djudjetukti). Ces guides déclarent aux agents que les Indiens qu'ils sont en train d'approcher sont des Kararaô. Et les agents, sans plus réfléchir, répètent ce qui leur a été dit. Ils ne remettent pas en question l'avis de leurs compagnons. Pourquoi le feraient-ils ?

Sur la base des analyses menées au cours des précédentes pages, nous pouvons conclure que, de facto, l'unique groupe qui puisse être appelé kararaô, est celui de Bekà : les Kararaô Jaraucu sont effectivement les seuls descendants de la faction de Kôkôiaumti. Les autres groupes porteront ce nom après avoir brièvement cohabité avec les véritables Kararaô, sur une période d'à peine plus d'un an. Il y a donc là un hasard historique. Pour autant, cela ne signifie pas que ces groupes se considèrent comme des Kararaô, comme ils l'affirment eux-mêmes. Mon but est de montrer que les Kararaô appartiennent, en réalité, à un groupe kayapo artificiellement créé dont l'appellation de kararaô n'est pas utilisée à bon escient. Toutefois, les Mekranoti Curua font l'objet d'une incohérence similaire : ils correspondent aux partisans de Tàpiêt qui se séparent des Krinkati en 1936, avant de rejoindre les Mekranoti et de se scinder de nouveau en 1947. Il serait plus précis de baptiser cette faction du nom de menokanê, d'après la société des hommes de Tàpiêt, et non de celui de mekranoti[169]. Nous avons vu également que, durant la brève réunion de l'ensemble des « Kararaô » à l'intérieur d'un unique village, existaient deux sociétés des hommes. Il est courant, chez les Kayapo, de désigner un groupe dissident par le nom de la société qui s'en va. D'après Meiti, les deux sociétés en question portaient les noms de kararaô et abôrô-re (« les siffleurs »). Il faudrait donc, pour être correct, réserver le terme de kararaô aux Jaraucu, et celui d'abôrô-re aux Curua et Iriri (fig. 120).

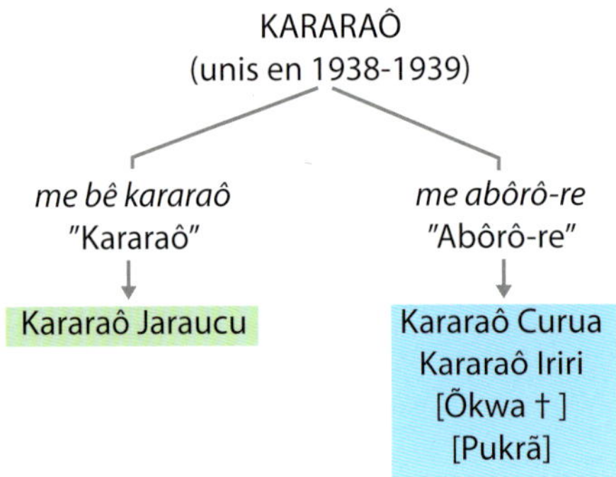

Fig. 120. Présentation des deux principales factions kararaô. Graphique Gustaaf Verswijver.

Le nom des Kararaô Jaraucu présente également un mystère. Lorsqu'ils approchent les Brésiliens en 1939, ces Indiens ne s'auto-désignent jamais comme des kararaô, mais emploient le terme de duludi (Cordelier 1940c, p. 37 ; Ebner 1940-1941) – terme qui, à mon sens, dérive de celui de turuti (« banane » en kayapo), ce qui suppose que l'une des sociétés des hommes du groupe (voire, plus vraisemblablement, son unique société) s'appelle *mebêturuti* (le peuple des bananes) – voir Verswijver (2018, p. 111). Meiti m'a affirmé n'avoir jamais entendu ce nom. Toutefois, ce dernier n'était pas encore né au moment des événements évoqués, et il est quasiment certain que l'usage du terme turuti se perd ensuite[170], puisqu'il n'est plus récité à la fin des années 1950, début des années 1960, c'est-à-dire à l'époque de l'adolescence de Meiti.

Mon but n'est pas de passer en revue l'appellation des groupes kararaô – ou de tout autre groupe kayapo en l'occurrence – cette recherche de précision risquant de nous mener trop loin. De fait, il serait alors nécessaire de réviser le nom de plusieurs factions kayapo – ainsi les Gorotire devraient-ils être appelés Djudjetukti, les Mekranoti du Sud (Jarina), Metuktire[171], et les Mekranoti du Nord (Curua), Menokanê. J'attends avec curiosité le jour où seront contactés les clans « kararaô » de Tàjàt et Pukrã : il sera alors extrêmement intéressant de découvrir quel nom ils s'attribuent eux-mêmes et ce qu'ils ont à dire sur le fait d'être considérés comme des Kararaô…

5.2. L'isolement compulsif des Kararaô

Une autre singularité qui émerge au cours de la précédente présentation de l'histoire kararaô tient à l'absence de relations entre les différentes factions à la suite de la scission. À la vérité, chaque fois qu'à l'époque du pré-contact, un groupe kayapo quitte une communauté, ces deux ensembles deviennent de farouches opposants ; en revanche, dans tous les autres cas kayapo connus, des individus (voire des familles) vont et viennent fréquemment pour rendre visite, voire s'installent dans l'autre groupe. Ces mouvements individuels à l'époque du pré-contact sont très importants en ceci qu'ils permettent à différentes communautés de rester informées de la vie de leurs adversaires. Et c'est en cela que les Kararaô se révèlent être une exception puisque, en dehors de la rapide visite rendue par Nêiamrô et les siens aux Kubenkranken en 1940-1941, nul informateur ne fait état de relations entre les Kararaô et les autres groupes kayapo. Plus encore, il n'existe aucun contact entre les différentes communautés kararaô après la scission de 1940-1941.

De fait, à l'exception du moment où Nêiamrô et Pinin tentent de localiser Patyk-re[172], les groupes kararaô ne semblent jamais avoir cherché à entrer en relation les uns avec les autres. Même lorsqu'ils savent qu'une communauté vit dans le voisinage. Les Kararaô Iriri en sont un bon exemple. Plusieurs années durant, Patyk-re et ses fils n'ignorent pas qu'une petite faction kararaô est établie non loin d'eux. Ils ne cherchent cependant jamais à l'approcher – situation qui, en réalité, perdure jusqu'à aujourd'hui. Ceci est vrai également des Kararaô Curua qui connaissent l'existence d'un autre groupe kararaô dans leur région, au bord du Riozinho do Anfrisio, avec lequel pourtant ils n'entrent jamais en relation. C'est uniquement après leur pacification par les Brésiliens que les Kararaô Curua envisagent de se rapprocher de leurs parents, établis à proximité : ils envoient une patrouille repérer la trace de ces derniers, mais celle-ci échoue à localiser la tribu qui continue à se dissimuler. Toutefois, la situation la plus frappante de ce point de vue est assurément celle du groupe de Tàjàt. Depuis plusieurs décennies, ces Indiens entretiennent de bonnes relations avec les Brésiliens et, si certains d'entre eux se rendent de temps à autre à Altamira, nul, en revanche, ne s'aventure réellement à rendre visite aux Kararaô Iriri sur lesquels ils disposent pourtant d'informations. Lorsque Pãnhkamrêk (fig. 121), qui est lui-même un Kararaô Iriri, exprime son désir de connaître le village de Tàjàt, un des membres de ce village l'avertit : « Autrefois, les peuples ne se rencontraient pas. Aujourd'hui, nous avons de nouveaux leaders. On peut venir nous voir, mais il vaut mieux que ce ne soit pas l'un d'entre vous [autrement dit, un membre du groupe de Patyk-re] » (Pãnhkamrêk KKP15_06). Le message est aussi clair que direct, et Pãnhkamrêk a compris qu'il était préférable de ne pas insister. Quelques années plus tard, Bekwoirê parvient, de son côté,

Fig. 121. Pãnhkamrêk « Miguel », petit-fils de Patyk-re, en 2018, un an avant sa mort. Photo Luis Carlos da Silva Sampaio.

à rencontrer le groupe de Tàjàt, rencontre qui n'a aucune suite. La situation, par conséquent, n'évolue pas.

Il est un facteur qui peut expliquer l'attitude singulière des Kararaô : la peur. Ils craignent d'être tués par « les autres ». De fait, la peur court en filigrane tout le long de leur histoire : ils craignent les Krinkati (Gorotire et Kubenkranken) et les Mekranoti ; ils craignent les Brésiliens ; et ils craignent même les autres factions kararaô. La peur provoquée par les Krinkati et les Mekranoti conduit un groupe kararaô à vouloir franchir le fleuve Amazone en 1936. En vain.

Cette peur, il est vrai, a des racines profondes. La rencontre avec les Mekranoti s'avère désastreuse, les Krinkati (Gorotire et/ou Kubenkranken)[173] les attaquent à plusieurs reprises, et les

Fig. 122. Rassemblement de Mekranoti Iriri dans la maison des hommes. Photo Gustaaf Verswijver, 1979. Avec l'aimable autorisation du Museum der Weltkulturen, Francfort.

Brésiliens les agressent régulièrement, voire les massacrent[174]. Il résulte de cette situation que les petites factions kararaô vivent cachées. Elles parcourent la forêt en évitant tout contact avec d'autres groupes, fussent-ils indigènes[175] ou brésiliens. Elles font profil bas.

Cependant, particulièrement élevé est le prix que les Kararaô doivent payer pour rester cachés. En premier lieu, ils peinent à se reproduire puisqu'ils n'ont pas de contact avec les autres groupes. La petite faction kararaô iriri se livre à l'inceste, cependant que les Kararaô Curua et les Kararaô Jaraucu enlèvent des Brésiliennes. L'enlèvement, pourtant, est une pratique dangereuse puisqu'elle attire l'attention sur l'existence des Indiens – raison pour laquelle, précisément, les Kararaô Iriri ne kidnappent pas de petits garçons brésiliens alors qu'ils ont désespérément besoin d'hommes pour assurer la procréation. Enlever des Brésiliens ou des membres d'autres tribus comporte un risque élevé de représaille de la part du groupe visé. C'est ce que comprennent les Jaraucu après avoir enlevé Dona Ambrosinha

Fig. 123. Hommes mekranoti iriri arborant le *pàtpa-ri*, ornement de plumes inséré sur une coiffe en cire d'abeille. Chaque type de plume renvoie à une Maison différente dans la société Kayapo. Photo Gustaaf Verswijver, 1979.

Fig. 124. Ngreikampy (fille de la sœur de Ngreikrwyt) portant l'enfant honoré lors de la cérémonie de nomination dite *pãnh-te* (Mekranoti Iriri, 1974). Photo Gustaaf Verswijver. Avec l'aimable autorisation du Museum der Weltkulturen, Francfort.

et sa fille en 1965, en voyant arriver dans leur village l'équipe de pacification du SPI quelques mois plus tard. Craignant qu'il ne s'agisse d'une opération de vengeance, ils tuent promptement la femme et son enfant afin d'effacer toute preuve de l'enlèvement. De manière générale, la tactique la plus efficace reste celle des Kararaô Curua, qui kidnappent deux adolescentes brésiliennes dans la région du cours inférieur du Jaraucu et du Guajará, avant de quitter immédiatement la région et de migrer loin vers le sud. Ils se déplacent jusqu'à atteindre le Riozinho do Anfrisio, à près de cinq cents kilomètres au sud-ouest de l'enlèvement. Il est important de noter que, chez les Kararaô Curua à l'époque de la pacification, pas moins de neuf des treize enfants du groupe ont pour mère les deux Brésiliennes (voir Généalogie 1, p. 193) !

Les Kararaô Curua ne sortent de leur isolement qu'à la suite de l'attaque de leur village, au bord du Riozinho do Anfrisio, qui les contraint à quitter l'habitat où ils vivaient paisiblement depuis une décennie. Ils se dirigent vers le sud, en direction

Fig. 125. Mekranoti Iriri portant un collier en dents d'ocelot, privilège détenu par sa Maison natale. Photo Gustaaf Verswijver, 1974. Avec l'aimable autorisation du Museum der Weltkulturen, Francfort.

de l'affluent du Limão. En quittant leur cachette cependant, ils abandonnent leurs jardins, et la faim les pousse à piller les champs des colonies brésiliennes voisines. Ce qui, dès lors, les expose, au moment même où arrive l'équipe de pacification du SPI.

Ce que je souhaite souligner, c'est que la dissimulation est une caractéristique propre aux petits groupes kararaô – et continue à l'être pour les factions isolées. De fait, la taille modeste de la plupart des communautés kararaô explique en partie ce mode de vie singulier, mais n'implique pas qu'ils ne puissent fusionner avec d'autres communautés kararaô ou kayapo. La peur les en a empêchés. Il est à retenir qu'en discutant de l'isolement des Kararaô avec mes informateurs, ceux-ci ont indiqué qu'il n'était guère difficile pour ces petites factions de rester cachées, et précisé que les Brésiliens ne les trouveraient probablement que lorsque les Indiens accepteraient de l'être[176] ou si, pour une raison ou une autre, ils ont besoin de contact[177].

5.3. L'absence de vie rituelle

Sur le plan social, le prix le plus élevé que paient les factions kararaô pour leur extrême fragmentation est l'abandon d'une vie rituelle. De fait, les Jaraucu sont les seuls à accomplir encore les cérémonies[178] entre la scission des Kararaô en plusieurs communautés mineures (1940-1941) et la pacification (1965). Situation qui n'a rien de surprenant puisque les Jaraucu sont, de loin, le plus grand groupe kararaô, mais aussi le seul qui compte suffisamment d'hommes appartenant à des familles différentes pour assurer le fonctionnement d'une maison des hommes.

Dans la société kayapo, la segmentation résidentielle (Verswijver 1982-1983, 1983) – la Maison[179], selon l'expression de Lea (1986ms, 1995, 2012) – repose sur une unité perpétuelle qui peut se définir par la détention différenciée d'une suite de noms personnels et de privilèges rituels qui se transmettent verticalement dans la lignée maternelle[180]. Cependant, en l'absence de cérémonies, la catégorie rituelle des noms ne peut être confirmée, ce qui, du point de vue kayapo, signifie que ces noms sont attribués « faussement » puisque manque le cadre rituel fondamental[181]. Également, l'absence de cérémonies a pour conséquence que les prérogatives rituelles – par exemple, le droit de porter certains ornements, d'accomplir tels actes, de recevoir des morceaux spécifiques de grands gibiers, d'élever des animaux domestiques – tombent en désuétude avant de sombrer dans l'oubli. Lorsque j'ai demandé à Nhàkkangôti – fille aînée de Patyk-re, et la plus ancienne représentante des Kararaô Iriri en vie – ce qu'étaient les prérogatives rituelles associées à la maison de sa mère, elle a répliqué qu'elle en ignorait tout[182]. Alors que Meiti, plus vieux Kararaô Jaraucu en vie, a aussitôt entrepris d'énumérer les ornements qu'il avait le droit de porter par héritage, avant de se mettre à montrer fièrement ceux qu'il possède aujourd'hui encore.

Le fait que les Kararaô Iriri n'accomplissent plus de cérémonie depuis des temps immémoriaux a pour conséquence que plus aucun d'entre eux ne porte d'ornement rituel, y compris à l'époque de la pacification : nulle coiffe à plumes, nulle cheville d'oreilles singulière, nulle ceinture particulière… Certes, les hommes continuent à porter le labret en bois, la peinture corporelle est toujours pratiquée, mais cette décoration

Fig. 126. Ngreikrwyt (Kararaô Iriri) arborant une coiffe de plumes *krôkrôkti* incomplète, quelques mois après les premiers contacts pacifiques avec les Brésiliens en 1971. Photo Yves Billon.

corporelle n'est pas spécifiquement liée à l'accomplissement des cérémonies. De plus, les Kararaô Iriri ne possèdent que deux ornements à plume : une coiffe principale inachevée[183], dite *krôkrôkti* (fig. 126-127), ainsi qu'une écharpe décorative pourvue de deux petits pendants en plume, appelée *menijarapê*. L'utilisation de ces deux ornements est libre pour tout homme ou femme dans les circonstances rituelles appropriées : ils ne constituent donc pas des prérogatives rituelles associées à des Maisons spécifiques.

Pourtant, lorsque le segment résidentiel, ou Maison, n'est plus lié à des privilèges rituels, il perd alors son rôle essentiel de différenciation : privé de patrimoine, il devient une sorte de boîte vide. Il est nécessaire de préciser ici que « chaque Maison kayapo exerce des fonctions cérémonielles spécifiques qui sont indispensables à la communauté villageoise considérée comme un tout et qui complètent les rôles attribués aux autres Maisons » (Lea 1995, p. 224). Dans les groupes qui ne comptent que deux ou trois Maisons, le rôle de différenciation perd de son importance, et il n'existe plus assez de fonctions rituelles déterminées pour que les cérémonies soient organisées conformément aux valeurs existantes. Par conséquent, dans ces petites communautés kararaô dépourvues de cérémonies, la vie est dès lors entièrement centrée sur la périphérie, ce qui est toujours le cas dans le village kararaô iriri.

Si nous considérons les cérémonies kayapo comme autant d'occasions où les membres des Maisons s'accordent les uns aux autres au travers de leur rôle respectif (Lea 1995, p. 210), nous pouvons alors comprendre pourquoi les petites communautés kararaô abandonnent la vie rituelle. Et c'est dans ce contexte que nous devons comprendre l'enthousiasme que manifestent Rontyiarô et ses pairs kararaô curua lorsque, immédiatement après leurs premiers contacts amicaux avec l'équipe du SPI, ils se portent volontaires pour la pacification des Mekranoti Curua. Rontyiarô et les siens ne

Fig. 127. Mekranoti Iriri portant une coiffe de plumes *krôkrôkti* complète. Photo Gustaaf Verswijver, 2005.

comprennent que trop bien les perspectives que leur ouvre cette pacification, et notamment la reviviscence des cérémonies, une fois opérée l'union des deux groupes. Raison pour laquelle les Kararaô Curua n'hésitent pas une seconde : ils abandonnent leur village sans jeter le moindre regard en arrière. De manière générale, il apparaît plus avantageux de vivre dans un grand village que dans un groupe isolé, même s'il faut faire face à des maladies mortelles. Le temps a malheureusement prouvé que cette option n'était pas la bonne puisque leur faction a fini par s'éteindre.

Les analyses que nous venons de présenter montrent que les groupes kararaô mènent

Fig. 128. Danseurs mekranoti iriri revêtus de plusieurs ornements (privilèges associés aux différentes Maisons). Photo Gustaaf Verswijver, 2005.

une vie appauvrie. Ils se cachent, ne cessent d'errer, presque uniquement préoccupés par leur survie et privés de tout appui rituel. Les communautés ne possèdent pas non plus de véritable maison des hommes – ce lieu où les hommes se rassemblent quotidiennement, notamment pour y discuter des politiques à suivre et planifier les activités économiques collectives. Ceci explique que, dans le village kararaô curua, composé de trois huttes résidentielles, les hommes ne prononcent aucun discours. La vie est essentiellement centrée sur la famille nucléaire. Ce mode de vie semble avoir affecté la transmission du savoir sur l'histoire du groupe. Il est, en effet, étonnant de constater combien rares sont les actuels descendants qui connaissent l'histoire de leurs propres parents, sans parler de celle des autres groupes kararaô. Ce qu'ils en savent semble avoir été appris après la pacification, à l'occasion de discussions avec d'autres Kayapo, Kararaô, etc. Ce qui tend à prouver que l'histoire des Kararaô Curua n'est pas un sujet dont les anciens débattent régulièrement. La situation des Kararaô Jaraucu diffère radicalement. Meiti, qui en est le survivant le plus âgé, est une véritable mine d'informations sur l'histoire de son peuple. Mais il a grandi dans un groupe pratiquant activement les rituels et possédant une maison des hommes fonctionnelle.

Aujourd'hui, les Kararaô Iriri aspirent plus ou moins à faire revivre les cérémonies dans leur communauté. En 2015, quelques hommes évoquent la possibilité de rétablir les rituels traditionnels. Ce n'est sans doute pas un hasard si l'idée émerge peu après l'érection d'une maison commune centrale. De fait, le village kararaô iriri ne possède aucun lieu de rassemblement avant que le biologiste Luis Carlos da Silva Sampaio – un ancien agent du SPI qui a ensuite travaillé avec l'ONG qui soutient les Kararaô et les Xikrin dans la région d'Altamira ainsi que les Mekranoti dans la région de Novo Progresso – ne prenne l'initiative de faire construire un foyer central, à l'image de la maison des hommes. Certes, ce foyer ne peut être considéré comme une véritable maison des hommes puisque les femmes aussi bien que les hommes s'y retrouvent. Il n'en demeure pas moins que la création d'un lieu de rassemblement central nourrit le désir de faire revivre les rituels. Au départ, les hommes kararaô envisagent d'inviter les Mekranoti Curua de Baú, en partie parce que certains de leurs parents y vivent, mais aussi parce que Mãntino,

Fig. 129. Enfant honoré lors d'une cérémonie de nomination *memybiôk*. Mekranoti Iriri. Photo Gustaaf Verswijver, 2005.

Fig. 130. Enfants kararaô iriri jouant aux dominos dans la maison communale centrale, laquelle remplace la maison des hommes lorsque celle-ci ne fonctionne pas. Photo Gustaaf Verswijver, 2015.

le vieux leader du village qui a déjà rendu visite aux Kararaô Iriri, exprime le souhait de les aider. Pourtant, un an plus tard, en 2016, ces mêmes Kararaô semblent vouloir se tourner vers des familles xikrin, plutôt que vers les Mekranoti Curua, pour rétablir les cérémonies. Kararaô iriri d'origine, Pānhkamrêk fait partie de ceux qui souhaitent organiser les rituels conjointement avec les parents qui vivent à Baú. Alors que João, qui descend de Xikrin Bacaja, préfère faire appel à sa propre famille plutôt qu'aux Kararaô, qui ont quitté la communauté deux décennies auparavant. Ce dernier finit par obtenir le plus grand soutien, et en 2017, un consensus commence à être trouvé avec les Xikrin Bacaja. Il est étonnant – ou, plus précisément, typiquement kararaô – qu'aucun Kararaô Iriri n'ait jamais songé à inviter les membres du groupe de Tàjàt qui continuent pourtant à organiser des rituels.

Quoi qu'il en soit, la volonté des Kararaô Iriri de faire revivre les cérémonies, mérite tout le soutien possible, et aura assurément une influence cruciale sur la cohésion de cette petite communauté où la vie collective est réduite à sa plus simple expression – et où chaque famille survit essentiellement de son côté. Il semble toutefois que les principes qui ont si longtemps dominé la vie des Kararaô, prévalent encore à la veille d'une renaissance de la vie rituelle puisqu'ils continuent à craindre le contact avec les autres groupes kararaô. D'une certaine manière, les Kararaô Iriri continuent de payer le prix fort pour leur histoire malheureuse.

En guise de conclusion, nous pourrions dire que la communauté kararaô est née sous une mauvaise étoile, qu'elle n'a jamais trouvé la paix et qu'elle ne s'est jamais remise des attaques et massacres successifs qu'elle a connus.

Les Kararaô Iriri aujourd'hui

Photo du village kararaô iriri. Photo Gustaaf Verswijver.

Kararaô se déplaçant entre leur village et la ville voisine d'Altamira. Photo Luis Carlos da Silva Sampaio.

Nhàkràx regardant des photographies prises par Yves Billon en 1971. Photo Gustaaf Verswijver.

Nhàkràx se rendant à la rivière. Elle est aujourd'hui la femme kararaô iriri la plus âgée encore en vie. Photo Gustaaf Verswijver.

Nhàkràx fabriquant une anse de panier. Photo Gustaaf Verswijver.

Jeunes gens traversant la rivière en direction d'une île fluviale. Photo Gustaaf Verswijver.

Loutre mangeant du poisson près du village. Photo Daniel Tiberio Luz.

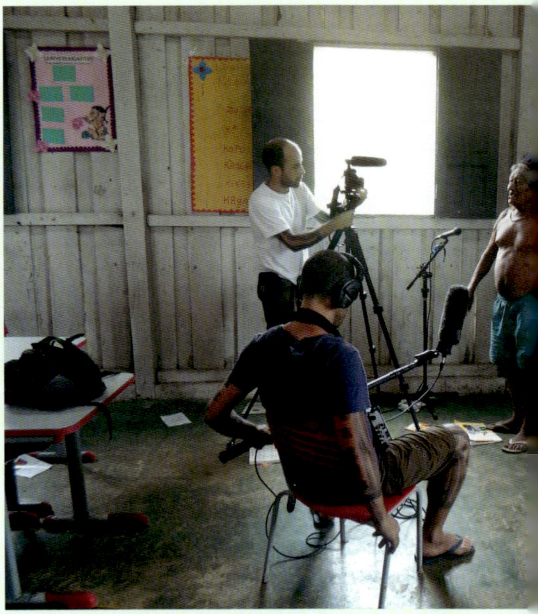

Déclaration de Kamaiura devant une caméra, laquelle sera intégrée à un documentaire vidéo sur les Kararaô Iriri. Photo Daniel Tiberio Luz.

Kwyrykrô « Kamaiura » et deux de ses plus jeunes épouses. Photo Daniel Tiberio Luz.

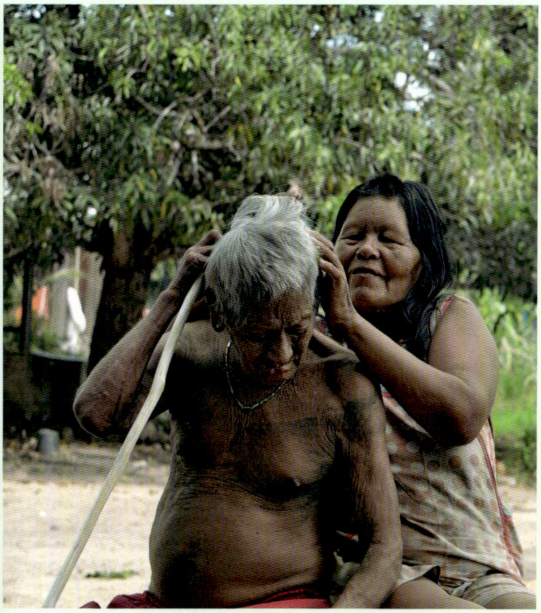

Kamaiura épouillé par l'une de ses femmes.
Photo Daniel Tiberio Luz.

Enfants jouant dans le village. Photo Luis Carlos da Silva Sampaio.

Femmes récoltant des noix de palmiers Babassu. Photo Daniel Tiberio Luz.

Deux aras macaos en train d'être plumés. Photo Daniel Tiberio Luz.

Rencontre entre des hommes kararaô et des pêcheurs long de l'Iriri. Photo Daniel Tiberio Luz.

Luis Carlos da Silva Sampaio discutant d'un projet avec les habitants, dans la maison communale centrale. Photo prise avec l'appareil de Luis Carlos da Silva Sampaio.

La vieille Nhàkràx fumant la pipe. Photo Luis Carlos da Silva Sampaio.

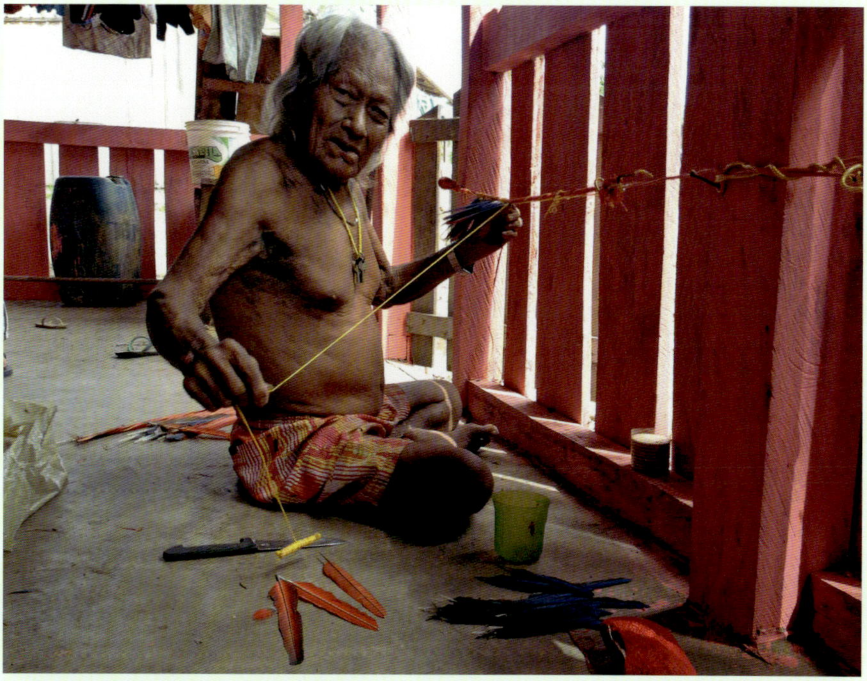

Le vieux Kamaiura fabriquant une coiffe de plumes. Photo Luis Carlos da Silva Sampaio.

NOTES

166. Môipa (fig. 117-118) est un guerrier kubenkranken connu qui porte un labret particulièrement grand. Sa photo figure dans de nombreuses publications (voir, par exemple, in Lukesch 1976, p. 294 ; Lukesch 1994, abb. 26).

167. Ce passé fait d'opposition est sans nul doute l'une des principales raisons qui expliquent que l'union des deux groupes constituant lesdits Kararaô soit de courte durée. Tout indique, en effet, que les tensions sont vives dans la communauté, et que le meurtre de la femme de Bekà n'est que la goutte d'eau qui fait déborder le vase.

168. Banner (1963, p. 28) traduit le terme kararaô par « progéniture de scarabée ».

169. Raison pour laquelle Kamiranga (BKA15_06), l'ancien agent du SPI/FUNAI ne se trompe pas lorsqu'il affirme que les Mekranoti Curua ne sont pas des Mekranoti. Cependant, il les identifie à des Kubenkranken plutôt qu'à des Djudjetukti, considérant les Kubenkranken comme le groupe originel duquel les Kararaô se sont séparés. Nous avons vu qu'au moment de leur séparation le groupe kararaô principal faisait partie de la même maison des hommes que les Kubenkranken.

170. Ma précédente étude de l'histoire mekranoti (Verswijver 2018) montre comment le nom des sociétés des hommes peut varier au fil du temps, mais aussi, à la suite de chaque reconfiguration communautaire (par exemple, après la scission d'un village ou la fusion de différents groupes). Chaque nom correspond donc à un lieu spécifique dans un temps spécifique. Par conséquent, je pense que le nom Turiti est associé à la période correspondant aux années 1937-1938, à savoir avant que Patyk-re, Tàjàt et les autres ne rejoignent les Kararaô.

171. Fort justement, donc, Lea (1986, 1995, 2012) use couramment du terme Metyktire (Metuktire) pour désigner les Mekranoti Jarina. Dans ce même état d'esprit, il faudrait alors appeler Menokanê les Mekranoti Curua (du Nord) et réserver le terme de Mekranoti aux Iriri (du Centre). À propos de ces derniers, le leader metuktire Ropni (Raoni) m'a déclaré qu'ils étaient les seuls vrais Mekranoti... Je me propose d'étudier cette question compliquée dans une prochaine publication (Verswijver, in prép-2).

172. Il est important de souligner une nouvelle fois que Nêiamrô et Pinin sont des frères de type classificatoire de Patyk-re (voir fig. 57 où je montre les liens entre les Kararaô Curua, les Kararaô Iriri et la faction de Tàjàt).

173. La fréquence des attaques des Krinkati, leur persistance à poursuivre les Kararaô, me conduisent à penser qu'ils nourrissent un ressentiment particulièrement fort contre ces derniers – plus qu'envers aucun groupe kayapo ayant connu une scission. Ce phénomène mériterait d'être étudié à partir du témoignage des quelques Krinkati âgés encore en vie, qui ont assisté à la division historique entre leur peuple et les Kararaô.

174. Je ne connais aucun groupe kayapo qui ait plus souffert des attaques brésiliennes que les Kararaô. Nous ne disposons pas de chiffres précis, mais tout indique que le nombre de Kararaô tués par les Brésiliens dépasse la centaine, alors que le nombre de Brésiliens tués par des Kararaô mus par la vengeance s'élève à une douzaine. De même, l'impact des maladies occidentales est immense : deux groupes kararaô (ceux du Curua et ceux du Jaraucu) disparaissent littéralement à la suite d'une série d'épidémies (grippe et rougeole).

175. Le précédent panorama historique montre que les Kararaô rencontrent parfois les Arara. Il semble toutefois qu'il n'y ait eu qu'un unique affrontement, au cours duquel des prisonniers sont emmenés, avant d'être relâchés peu après, à l'exception d'un jeune homme qui, pour une raison ou une autre, choisit apparemment de rester avec les Kararaô. Ces derniers libèrent probablement les captifs parce qu'ils craignent beaucoup les Arara.

176. La « disparition » du petit groupe isolé de la région de Prainha, après que la FUNAI a pénétré sur leur territoire dans le but d'établir des contacts pacifiques, indique que ces Indiens, se sentant menacés, ont choisi depuis lors de se retirer.

177. Nous ne pouvons malheureusement exclure que ces Indiens isolés attrapent une maladie occidentale. Comme nous l'avons déjà évoqué, il suffit que ces derniers volent des étoffes portées par des Brésiliens atteints d'une simple grippe. Il existe de nombreux cas où des Brésiliens criminels ont laissé à portée d'Indiens isolés et innocents des étoffes contaminées, dans le but de les éliminer.

178. Je ne parle pas ici de la faction de Tàjàt qui semble accomplir encore les cérémonies, cet aspect restant à vérifier. Nous manquons également d'information sur le clan isolé de Pukrã – s'il existe encore...

179. Lea (1995, 2012) fait la distinction entre « Maison » et « maison », la première renvoyant à une entité juridique, l'autre au lieu actuel de résidence.

180. J'ai, le premier, attiré l'attention sur la transmission verticale des privilèges liés à la nomination et aux rituels dans la société kayapo (Verswijver 1982-1983 et 1983 ; voir également Verswijver 1992a, pp. 36-39, 147-150).

181. Évoquer de beaux noms qu'aucun rituel n'a confirmé revient à signifier, d'une part, que le soutien économique nécessaire à la famille pour organiser la cérémonie ne se concrétise pas et, d'autre part, que le prestige lié au fait d'être l'enfant, ou l'un des enfants qu'honore cette cérémonie, n'existe pas (Verswijver 1983, p. 308).

182. Comme le montre la fig. 126, Ngreikrwyt (épouse de Patyk-re) est liée à Ireràx, femme mekranoti iriri (du Centre) qui appartient à la Maison à laquelle est notamment associé le collier *mrỳ'êti djua*, composé de dents d'ocelot, de plumes de queue d'un jeune ara rouge ou à ailes vertes, ou encore des plumes de queue d'un oiseau adulte (*mànjamyràx* — voir Verswijver 1992b, p. 72), ainsi que du *pàtpa-ri* (« pattes/griffes de fourmillier »), le tout formant une décoration montée sur un bâton de trente centimètres environ et inséré dans une coiffe en cire d'abeilles (*mànjamyràx* – voir Verswijver 1992b, pp. 84-85). Se référer également à Verswijver (1995, pp. 83-103) pour une étude des deux ornements mentionnés.

183. Dans sa version « complète », la quasi-totalité des plumes de la queue d'ara du *krôkrôkti*, coiffe parmi les plus impressionnantes des Kayapo, sont prolongées par des plumes blanches provenant du corps d'un ibis, un héron ou un aigle (Verswijver 1992b, pp. 190-191 ; Verswijver 1995, pp. 114-115).

École dans le village mekranoti iriri en 1980. Au premier rang au centre, Pãnhkamrêk « Miguel » du groupe kararaô iriri. Photo Gustaaf Verswijver.

Annexes

Annexe 1. Chronologie des événements importants dans l'histoire kararaô

ÉVÉNEMENTS DANS L'HISTOIRE KARARAÔ	DATE	ÉVÉNEMENTS KRINKATI / MEKRANOTI
Les Kararaô capturent Carolina (membre de l'équipe de Ernest Wootton).	1928	
Les Kararaô se séparent des Krinkati, mais continuent à vivre à proximité.	début 1934	
Au cours de sa deuxième expédition, Frère Sebastião Thomas rencontre brièvement les Kararaô.	octobre-novembre 1934	
	avril 1935	Les Krinkati tuent les « Trois Fred ».
Lors de sa troisième expédition, Frère Sebastião Thomas rencontre les Kararaô.	juin-juillet 1935	
Les Kararaô quittent définitivement l'aire krinkati.	fin 1935	
Les Djudjetukti attaquent les Asurini. Au retour, un groupe mené par Nêiamrô et Pukrã se sépare et se dirige vers la région d'Altamira.	milieu de 1936	
	fin 1936	En arrivant à Pukatoti, les Djudjetukti se battent avec Tàpiêt. Ce dernier quitte Pukatoti avec son groupe menokanê.
	début 1937	Les Djudjetukti (Gorotire) quittent le village de Pukatoti.
	mars 1937	Les Djudjetukti (Gorotire) approchent pacifiquement les Brésiliens à Nova Olinda.
Le village kararaô se sépare en trois factions, menées respectivement par Bekà, Nêiamrô et Õkwa.	fin 1938	
La faction de Nêiamrô subit d'abord une attaque des Djudjetukti puis des Brésiliens (il s'agit d'un massacre). Une partie de cette faction rend visite aux Kubenkranken.	fin 1938	
La faction de Bekà approche pacifiquement les Brésiliens le long de la rivière Jaraucu. Une épidémie décime le groupe à Cajueiro.	avril 1939	
Une partie de la faction d'Õkwa est massacrée par des Brésiliens à Vitoria. Õkwa en réchappe. Patyk-re mène ce qui reste de la faction au sud. Il s'agit des KARARAÔ IRIRI.	août 1939	
Bekà retourne vivre dans la forêt avec une partie de son groupe ; le reste demeure avec les Brésiliens à Cajueiro.	novembre 1939	
Õkwa apparaît seul à Altamira. Horace Banner l'emmène chez les Djudjetukti mais Õkwa s'enfuit dans la forêt.	novembre 1939	

ÉVÉNEMENTS DANS L'HISTOIRE KARARAÔ

Une aurte partie de la faction de Bekà quitte Cajueiro pour le rejoindre dans la forêt. Tàjàt reste avec quelques hommes. La faction de Bekà enlève deux filles brésiliennes. Nêiamrô et son frère se séparent du groupe, emmenant avec eux les deux filles. Ils prennent la direction du sud. Il s'agit des KARARAÔ CURUA. La faction de Bekà forme, quant à elle, les KARARAÔ JARAUCU.	janvier 1940	
Les Kararaô Curua s'établissent dans la région du cours supérieur du Riozinho de Anfrisio.	± 1945	
Les Kararaô Jaraucu pillent une colonie brésilienne et enlève une femme (Maria Moraes).	1948	
Les Kararaô Curua se déplacent vers l'affluent Igarape do Limão	1954-1955	
Les Kararaô Curua pillent des champs brésiliens dans la région de la rivière Curua.	début 1957	
Les Kararaô Curua sont contactés pacifiquement par Francisco Meirelles et son équipe du SPI.	mai 1957	
Les Kararaô Curua sont unis aux Mekranoti Curua dans une colonie le long de la rivière Curua.	juin 1957	
Les quelques survivants kararaô curua et mekranoti curua sont déplacés en amont dans la colonie de Baú.	octobre-décembre 1960	
Les Kararaô Jaraucu pillent une colonie brésilienne et enlèvent une femme (Ambrosinha Mattos).	mars 1965	
Les Kararaô Jaraucu sont contactés pacifiquement par Osmundo Antonio dos Anjos et son équipe du SPI.	septembre 1965	
Les Kararaô Jaraucu sont victimes d'une épidémie de rougeole. Seuls huit Kararaô Jaraucu survivent. Ils se dispersent parmi les groupes kayapo xikrin.	octobre 1967	
Les Kararaô Iriri sont contactés pacifiquement par Julio « Kamiranga » Reinaldo de Morais et son équipe de la FUNAI.	mars 1971	
La region des Kararaô Iriri est officiellement reconnue comme « Terre Indigène Kararaô».	juillet 1971	
Un homme kararaô iriri rencontre Tàjàt dans la ville d'Altamira.	2005	
Un homme kararaô iriri rend visite au village de Tàjàt.	± 2007	
Afin de raviver la vie communautaire, Luis Carlos da Silva Sampaio, un agent d'une ONG, a lancé avec succès un projet pour l'érection d'une maison communale au centre du village kararaô iriri.	2015	

Annexe 2. Noms des hommes kararaô et de leur faction mentionnés dans l'étude.

NOM	FACTION KARARAÔ
AKAMÀN	[TÀJÀT]
AKAMÀN	KARARAÔ JARAUCU
ANGRÔKAMRÔ	KARARAÔ CURUA
BÀRÀX	KARARAÔ JARAUCU
BEKÀ	KARARAÔ JARAUCU
BEKÀ	KARARAÔ JARAUCU
BEPJAKRÔRÔTI	KARARAÔ IRIRI
BEPKAMRÔ	KARARAÔ JARAUCU
BEPKARÀNHIN	[ÕKWA]
BEPKUM	KARARAÔ JARAUCU
BEPNA-RE	KARARAÔ JARAUCU
BILOKA	KARARAÔ JARAUCU
BRITE-RE	KARARAÔ JARAUCU
BRINTE	KARARAÔ IRIRI
IROT	KARARAÔ CURUA
JAJRÀTI	?
JÀTKRANRYTI	?
KAKRÔTI	?
KARÔ	?
KENKAMNGÀJ-RE	KARARAÔ CURUA
KENKAMNGRE	[TÀJÀT]
KÔKÔIAUMTI	KARARAÔ JARAUCU
KÔKÔIAUMTI (ÀBIR)	KARARAÔ JARAUCU
KÔKÔ'UK	?
KUM-RE	[TÀJÀT]
MAKTI	KARARAÔ IRIRI
MEITI	KARARAÔ JARAUCU
MÔP'I	KARARAÔ IRIRI
MÔ-RE	KARARAÔ JARAUCU
MRYKAMRÔ	[TÀJÀT]
NÊIAMRÔ	KARARAÔ CURUA
NGÔIKRÃ	KARARAÔ CURUA
NGÔKÔTBA	KARARAÔ IRIRI
NHIAKRE	KARARAÔ JARAUCU
ÕKWA	[ÕKWA]
ÔTI (ÔRAT)	KARARAÔ CURUA
PABYR	KARARAÔ CURUA
PÀTÀP	?
PÀTNHIMÔK	?
PÀT-TE	KARARAÔ JARAUCU
PATYK-RE	KARARAÔ IRIRI
PĨARE	KARARAÔ IRIRI
PĨÃŨM	KARARAÔ IRIRI
PININ	[TÀJÀT]
PININ	KARARAÔ CURUA
PUKRÃ	?
RONTYJARÔ	KARARAÔ CURUA
TÀJÀT	[TÀJÀT]
TÀKÀKDJỲ	KARARAÔ IRIRI
TUBÔR	KARARAÔ JARAUCU
'YBÃR	?
'YNHÔ	?

Noms de tous les Kararaô adultes et adolescents mentionnés par les informateurs.
En vert : les descendants de la maison des hommes Ouest dans le village krinkati ;
en bleu : les descendants de la maison des hommes Est dans le village krinkati ;
en gras : les chefs.

Annexe 3

1. GÉNÉALOGIE DES KARARAÔ CURUA

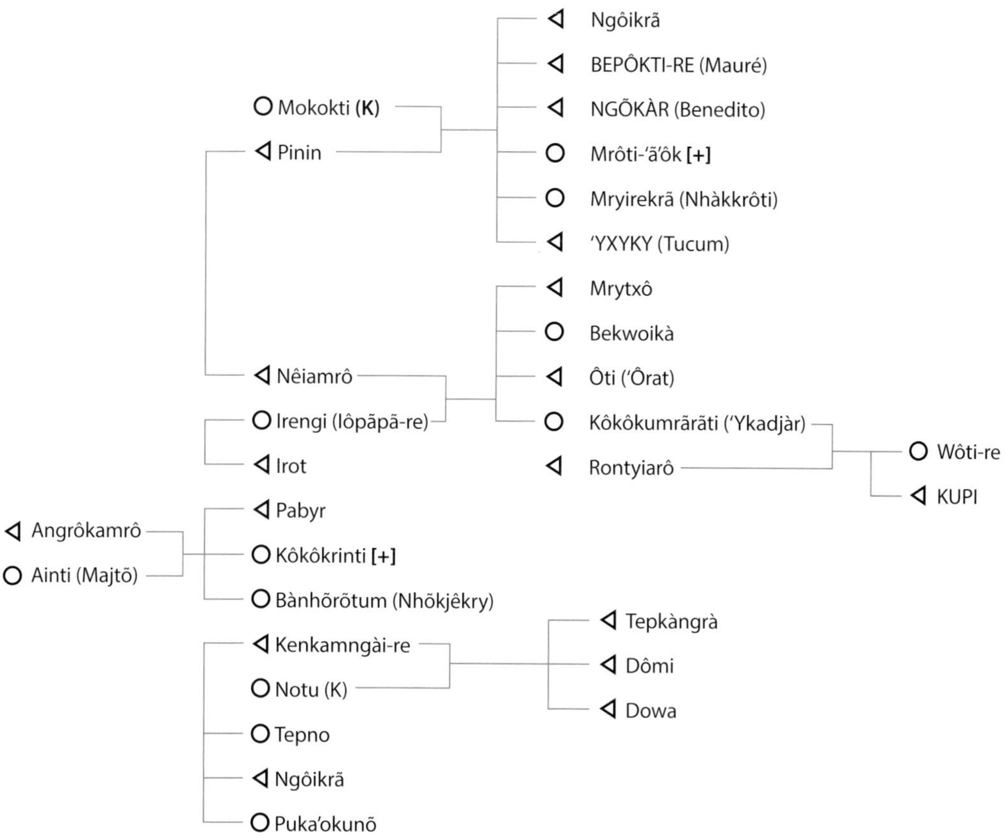

○ - Femme

◁ - Homme

[+] - Personne décédée avant la prise de contact avec les Brésiliens

MAJUSCULES - Personnes encore en vie

(K) - Brésilien-ne

2. GÉNÉALOGIE DES KARARAÔ JARAUCU

○ - Femme
◁ - Homme
MAJUSCULES - Personnes encore en vie

3. GÉNÉALOGIE DES KARARAÔ IRIRI

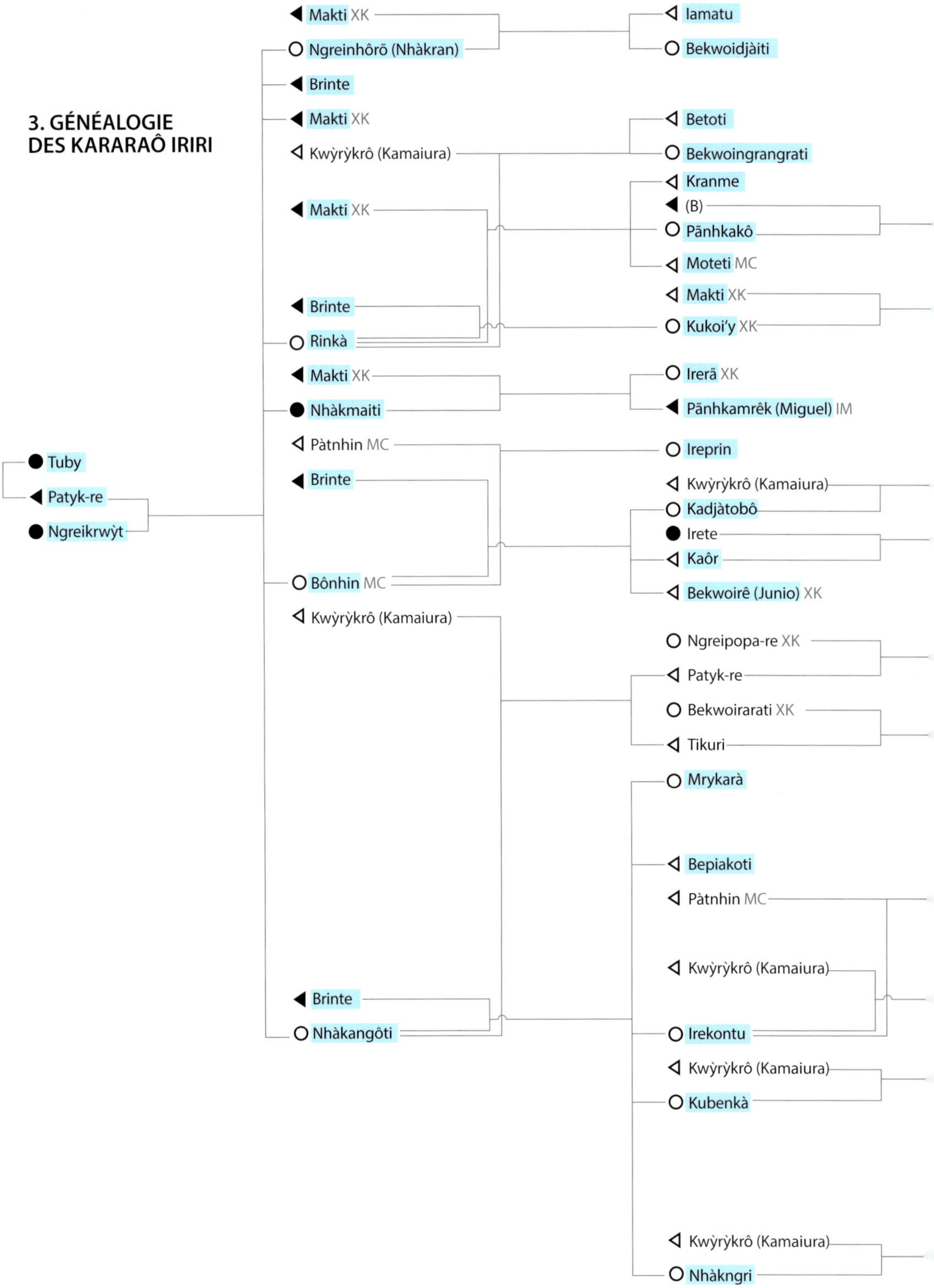

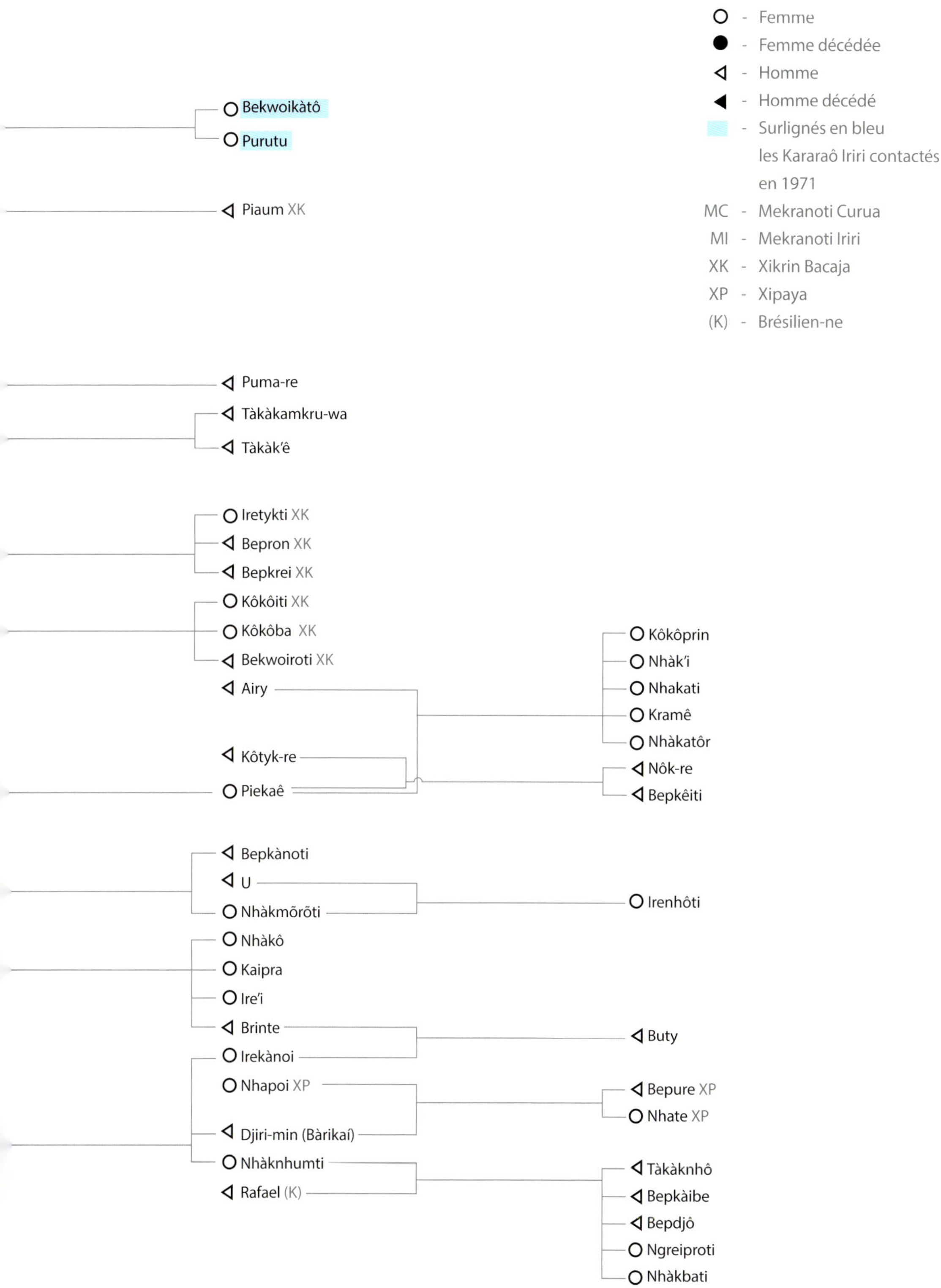
Femme
Femme décédée
Homme
Homme décédé
Surlignés en bleu les Kararaô Iriri contactés en 1971
MC - Mekranoti Curua
MI - Mekranoti Iriri
XK - Xikrin Bacaja
XP - Xipaya
(K) - Brésilien-ne
Bekwoikàtô
Purutu
Piaum XK
Puma-re
Tàkàkamkru-wa
Tàkàk'ê
Iretykti XK
Bepron XK
Bepkrei XK
Kôkôiti XK
Kôkôba XK
Bekwoiroti XK
Airy
Kôtyk-re
Piekaê
Kôkôprin
Nhàk'i
Nhakati
Kramê
Nhàkatôr
Nôk-re
Bepkêiti
Bepkànoti
U
Nhàkmõrõti
Irenhôti
Nhàkô
Kaipra
Ire'i
Brinte
Irekànoi
Buty
Nhapoi XP
Djiri-min (Bàrikaí)
Bepure XP
Nhate XP
Nhàknhumti
Rafael (K)
Tàkàknhô
Bepkàibe
Bepdjô
Ngreiproti
Nhàkbati

Nikàiti, un chef mekranoti iriri, réputé pour ses grandes connaissances de la culture et des chants kayapo.
Il est décédé du coronavirus le 27 août 2020. Photo Gustaaf Verswijver, 2017.

Bibliographie et interviews

Bibliographie

ANJOS, Osmundo Antônio dos, *Relatório da expedição do S.P.I. para Porto de Moz*, [Manuscrit non publié], (MI, filme 143, fotos 1890-1891), 1965ms.

ARNAUD, Expedito & ALVES, Ana Rita, « A extinção dos Índios Kararaô (Kayapó) – Baixo Xingu, Para », *Boletim do Museu Paraense Emílio Goeldi*, Antropologia, 1974, n° 53.

ARNAUD, Expedito, « A expansão dos índios Kayapó-Gorotire e a ocupação nacional (Região Sul do Para) » in *O Índio e a expansão nacional* (Expedito Arnaud), Belém, Edições CEJUP, 1989, pp. 427-485.

BALDUS, Herbert, *Bibliografia crítica da etnologia Brasileira*, São Paulo, Comissão do IV Centenario da Cidade de São Paulo, Serviço de Comemorações Culturais, 1954.

BANNER, Horace, *Gramatica elementar da língua Gorotire*, [Manuscrit non publié], 1940ms.

_______________, *Diary notes. 10 Sept 1950 - 03 Jan* 1951, [Journal personnel non publié], 1950-1951ms.

_______________, *The Three Freds and After. Yield Xingu!*, Londres, Melbourne, Bala-Cynwyd (PA), Unevangelized Fields Mission, 1961.

_______________, *Long Climb on the Xingu*, Londres, Melbourne, Bala-Cynwyd (PA), Unevangelized Fields Mission, 1963.

CEDI, *Povos indígenas no Brasil – 85/86*, São Paulo, CEDI – Centro Ecumênico de Documentação e Informação. Aconteceu Especial 17, 1987.

____, *Povos indígenas no Brasil – 1987/88/89/90*, São Paulo, CEDI – Centro Ecumênico de Documentação e Informação. Aconteceu Especial 18, 1991.

COHN, Clarice, *A criança indígena. A concepção Xikrin de infância e aprendizado*, [Mémoire de maîtrise, Universidade de São Paulo], 2000.

CORDELIER, Louis, « Os Caiapós e suas dramáticas tropelias no Xingú », *A Noite Ilustrada*, 12/10/1937, pp. 3-6.

_______________, « A pacificação dos Cayapós », *A Noite Ilustrada*, 5/3/1940, 1940a, pp. 12-14.

_______________, « A efêmera pacificação dos Cayapós », *A Noite Ilustrada*, 12/3/1940, 1940b, pp. 12-13,16.

_______________, « A efêmera pacificação dos Caiapós. Manoel Raymundo e Maria Idalina », *A Noite Ilustrada*, 19/3/1940, 1940c.

_______________, « A efêmera pacificação dos Cayapós e seu trágico sepulturas », *A Noite Ilustrada*, 26/3/1940, 1940d, pp. 34, 39.

_______________, « A efêmera pacificação dos Caiapós e o seu trágico desfecho », *A Noite Ilustrada*, 2/4/1940, 1940e, pp. 35, 38.

COUDREAU, Henri, *Voyage au Tocantins – Araguaya. 31 décembre 1896 – 23 mai 1897*, Paris, A. Lehure, 1897.

DOMINICANOS, Missionarios, « Os Gorotirés », *Mensageiro do Santo Rosário*, septembre 1933 (n° 5), 1933a, p. 80.

___________________________, « Noticias diversas », *Mensageiro do Santo Rosário*, octobre 1933 (n° 6), 1933b, p. 99.

___________________________, « Cayapós e Carajás », *Mensageiro do Santo Rosário*, décembre 1937 (n° 8), pp. 207-208.

EBNER, Carlos Borromen, *Erste Nachrichten über die Duludy-Indianer in Nordbrasilien*, Anthropos, 1940-1941, Bd. 35/36(1/3) : pp. 363-368.

FERRETTI, Frederico, Imperial Ambivalences. Histories of Lady Travellers and the French Explorer Octavie Renard-Coudreau (1867–1938), *Geografiska Annaler, Series B: Human Geography*, vol. 99(3), 2017, pp. 238-255.
FISHER, William Harry, *Dualism and Its Discontents: Social Process and Village Fissioning among the Xikrin-Kayapo of Central Brazil*, [Thèse de doctorat], Cornell University, 1991.
____________________, *Rain Forest Exchanges: Industry and Community on an Amazonian Frontier*, Washington, Londres, Smithsonian Institution Press. Smithsonian series in Ethnographic Inquiry, 2000.

FIUZA, José de Mello, *Relatório de trabalhos realizados em 1957*, SPI, 20 février 1958 — MI 132, fotos 91-93, 1958ms.

GALLAIS, Estevão Maria, *Catéchèse chez les Indiens de l'Araguaya (Brésil)*, Toulouse, Imprimerie Vialelle et Perry, 1902.

GUEUDEVILLE, Roberto, « Em busca dos 'Cabeça-Pelada' », *Correio Braziliense*, Carnet 2: 1, 29/11/1967.

HEMMING, John, *Die If You Must: Brazilian Indians in the Twentieth Century*, Londres, Macmillan, 2003.

HUBER, Jacques, Novas contribuições para o conhecimento do genero Hevea, *Boletim do Museu Goeldi (Museu Paraense) de História Natural e Etnografia*, 1913, vol. 7, pp. 199-281.

IANNI, Octavio, *A luta pela terra: história social da terra e da luta pela terra numa area da Amazônia*, Petrópolis, Editora Vozes. Coleção Sociologia Brasileira, v. 8, 1979.

ISA, *Madereiros avançam sobre o Riozinho do Anfrísio*, São Paulo, ISA - Instituto Socioambiental, 2017. https://www.socioambiental.org/pt-br/noticias-socioambientais/madeireiros-avancam-sobre-o-riozinho-do-anfrisio?utm_medium=email&utm_source=transactional&utm_campaign=manchetes%40socioambiental.org

KLUCK, Hilmar, *Carta ao Sr. Francisco Meirelles*, [Manuscrit non publié], MI, foto 369-370, 1962ms.

KRAUETLER, Eurico, *Sangue nas Pedras*, São Paulo, Edições Paulinas, Coleção Perspectivas, v. 10, 1979.

LEA, Vanessa, *Nomes e nekrets Kayapó: uma concepção de riqueza*, [Thèse de doctorat], Museu Nacional, Universidade Federal do Rio de Janeiro, 1986.
____________, The houses of the Mebengokre (Kayapó) of Central Brazil: A new door to their social organization in *About the House: Lévi-Strauss and Beyond* (Janet Carsten & Stephen Hugh-Jones, ed.), Cambridge, Cambridge University Press, 1995, pp. 206-225.
____________, *Riquezas intangíveis de pessoas partíveis: os Mebêngôkre (Kayapó) do Brasil Central*, São Paulo, Editora da Universidade de São Paulo, Fapes, 2012.

LUKESCH, Anton, *Mito e vida dos Índios Caiapós*, São Paulo, Pioneira, Editora da Universidade de São Paulo, 1976.
________________, *Der Tapir, der an der Himmelsstütze nagt: Mythos und Leben der Kayapó*, Vienne, Cologne, Weimar, Böhlau Verlag Gesellschaft, 1994.

MEIRELLES, Francisco, *Relatório de trabalhos realizados em 1957, no Para, região Xinguana*, [Manuscrit non publié], Belem, 15/02/1958, 1958ms.
__________________, « Meireles fala sobre os Kaiapó, seus primeiros e últimos contatos com elementos civilizados », *Boletim interno do SPI*, n° 56, juillet-août 1962, pp. 3-18.

MILANEZ, Felipe (ed.), *Memórias sertanistas: cem anos de indigenismo no Brasil*, São Paulo, Edições SESC, 2015.

MOREIRO NETO, Carlos de Araújo, Relatório sôbre a situação dos Índios Kayapó, *Revista de Antropologia*, 1959, vol. 7 (1/2), pp. 49-64.

NIMUENDAJÚ, Curt, *Exploração na região dos Gorotire-Kayapó, 1939-1940*, [Manuscrit publié en 1952], Belem, 18/4/1940, 1940ms.

________________, « Os Gorotire: relatório apresentado ao Serviço de Proteção aos Índios, em 18 de Abril de 1940 », *Revista do Museu Paulista*, N.S., vol. VI, 1952, pp. 427-453.

NUNES, André Costa, *A batalha do Riozinho do Anfrísio: uma história de Índios, seringueiros e outros Brasileiros*, Belém, Fumbel, 2003.

PHILLIPS, David J., The beginning of how some missions reached the Amazon region of Brazil, 2004. https://brasil.antropos.org.uk/missiology/history-amazon-missions.html

POSEY, Darrell Addisson, « Pykatô-ti: Kayapó mostra aldeia de origem », *Revista da Atualidade Indígena*, ano III, mars-avril 1979, n° 15, pp. 50-57.

________________, « Contact before contact: typology of post-Colombian interaction with Northern Kayapó of the Amazon Basin », *Boletim Paraense Emílio Goeldi, Série Antropologia*, 1987, vol. 3(2), pp. 135-154.

POULTNEY, S. V., *Battle for Big-Lips. Based on the Story of Three mMissionaries Who Died in Brazil, Martyred by Indians of the Xingu River [i.e. Fred Wright, Fred Dawson and Fred Roberts]*, Londres, Unevangelized Fields Mission, 1966.

REIS SILVA, Maria Amélia, *Pronomes, ordem e ergatividade em Mebengokre (Kayapó)*, [Mémoire de maîtrise], Universidade Estadual de Campinas, 2001.

RICARDO, Carlos Alberto (*ed.*)
2000 — Povos indígenas no Brasil – 1996/2000. São Paulo: ISA – Instituto Socioambiental. 832 p

ROOME, William J.W., *The Three Freds, Martyred Pioneers for Christ in Brazil*, Londres, Edimbourg, Marshall, Morgan & Scott Ltd, Unevangelized Fields Mission, 1937.

SANTANA, Luiz Ferreira, *São Félix do Xingu e sua história (1889-1997)*, São Felix do Xingu, Prefeitura municipa, 2007.

TELES FILHO, José Marinho, *Relatório*, [Manuscrit non publié], MI, filme 150, photos 172-177, 1965ms.

THOMAS, Sebastião, *Gorotirés*, Prelazia de Conceição do Araguaya, Missões Dominicanos, 1936.

TRALDI SIMONI, Alessandra, *Demografia e identidade do povo Xipaya no médio Rio Xingú, PA*, [Mémoire de maîtrise], Universidade de Campinas, 2013.

TURNER, Terence, *Social structure and political organization among the Northern Cayapo*, [Thèse de doctorat], Harvard University, 1965.

________________, *The Mebengokre Kayapo: History and social change from autonomous communities to inter-ethnic coexistence*, [Document non publié], 1991ms.

VERSWIJVER, Gustaaf, « The intertribal relations between the Juruna and the Kayapo Indians (1850-1920) », *Jahrbuch des Museums für Völkerkunde zu Leipzig*, 1982, Bd. XXXIV, pp. 305-315.

________________, « Essai sur l'usage de la parure chez les Indiens Kaiapó du Brésil Central », *Bulletin Annuel du Musée d'Ethnographie de la Ville de Genève*, 1982-1983, vol. 25-26, pp. 23-62.

__________________, « Cycles in Kaiapó naming practices », *Communication & Cognition*, 1983, vol. 16(3) : pp. 301-323 — aussi in *New perspectives in Belgian Anthropology, Or the Postcolonial Awakening* (Rik Pinxten, ed.), Göttingen, F. R., Edition Herodot, 1984, pp. 113-135.

__________________, *Considerations on Mekrãgnoti warfare*, [Thèse de doctorat], Université Fédérale de Gand, 1985.

__________________, *The Club-Fighters of the Amazon: Warfare Among the Kaiapo Indians of Central Brazil.* Université Fédérale de Gand. Werken uitgegeven door de faculteit van de letteren en wijsbegeerte, 1992a, vol. 179.

__________________, *Kaiapó – Amazon. The Art of Body Decoration*, catalogue d'exposition, Tervuren, Musée Royal de l'Afrique Centrale, Gand, Snoeck-Ducaju & Zoon, 1992b.

__________________, *Kaiapo. Materielle Kultur - spirituelle Welt. Material Culture - Spiritual World.* Series: Sammlung 9 – Amerika. Frankfurt am Main, Museum für Völkerkunde, 1995.

__________________, *O impacto da rodovía BR-163 na vida atual dos Indios Mekrãgnoti (PBA) - ano executivo de 2012*, [Rapport non publié, rédigé pour l'Instituto Kabu et la FUNAI], 2013ms.

__________________, *The Club-Fighters of the Amazon: Warfare Among the Kayapo Indians of Central Brazil*, Almeria: Turuti Books. Réédition d'un ouvrage de 1992(a), préfacé par Carlos Fausto. Amazon Indians Monographs, 2018, vol. 1.

__________________, *Oral Tradition of the Kayapo Indians of Central Brazil*, Amazon Indians Monographs, vol. 2. En préparation-1.

__________________, *The Pacification Process of the Kayapo Revisited (1890-1965): Capita Selecta*, Amazon Indians Monographs, vol. 3. En preparation-2.

VIDAL, Lux, « The Kararaô of the Iriri River » in *Hydroelectric Dams on Brazil's Xingu River and Indigenous Peoples*, Leinad Ayer de O. Santos & Lucia M.M. de Andrade, ed., Cambridge, Cultural Survival Inc., São Paulo, Pro-Indian Commission, 1990, pp. 153-156.

JOURNAUX

A NOITE
7/8/1937 — Dois mil Índios Cayapós invadem, a procura de alimento, uma localidade paraense.
12/10/1937 — Os Cayapós e suas tropelias dramáticas no Xingu.

A NOITE ILUSTRADA
12/10/1937 — Os Caiapós e suas dramáticas tropelias no Xingú.
5/3/1940 — A pacificação dos Cayapós.
12/3/1940 — A efêmera pacificação dos Cayapós.
19/3/1940 — A efêmera pacificação dos Cayapós. Manoel Raymundo e Maria Idalina.
26/3/1940 — A efêmera pacificação dos Cayapós e seu trágico sepulturas.
2/4/1940 — A efêmera pacificação dos Caiapós e o seu trágico desfecho.

A PROVINCIA DO PARÀ
11/8/1966 — Mulher volta aos brancos após 18 anos na tribo.
28/10/1981 — Frente que vai atrair Cararaô esta pronta.

CORREIO BRAZILIENSE
11/1/1996 — Índios caiapós matam 2 pescadores em Altamira.

CORREIO DA MANHÃ
18/3/1937 — Mais de mil Índios que procuram a civilização afim de se verem das perseguições e das lutas sangrentas.

DIARIO DE NOTÍCIAS
18/3/1937 — Cerca de 400 Índios sob a proteção das autoridades de Nova Olinda.

FOLHA DO NORTE
21/5/1957 — Progresso do S.P.I. na pacificação dos Caiapós. Pleno êxito conseguido no segundo contacto.
1/6/1957 — Meireles obtém pleno êxito na pacificação dos caiapós. Segundo contacto do pacificador dos Xavantes com os temíveis guerreiros do Xingú: Encontro sem luta e sem atritos em plena selva.

JORNAL DO BRASIL
22/9/1965 — SPI resgatara em 10 dias mulher e criança que os índios raptaram em março.
6/7/1973 — Funai expulsa caçadores de reserva índia em Altamira.

LUTA DEMOCRATICA
21/10/1960 — Índios Caiapós atacam em Pôrto de Mós. População arma-se para resistir. Varias pessoas flechadas.

O ESTADO DE SÃO PAULO
21/10/1960 — Índios atacam cidade do interior do Para.
13/6/1981 — Fazendeiro tem acesso a area indígena.
22/7/1981 — A Funai vai transferir outros grupos indígenas.
11/1/1996 — Conflito em Altamira deixa dois mortos.

O LIBERAL
10/6/1982 — Grupos de Kaiapó na mesma area.

O POPULAR
30/5/1981 — Jovens índios do Para estão raptando moças.

TRIBUNA DA IMPRENSA
3/12/1981 — Frente desiste de atrair os índios.

ARCHIVES DU SPI au MI – Museu do Índio (Rio de Janeiro)

SPI Boletim 1959, Ano 3(28) : 3, 5 – MI, photos 321, 323
SPI Boletim 1960, Ano 5(47) : 14 – MI, photo 924
SPI 20 septembre 1952 – MI, film 119, foto 270
SPI 28 mars 1958 – MI, film 132, foto 1017
SPI 26 novembre 1960 – MI, film 149, foto 1094
SPI 30 juillet 1965 – MI, film 143, photos 1890-1891
SPI 8 septembre 1965 – MI 143, photo 1911
SPI 21 septembre 1965-a – MI, film 150, photos 172-177
SPI 21 septembre 1965-b – MI, film 143, photos 1907
SPI 28 septembre 1965 – MI, film 143, photos 1908, 1921
SPI 29 septembre 1965 – MI, film 143, photo 1923
SPI 20 février 1958 – MI 132, photos 91-93

ENTRETIENS

Outre de multiples discussions informelles, le travail de terrain a donné lieu à soixante-dix-neuf entretiens enregistrés, dont la plupart ont été traduits. Ces entretiens ont été menés chez les Kararaô et chez les Mekranoti ; plusieurs Brésiliens ont été également interviewés. Chaque entretien s'accompagne d'une référence : la première lettre renvoie à l'affiliation ethnique (K pour Kayapo, B pour Brésilien). Lorsqu'il s'agit d'un informateur kayapo, les deux lettres suivantes détaillent le lien avec le groupe et le nom. Ainsi, pour MM, le premier M indique que la personne appartient au groupe mekranoti, cependant que le second correspond à l'initiale de son nom – en l'occurrence, Mãntino ; pour KM, le K renvoie aux Kararaô, le M à la première lettre du nom – ici, Mauré. Lorsqu'il s'agit d'un Brésilien, la deuxième et la troisième lettres renvoient à son nom et/ou surnom (AF, par exemple, désigne Afonsinho ; BM, Benigno Marques…).

BAF15_07 – Afonso da Cruz, alias « Afonsinho », 23/6/2015
BAF15_08 – Afonso da Cruz, alias « Afonsinho », 23/6/2015
BAF15_09 – Afonso da Cruz, alias « Afonsinho », 24/6/2015
BAF15_12 – Afonso da Cruz, alias « Afonsinho », 27/6/2015
BAF16_36 – Afonso da Cruz, alias « Afonsinho », 20/9/2016
BAF17_09 – Afonso da Cruz, alias « Afonsinho », 9/6/2017
BBM15_11 – Benigno Marques, 25/6/2015
BCB15_13 – Antônio Ferreira Barbosa, alias « Corró », 28/6/2015
BCS17_01 – Antônio Soares Cotrim, 25/5/2017
BCV17_03 – Domingo Nascimento Nastacio, alias « Cabo Verde », 30/5/2017
BFM17_04 – Francisco Loureiro Martins, 30/5/2017
BJR04_01 – João Rogerio, 13/3/2005
BKA15_06 – Julio Reinaldo Morais, alias « Camiranga », 3/7/2015
BMS17_08 – Manuel Pimenta, alias « Sinuca », 4/6/2017
BRG17_02 – Roberto Gueudeville, 26/5/2017

KKB16_33 – Bekwoirê (Kararaô Iriri), alias « Junio », 16/9/2016
KKE16_18 – Meiti (Kararaô Jaraucu), 15/9/2016
KKE16_19 – Meiti (Kararaô Jaraucu), 15/9/2016
KKE16_21 – Meiti (Kararaô Jaraucu), 15/9/2016
KKE16_23 – Meiti (Kararaô Jaraucu), 16/9/2016
KKE16_24 – Meiti (Kararaô Jaraucu), 16/9/2016
KKE16_27 – Meiti (Kararaô Jaraucu), 16/9/2016
KKM16_29 – Bepôkti (Kararaô Curua), alias Mauré, 15/9/2016
KKM16_32 – Beppôkti (Kararaô Curua), alias Mauré, 15/9/2016
KKN17_05 – Nhe-re (Kararaô Jaraucu), 2/6/2017
KKP15_06 – Pãnhkamrêk (Kararaô Iriri), alias « Miguel », 20/6/2015
KKY16_15 – Yxyky (Kararaô Curua, alias « Tucum », 15/9/2015
KMB17_08 – Bô-te (Mekranoti Iriri), 13/11/2017
KMK15_02 – Kwỳrỳkrô (Mekranoti), alias « Kamaiura », 20/6/2015
KMM17_10 – Mãtino (Mekranoti Curua), 12/11/2017
KMM17_13 – Mãtino (Mekranoti Curua), 12/11/2017
KMN17_02 – Nikàiti (Mekranoti Iriri), 15/6/2017
KMP16_12 – Pàtnhin (Mekranoti), 6/9/2016
KUP16_37 – Pãnhtyk (Kubenkranken), 3/9/2016

Publication de la

FONDATION CULTURELLE
MUSÉE BARBIER-MUELLER
avec le soutien de
F.P.JOURNE
Invenit et Fecit

Directrice d'édition
Laurence Mattet

Assistante d'édition
Anne-Joëlle Nardin

Relecture
Irène Gautier et Thomas Gindrat

Traduction en français
Alice Boucher

Conception graphique, cartes et production
Helder Da Silva

Photolithogravure et impression
Musumeci SpA, Quart (Aosta), Italie (Union européenne)

Achevé d'imprimer en octobre 2020.
Dépôt légal : octobre 2020.
ISBN 978-2-8258- 0300-4